普通高等教育经济与管理类规划教材

生产与运营管理

杨建华　张　群　编著

清华大学出版社
北京交通大学出版社
·北京·

内容简介

全球化及互联网信息技术的发展使企业运营模式发生了深刻变化，现代企业运营面临着转型升级的挑战。本书基于制造业与服务业管理实践，更加关注环境、过程、人员、网络，以战略运营、过程运营、网络化运营、运营模式转型为主线，系统地阐述了现代运营管理主题：运营战略与战略运营、产品与服务创新、运营布置、选址与产能规划、资源计划与调度、高质量运营、供应链运营、精益运营等。

本书适合财经、管理类高年级本科生、研究生和工商管理硕士及管理研讨班学员学习。

本书封面贴有清华大学出版社防伪标签，无标签者不得销售。
版权所有，侵权必究。侵权举报电话：010-62782989　13501256678　13801310933

图书在版编目（CIP）数据

生产与运营管理/杨建华，张群编著. —北京：北京交通大学出版社：清华大学出版社，2020.9（2024.7重印）

（普通高等教育经济与管理类规划教材）

ISBN 978-7-5121-4143-8

Ⅰ.①生… Ⅱ.①杨… ②张… Ⅲ.①企业管理-生产管理-高等学校-教材 Ⅳ.F273

中国版本图书馆 CIP 数据核字（2020）第 008662 号

生产与运营管理

SHENGCHAN YU YUNYING GUANLI

责任编辑：	黎　丹
出版发行：	清华大学出版社　邮编：100084　电话：010-62776969　http://www.tup.com.cn
	北京交通大学出版社　邮编：100044　电话：010-51686414　http://www.bjtup.com.cn
印　刷　者：	北京虎彩文化传播有限公司
经　　　销：	全国新华书店
开　　　本：	185 mm×260 mm　印张：15.75　字数：394 千字
版　印　次：	2020 年 9 月第 1 版　2024 年 7 月第 3 次印刷
定　　　价：	42.00 元

本书如有质量问题，请向北京交通大学出版社质监组反映。对您的意见和批评，我们表示欢迎和感谢。
投诉电话：010-51686043，51686008；传真：010-62225406；E-mail：press@bjtu.edu.cn。

前　言

优秀的高级运营管理人员的缺乏，已经成为制约中国企业全球化运营的瓶颈。世界范围的金融海啸使企业高层更清醒地认识到集战略、技术、社会、运作于一体的生产与运营管理的重要性。随着信息技术、经济全球化、区域经济、循环经济的发展，运营管理新思维、新概念不断涌现，运营管理越来越注重运营战略，注重面向过程、面向消费者，注重服务，注重可持续发展，注重企业的协同管理。

本书从战略运营入手，以面向顾客、面向过程的系统化全局运营思想贯穿全文，介绍了现代运营管理的重要主题，如战略运营、大规模定制及数字化运营等，对改善企业运营、执行企业战略的重要技术——产品/服务/流程设计、设施选址布置与产能、运营工作系统设计、质量管理与控制、资源计划与调度、供应链及库存管理、精益化管理等进行了介绍。

本书不仅借鉴 MBA 经典运营管理教程的理论精华，反映中国企业的先进运营模式，而且更加强调对中国企业运营的理解。本书在本科生、研究生、EMBA、MBA 的教学及众多企业与培训机构的培训中使用，受到广泛好评。"我经常感受到一种震撼！中国企业乃至社会迫切需要提高运营管理水平，在效率与竞争力上下功夫。""这本教材提供的内容丰富多彩，我们的实际工作经验得到了理论升华。""这些方法对我们企业的实际运营具有很大的指导作用"。集聚企业先进运营模式，以系统的观点，展现现代运营管理的策略与方法，希望本书的出版能够帮助运营管理人员创造持久的竞争优势，获得企业可持续发展的动力。

本书获得了北京科技大学研究生教材专项基金资助。

特别感谢书中案例与资料的原始提供者。

由于水平有限，书中不当之处，恳请读者批评指正。

编　者
2020 年 8 月

目 录

第1章 运营系统与运营战略 (1)
 引例：北美汽车配件超市的卓越运营 (1)
 1.1 企业运营面临的挑战 (3)
 1.2 运营系统模型与类型 (5)
 1.3 运营绩效目标与生产率 (16)
 1.4 运营战略框架与过程 (20)
 1.5 运营战略与商业模式 (26)
 1.6 生产与运营管理研究的新主题 (27)
 案例：IT产品"送货"的服务模式创新 (30)
 习题及思考题 (31)

第2章 新产品/服务设计 (32)
 引例：奥迪车灯的前瞻性设计和技术 (32)
 2.1 新产品/服务设计的对象 (33)
 2.2 新产品/服务设计的过程 (34)
 2.3 新产品/服务设计的常用方法 (36)
 2.4 面向顾客的设计 (39)
 2.5 价值工程 (43)
 2.6 并行工程 (45)
 2.7 网络化制造与产品异地设计 (49)
 2.8 流程策略与技术选择 (52)
 案例：感受价值 (57)
 习题及思考题 (58)

第3章 设施布置、选址及产能规划 (59)
 引例：宜家家居的厨房布置 (59)
 3.1 设施布置的一般决策过程 (61)
 3.2 基本布置类型 (61)
 3.3 布置方案设计 (65)
 3.4 运营选址 (72)

3.5 产能规划 ··· (80)
案例：南方旅游汽车公司的选址决策 ··· (83)
习题及思考题 ··· (84)

第4章 工作设计

引例：大润发的强悍执行力根基 ·· (86)
4.1 工作设计中的决策要素 ·· (87)
4.2 工作设计实践中的管理思想 ·· (87)
4.3 团队作业 ·· (93)
4.4 作业研究 ·· (94)
4.5 现代企业工作设计的原则 ··· (97)
案例：工作中的"顶层设计" ·· (99)
习题及思考题 ··· (99)

第5章 动态质量管理

引例：收益提升了，服务质量呢？ ·· (100)
5.1 质量管理理论体系 ··· (102)
5.2 质量计划、控制和改进 ··· (114)
5.3 统计工序控制 ··· (119)
5.4 全面质量管理 ··· (126)
5.5 6σ 管理法 ·· (130)
5.6 质量奖项 ··· (134)
5.7 故障模式影响分析 ··· (137)
案例："黑天鹅"飞起来 ··· (140)
习题及思考题 ·· (141)

第6章 运营主干ERP

引例：家电制造企业的生产计划策略 ··· (143)
6.1 ERP 及 ERP 系统 ·· (144)
6.2 基于MRP的生产计划与控制系统 ······································· (146)
6.3 综合计划 ··· (150)
6.4 主生产计划 ·· (153)
6.5 资源需求计划 ··· (155)
6.6 物料需求计划 ··· (158)
6.7 制造资源计划 ··· (171)
6.8 网络计划 ··· (172)
6.9 生产调度 ··· (178)
案例：比库存还要多的问题 ··· (181)
习题及思考题 ·· (182)

第7章 供应链管理 (184)

引例：CJ工业公司供应链中的决策问题 (184)

7.1 供应链管理及其活动 (185)

7.2 采购与供应管理 (189)

7.3 库存管理 (194)

7.4 供应链策略 (208)

7.5 供应链牛鞭效应 (209)

7.6 供应链内部关系类型 (214)

7.7 供方管理库存 (216)

7.8 协作计划、预测和补货系统 (218)

7.9 供应链的改善 (219)

案例：苹果供应商的喜与忧 (221)

习题及思考题 (223)

第8章 精益思维与准时制 (224)

引例：解决问题的不同思维方式 (224)

8.1 精益思维 (225)

8.2 准时制生产 (226)

8.3 JIT哲理与丰田新乡模式 (228)

8.4 看板系统 (230)

8.5 JITⅡ供应 (233)

8.6 服务业JIT运用 (234)

8.7 全面生产维护 (237)

8.8 5S活动 (239)

8.9 可视化管理 (240)

案例：做到极致的JIT (242)

习题及思考题 (243)

参考文献 (244)

第 1 章

运营系统与运营战略

【本章要点】
➢ 企业运营面临的挑战；
➢ 运营系统模型与类型；
➢ 运营的绩效目标；
➢ 运营战略框架与过程。

引 例

北美汽车配件超市的卓越运营[①]

在20世纪90年代初期，加拿大轮胎股份有限公司为扩大其在汽车用品工业的市场份额和巩固领导地位，瞄准了凡事要自己动手的群体和专业维修市场。研究表明，这是一个具有成长潜力的市场，应设法满足这些顾客的需求。所以，加拿大轮胎股份有限公司于1996年建立了第一家配件超市销售店，到1999年先后共有8家店面开张营业。先期开张的这些试验性商店建立起了配件超市的经营概念，而这些都是在汽车零配件专业市场中零售和商业客户需求的驱动下产生的。配件超市是加拿大轮胎股份有限公司发展历史上的最新篇章，已成为加拿大零售业的一个形象标杆。这一新的拓展，毫无例外地巩固了加拿大轮胎股份有限公司作为加拿大汽车用品零售业最大零售商的领导地位。加拿大轮胎股份有限公司更了解汽车用户的需求，拥有众多可选择的高品质的品牌零配件和极具竞争力的价格。配件超市的特点是购买时间短、选择余地广且方便，可以满足自己动手者和专业维修人员的需要。

顾客希望有品质高、品种全的配件可供选择，希望有态度好、具备汽车配件专家知识的服务人员，顾客还希望获得在配件市场上具有竞争力的价格。顾客的期望和需求是"The Parts. The Pros. The Price（配件齐全、服务周到、价格优惠）"的最佳组合。配件超市将零售和商业客户的需求融合到配件超市连锁店的设计之中，每个店都包括零售区和商业区，并保持具有竞争力的价格，提供高品质的品牌配件和汽车维修专业人员热情而专业的服务。每个连锁店都备足与当地汽车数量相匹配的零配件，零配件的品牌包括博世、Fram、Monroe、Wagner、Fenco、TRW和K&N。除汽车配件外，店里还备有大量零备件，包括6种全国品牌的机油、5种全国品牌的火花塞和3种全国品牌的机油滤清器。

配件超市要求连锁店具备如下管理技能与运作技巧：

---

① 根据 PartSource 公司资料整理。

- 以客户为焦点；
- 团队建设和激励人的专业才能；
- 流程管理；
- 推行实施配件超市业务流程；
- 销售计划和管理；
- 现金流和财务预算管理；
- 决策能力；
- 良好的人际关系；
- 行动导向；
- 沉着冷静；
- 诚实守信；
- 学习技术的能力；
- 懂得做事的优先次序；
- 运作技巧；
- 分析和计划能力；
- 解决问题能力；
- 具备普通汽车知识；
- 热爱汽车，对汽车售后市场有较深入的了解。

配件超市要求连锁店的经营者为其经营目标做出贡献，同时配件超市为每个店的良好经营业绩提供保障。

连锁店的员工经过培训后应该学会：

- 如何把"顾客至上"的企业理念发扬光大，从每一件事做起，提供优质的客户服务；
- 了解配件超市零售和商业销售各方面的经营管理知识；
- 如何培育高绩效的管理，对经营团队逐步灌输配件超市的企业愿景和使命；
- 遵循配件超市的所有工作流程和规则；
- 销售和库存管理；
- 如何高效经营；
- 如何成为社区的一员；
- 怎样为连锁店支持中心反馈情况，实现持续改进。

公司发展战略部门评估所有主要因素后做出选址决定，以确保店面在最佳地段，所以加盟者不能自选地址修建或购买一个店面用作加盟连锁店。当决定要在某处开设一家新配件超市连锁店时，公司发展战略部门会分析其周边所有的市场因素，以确保最好的选址。

加拿大轮胎股份有限公司为了统一配件超市的管理与支持，设立了配件超市服务支持中心，具体负责下列事宜。

① 完备的经营设施。连锁店加盟者无须投资建设营业场所和土地，配件超市按零售客户和批发客户的基数进行经营场所选址，并建立连锁店。连锁店加盟者需要按期交纳房屋、土地租费。配件超市负责培训加盟者，使其可以使用配件超市的零配件仓库和经营管理系统。

② 集中采购和配送中心。加拿大轮胎股份有限公司是北美最大的汽车用品零售商，拥有40亿加元的年采购能力，可以保证连锁经营有好的投资回报。

③ 市场营销与促销。配件超市将协助经销商开发市场和在全国市场及区域市场组织促销活动，为零售和批发网络做广告宣传。加拿大轮胎股份有限公司本身就是加拿大名列前茅的广告公司，有能力整合其强大的广告促销资源，提升汽配连锁品牌。

④ 经营到位，促进发展和支持。连锁店加盟者将在汽车零配件的零售和批发经营领域，实践已被验证可行的商业理念。配件超市将全力帮助加盟者建立起新的店面，并在经营过程中提供帮助，例如合格经营团队的招募和技能培训，以满足客户的需求。

思考题：
1. 你认为配件超市的竞争优势与运营战略是什么？
2. 公司运营总监、配件超市连锁店店长的主要职责应该有哪些？

1.1 企业运营面临的挑战

不管是制造业还是服务业，当今企业都面临着新的全球化竞争环境。信息通信技术（ICT）在世界范围内的迅猛发展，大大加速了世界经济全球化的进程，改变了人类生活的方式，带来了发展新兴开放市场、国际分工的机会，带来了全新的金融体系。人类的心理需求也发生了深刻变化，企业面临着复杂多变的政治、经济、社会、技术（PEST）等环境影响因素，企业运营正经历着一场深刻的革命。利用传统的泰勒科学管理方法来应对新的挑战已变得不再有效；而热衷于照搬流行的新潮管理学说的企业，在实践中并未立竿见影；相当多的企业坠入了泥潭而不能自拔，在浮躁的气氛中并没有全面透彻地理解变革与新潮的管理理论。

目前，相当数量的全球制造企业依靠紧密协同来提供特定的产品。企业在其产品整个生命周期内集成顾客需求，采用信息通信技术集成全球企业，在广泛分散的组织和个人间建立真正紧密的关系。"制造业跨时空的全球集成"已经出现，制造业中的如下趋势越来越明显。

① 知识管理。"制造世界正从数据驱动的环境向相互合作的信息（知识）驱动的环境变化，考虑更多的是企业技能、共识和应用"。

② 知识、技术更新速度加快。

③ 大规模定制。为不同的顾客提供不同的产品与服务，以满足顾客对产品功能、质量、价格、可靠性、交货期等的特定要求；客户参与产品的设计和建造，生产客户化产品。

④ 产品的生命周期缩短。制造企业必须时常导入新产品，而且必须缩短产品进入市场的时间。

⑤ 市场多变，难以预测。市场快速出现并快速消失。

⑥ 集中于较小的和明确的细分市场。消费者行为呈现个性化、多样化趋势，必须不断变化产品配置，以满足特定的客户需求。产品包括实际产品本身，也包括维护服务、产品的更新或升级及详细的产品信息等。企业向客户传递的更多是解决方案，包括客户和方案提供者之间的长期关系。

⑦ 专注于核心能力。企业可将其大量的活动外包，并与伙伴公司的信息系统连接，同时公司可获得专业化、差异化与集成化，也加强了企业与上下游企业的紧密合作。

⑧ 建立动态联盟。协同工作、协作开发和引入新产品、项目，以获得较大的市场份额与敏捷性。联盟的生命周期往往取决于在联盟中生产的产品、项目的生命周期。

⑨ 市场全球化。市场、资源、技术、人员的竞争趋于全球化，越来越多的公司必须在世界市场中运营。处于不同国家的公司可共同参与新产品的开发。为了降低成本，产品可在一个国家

开发而在世界上多个地方制造。

⑩ 更加扁平的组织结构。平坦的管理结构的运营成为现实，可以在组织的各个层次上进行数据访问。

⑪ 供应链管理。简化总体后勤流程，供应链上的企业分工合作，协同预测、协同供应显得特别重要。

⑫ 重视绿色制造。已不能单纯从经济因素来评估产品和项目，环境保护迫使企业把重心集中于全球制造。公司必须采用较少污染的组件和流程，注重再循环利用。这意味着要对产品整个生命周期进行管理。强调"产品必须具有一个明确的、可借助于产品模型和过程模型描述的生命周期。"

⑬ 市场从产品主导转向顾客主导。工业企业下游向服务领域拓展，实现产品的增值。如何提高顾客的满意度、获得顾客的忠诚度是企业获得持续发展的关键所在。

⑭ 互联网业务模式。互联网为全球企业供应链提高运营效率、增加商业机会和加强企业间协作提供了更加强大的手段，利用互联网获取和应用有效信息的能力成为企业基本的竞争优势，利用互联网驱动全球业务网络成为企业重要的竞争优势。

制造业面临着全球化、全球竞争、互联网与制造网络、虚拟制造、核心能力、更加关注产品生命周期、保护环境、客户化产品与服务、柔性与敏捷性、较短的提前期等诸多挑战，要想获得持续的利润增长就必须改变现有策略，关注如下几个方面：

- 网络；
- 柔性与敏捷性；
- 利用"互联网＋"实现企业绩效的改进；
- 加强产品、项目全生命周期（PLC）的信息管理；
- 专注于核心能力，并适时调整；
- 与供应商建立更加灵活的动态协同关系；
- 战略联盟；
- 知识的创新与重复使用；
- 提高生产率与效能。

柔性与敏捷性已成为企业在全球动态环境中竞争成功的决定因素。IT正改变着企业现在及未来的业务方式，制造企业必须转向网络化制造。建立业务伙伴关系或加入业务共同体，如一个行业或行业分支、产业群或产业群的一部分、供应链或供应链中的一部分，利用互联网技术、应用软件体系结构实现与业务共同体中业务伙伴、顾客及供应商的协同业务模式，集中于核心能力，依靠市场需求与企业能力，快速构建多个虚拟企业，实现网络化协同制造模式，已经成为制造企业适应全球动态环境的新的业务模式。虚拟企业被认为是企业间建立健壮、柔性连接的战略方法。

越来越多的制造企业向服务延伸，借助于服务来实现产品的增值，获得市场竞争优势地位，依靠产品与服务的整合，更好地满足越来越苛刻的顾客需求。

服务业面临的趋势和挑战与制造业所面临的趋势与挑战是紧密联系在一起的，因为服务业与制造业密切相关、相互交叉、相互渗透。制造业生产的产品支持服务业的运营，如制造业生产的交换机支持电信服务运营，高效的电子银行服务依赖于先进的机器设备等；反过来，服务业，如银行、咨询、电信、运输等对制造业的支持同样是至关重要的，制造业的日常运营离不开银行、制造业的通信与信息化离不开电信、制造业运营的改善离不开咨询等。

制造业与服务业的企业运营都需要面向顾客，企业运营系统需要持续改进与再造，企业运营需要协同，全球化运营可为企业带来竞争优势。ERP（企业资源计划）系统已经成为当今企业运营的主干，是企业运用信息通信技术实现敏捷性与柔性运营、更好地满足顾客需求的有力工具。ERP系统通过对关键业务流程的优化，可以对运营战略产生重要的影响，如公司如何生产产品或提供服务，如何与供应商、合作伙伴及顾客进行协作。有些运营战略只有通过ERP系统才能实现。如果没有集成化的信息系统，面对分散的全球资源，就不能迅速地实现多功能的协同运营。运营管理与企业管理、人力资源管理、计算机集成制造技术（CIMS）、信息通信技术、物联网（IOT）、计算机知识、人工智能（AI）、信息系统等密切相关。

运营管理出现的新的主题有：全球化运营、网络化协同运营、供应链运营、准时化运营、服务运营、可持续运营、面向顾客的动态质量运营等。

1.2　运营系统模型与类型

运营使企业能够创造财富，并支撑全球经济运转。运营管理关注企业生产率的提高，强调通过运营系统内部或运营系统之间有效的运营获得竞争优势。

运营管理研究企业生产产品和提供服务的方式。企业采取的运营行动是由运营经理决策并负责的。运营经理是指企业内部专门负责管理运营系统的全部或部分资源的人员，运营部门专门负责产品和服务的生产及配送工作。

在运营系统中，运营经理需要在战略、设计、运行、改善等方面做出许多重要的决策。

本节从系统的观点入手，来区分运营系统的不同模式。

1.2.1　企业运营的系统模型

什么是系统？系统是一组相互依赖、相互关联的组成部分，通过协同运营实现系统的目标。系统成功的秘诀在于系统的各个组成部分相互合作、密切配合，共同向系统的目标努力。如果系统各个部分以自我为中心，变成竞争的独立单元，就会破坏整个系统。系统可以是最广大的宏观系统（如银河系统），也可以是最小的微观系统（如遗传DNA系统）。系统可以是一个组织，可以是一个产业，也可以是整个国家。系统范围越大，可能产生的效益就越大，然而管理的难度也就越大。

对于运营系统，应当进行系统思考。系统思考就是以系统、整体的观点，以各种相依、互动、关联与顺序，来认识现实世界、解决问题的一般反应能力与习惯。

以系统的观点看待运营系统。所有的运营系统在生产产品或提供服务的过程中，本质上都是将输入资源按照一定的方法与转换程序加以变换，从而产生一定的输出，满足下游系统或顾客的需求。输出物与输入物相比，其状态或性质发生了变化。

运营管理系统的IPO模型可表示为图1-1。输入资源可分为两种：待转化资源和转化资源。待转化资源是指将要被加工、转换或改变的资源，如制造系统中的物料、服务运营系统中（管理咨询公司、新闻机构等）的信息与某些服务运营系统（医院、旅店、美发店等）中的顾客；转化资源是指支持运营系统转化过程的资源，如运营系统的基础设施、机器设备、员工、自动化系统及信息管理应用软件系统。

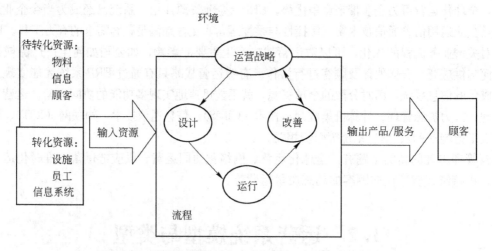

图1-1 运营管理系统的IPO（输入、流程、输出）模型

不同的运营系统有不同的流程。流程是指具体的转化过程、转化条件、方法与步骤。需要根据输入的待转化资源的性质来设计不同的转化过程：以物料加工为主的运营系统、以信息加工为主的运营系统与以顾客接待为主的运营系统。大多数制造系统需要对物料进行加工转化，有些是形状或物理组成的变化（如汽车、冰箱、电话机的制造等），有些是化学成分的变化（如炼钢、酿酒等）；有些运营系统是改变物料地理位置（如邮政快递、行李快运、运输等），有些则是以存储物料为目的（如仓库存储）；管理咨询公司、会计师事务所需要对信息进行加工；医院、美容店、饭店、旅馆等需要对顾客进行直接的接待服务。虽然运营系统的转化过程不同，但所有的运营系统都有4个关键的主过程：

- 适应环境制定运营战略；
- 在运营战略下进行运营系统的设计；
- 以企业资源计划（ERP）为骨架的运营系统运行；
- 运营系统的改善或改进。

运营系统的输出是提供的产品与服务，不同运营系统的输出存在多种差异，如有形的产品、无形的服务。从顾客的角度看，产品与服务会给他们带来介于喜悦与愤怒之间的感受；从组织的观点看，产品与服务会给他们带来利润与市场份额。输入同样的资源，要想有更好的输出，必须改善系统的流程，改善系统的转化过程与方法。

为了关注系统的供应者与顾客，也采用SIPOC（suppliers, input, process, output, customers）模型。组织的运营系统供应者可能有物料供应商、设施供应商、人才市场（人力资源供应者）、信息系统服务商等。为了实现系统的目标，系统的思考方式应当以顾客优先为原则，运营系统提供的产品与服务如何，只有顾客最清楚，不能得到顾客的反馈意见，就无法界定工作的好坏。顾客满意才能带来组织持久的运营。

SIPOC模型也可用于分析运营系统内部。运营系统可以看作是由众多微观运营构成的层级结构。组织内每个人的工作可以用SIPOC模型表示，组织的运营既可以用SIPOC模型表示，也可看做是多个SIPOC的集合，每个人的工作都是整体流程的一部分。在内部运营中，存在内部顾客与内部供应者。内部顾客是指从其他微观运营获得输入的微观运营，内部供应者就是向其他微观运营提供输出的微观运营。微观运营中也需要强调顾客优先，顾客优先是善解人意的思考方式，而不是以自我为中心。表1-1是运营系统的输入输出与转化过程举例。

表1-1 运营系统的输入输出与转化过程举例

运营系统	输入资源	转化过程	输出
航空公司	飞机、机组人员	转运乘客、货物	运抵新地点的乘客与货物
	地勤人员、乘客、货物	/	/
百货公司	售货员	商品摆放	满载而归的顾客
	待售商品	提供选购建议	/
	顾客	销售商品	/
银行	职员、设施、能源	金融服务	获得服务的企业或个人
	计算机设备等	/	/
冷冻食品生产商	新鲜食品	食品加工	冷冻食品
	操作人员	冷冻	/
	食品加工设备	/	/
	冷冻设备	/	/

1.2.2 运营系统的不同类型

1. 运营系统的差异

运营系统具有相似的输入、处理或转化、输出的基本模型，但是产品与服务千差万别，产量大小相差悬殊，转化的工艺过程各不相同，因此运营系统在产品产量、产品品种、工艺过程等维度存在重要的区别（如图1-2所示）。

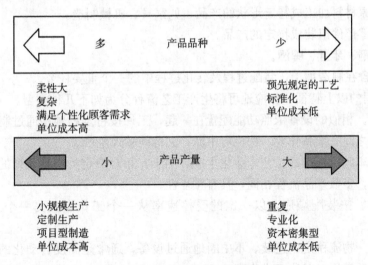

图1-2 运营系统中的两种变化

（1）产品产量

通过扩大产品产销量形成规模经济，依靠规模经济可以获得竞争优势。1995年格兰仕微波炉产销 20 万台，市场占有率达 25.1%；1996 年实现产销 65 万台，市场占有率超过 35%；1997 年市场占有率扩大到 47.6%，产销量猛增到 198 万台。1998 年格兰仕微波炉年产量达到 450 万台，国内市场占有率达到 60% 以上，成为世界上最大的微波炉生产厂家之一。格兰仕微波炉在单一产品上的决策成就了格兰仕对全球市场的垄断："在单一产品上形成绝对优势，这叫做一个拳头打人。"格兰仕迅速形成规模以后，价格和技术的优势阻止了一些竞争力不强的企业进入市场。

大批量生产具有高度的生产重复性，专业化程度高，因而成本较低。许多家电制造商正是依靠大批量生产来降低成本、获得竞争优势的。

（2）产品品种

出租车公司提供的服务具有多个不同的品种，而公交车提供的服务的品种比较单一。出租车可以按照顾客要求的线路行驶，可以将顾客及其携带的行李送到指定的地点。出租车的运营具有较大的柔性，顾客可以使用电话在规定的时间与地点预约车辆接送，多样化的服务使顾客需求得到最大限度的满足。这需要出租车公司具备畅通的信息联络网络，要求出租车司机具备热情礼貌的言行并熟悉交通路线，对当地地理环境了如指掌。而公交车必须按照固定的线路日复一日地行驶，在指定的站点运送顾客。灵活的个性化服务需要顾客付出较高的价钱，坐出租车的花费就要比坐公交车高得多。

公交车公司可以通过增加运营线路，或合理布置站点，或增加车辆数量来提高顾客满意度，但公共交通服务作为大众化的服务，在时间上和方便程度上无论如何也比不上出租车所提供的定制化服务。定制化生产或服务往往是多样化、多品种的。

多品种生产具有高度的复杂性，灵活性大，定制化程度高，从而导致成本上升。

（3）工艺过程

服务运营系统的过程是业务处理的过程，制造运营系统的过程主要是生产工艺过程。制造业中的工艺过程本质上有以下几种类型。

① 加工：将原材料加工成特定形状的产品，如家具、机械制造。
② 装配：将零部件组装成特定的产品。
③ 转化：炼钢、牙膏、啤酒。
④ 测试：包含在制造加工、装配过程及转化过程中的一个重要环节。

根据工艺过程的以上特征，相应地可将生产工艺流程分为如下几种类型。

- 工件车间。相似的设备依照功能配置在一起，工件按特定的顺序通过制造现场的工作中心，工件之间有准备作业。物流可中断，又称间歇式生产。
- 批量生产车间。标准的工艺专业化生产，用于有相对稳定的产品系列的企业，按订单或库存生产；多数产品流程相同，具有重复性。
- 装配车间。按装配顺序，以一定的受控速率从一个工作点到另一个工作点进行装配生产。
- 流程车间。物流稳定、连续、不中断地通过设备，通常是高度自动化的，应避免高额的停工和启动费用。又称流水生产。

每一种工艺过程类型与产品的产量与品种的关系可用如图 1-3 所示的矩阵表示，矩阵中列出了典型的行业，由此矩阵可以清楚地看出这些行业的产品特征、工艺过程特点及其柔性、成本的高低。

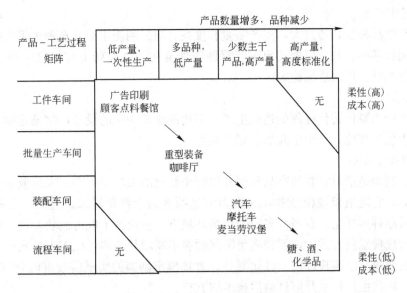

图1-3 产品-工艺过程矩阵

2. 运营系统的生产类型

按照工艺过程的类型可以将制造运营系统的生产类型分为项目型、单件小批量型、大量生产型、成批生产型、流水型与大规模定制型,如图1-4所示。

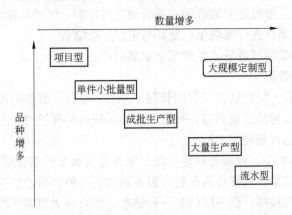

图1-4 制造运营系统生产类型与产品数量、品种关系

(1) 项目型

项目型主要是靠项目拉动,例如向城市地铁、核电站、隧道、三峡工程等重型设施提供定制化的设备或机组,这些设备或机组的设计、制造与安装极其复杂,不同的设施项目要求不同,即使是在同一设施项目下,因使用环境的不同规格,质量的要求也呈多样化。项目订单往往依靠投标获得,项目的工期要求特别严格,且多数是在现场装配完成,变化因素多。项目的复杂性往往要求多个企业或组织协同完成整个项目。

(2) 单件小批量型

单件小批量型生产品种繁多,每一品种的产量极小,生产重复程度低,生产管理复杂,成本高。

(3) 成批生产型

成批生产型介于单件小批量生产型与大量生产型之间。

(4) 大量生产型

大量生产型品种少，产量大，生产重复程度高，应采用流水线、自动线等高效的生产组织形式，以及采用标准的工艺，以便实现生产管理的规范化，且有利于与供应商建立长期的合作关系。该类型成本低，产品质量稳定。

(5) 流水型

流水型生产主要指转化过程的连续生产，采用高度自动化的设备，物流连续，在生产过程中物资通常发生化学变化，产生中间品、副产品等。

(6) 大规模定制型

大规模定制型是指对定制的产品和服务进行个性化的大规模生产。大规模定制型是现代企业经营的新趋势，它既追求规模效益，又极力满足顾客的个性化需求。过去，企业要么追求低成本，要么追求品种多样化。在当今多变的市场环境下，企业为了取得成功，将注意力集中在顾客身上，采用大规模定制方式，理解并满足不同顾客不断增长的多样化需求，同时又保证产品的低成本，有效地为每一个客户提供个性化服务。大规模定制型的实现需要准时化（JIT）等先进制造管理模式、现代生产技术及信息通信技术的支持。

常见的大规模定制方式有以下几种。

① 自我定制。购买标准化的产品，由客户自己或第三方定制。

② 运输地定制。在运输地点对标准化产品进行定制。

③ 服务定制。对标准化产品提供定制服务。

④ 混合定制。对工厂价值链中的最后一项活动进行定制，保持其他活动的标准化。

⑤ 模块化定制。对部件进行模块化，使其与定制产品结合。

⑥ 柔性定制。利用柔性制造系统生产完全定制的产品。

3. 运营系统的服务类型

美国营销学者菲利普·科特勒在《营销管理》一书中给出了服务的定义：一方能够向另一方提供的基本上是无形的任何活动或利益，并且不会导致任何所有权的产生。它的生产可能与某种有形产品联系在一起，也可能毫无关联。

在 ISO 9000 系列标准中，对服务的定义是：服务是为满足顾客需要，在同顾客接触中，供方的活动和供方活动的结果。从管理角度看，服务既然是一种活动，服务组织就必须对活动过程进行有效的计划、组织与控制；服务既然是一种结果，就必须达到满足顾客要求的目的。

从产出角度定义，服务是顾客通过相关设施和服务载体所得到的显性收益和隐性收益的完整组合。其实任何企业所提供的产出都是"有形产品＋无形服务"的混合体，但各自所占的比例不同。从顾客角度来说，顾客无论是购买有形产品还是无形服务，其目的都不仅只是得到产品本身，而是获得某种效用或收益。

1) 服务运营系统的特征

(1) 无形性

与产品不同，服务往往是不可触摸的。这是服务作为产出与有形产品最本质、最重要的区别。虽然有时服务和一些物质形态相关联，如飞机、食具、病床等，但人们真正要买的是一些不可触摸的东西。例如，在航空公司要买的是旅行服务而不是飞机；在医院要买的是健康和医疗服务而不是病床。

(2) 服务生产和消费的同时性

这是服务的显著特征。服务是开放系统，受传递过程中需求变化的全面影响。服务的生产和消费同时进行使得产品的预先检测成为不可能，使得服务能力（设施能力、人员能力）计划必须能够对应顾客到达的波动性，使得服务的"生产"与"销售"无法区分，所以必须依靠它的指标来保证质量。

(3) 服务是易逝性商品

服务的易逝性即不可存储性，使得服务不能像制造业那样依靠存货来缓冲供货，适应需求变化，服务不使用将会永远失去。例如，飞机上的空座位和旅馆里的空房间都产生了机会损失。因此，服务能力的充分利用成为一个管理挑战。

(4) 服务的多变性

服务的多变性主要表现在4个方面。第一，服务是相关服务要素的集合。一部分不好，顾客就会认为整个服务不好；同一种核心服务的周边服务不同，也会形成不同的服务特色。第二，服务者具有多样性。服务往往是人对人的，服务者不可能像机器人那样只有标准动作，而顾客如果接受到两次不同的服务，或看到别人接受到更好的服务，都会留下坏印象。第三，顾客的多样性。即使是同一种服务规范，不同个性的顾客也会导致不同的服务结果。第四，服务的同一组成部分，在不同情况下对不同顾客的重要性可能不同。

(5) 顾客参与服务过程

在制造业，工厂与产品的使用者、消费者完全隔离。而在服务业，顾客作为参与者出现在服务过程中，这种参与有主动和被动，因此也有可能促进或妨碍服务的进行。这就要求服务经理必须重视设施的设计。顾客的知识、经验、动机乃至诚信都会直接影响服务系统的效率，顾客处在运营系统之中。在服务业中与顾客的接触程度是很重要的。

2) 服务运营系统的分类

服务运营虽然有许多共性，但也存在不同的服务类型，从不同的分类维度和视角来分析服务类型，将有助于深入了解服务业的内涵和精髓，从而有针对地对服务运营管理进行研究。

(1) 单一维度分类

单一维度分类中一种著名的方法是 Chase 提出的客户联系模型：按照服务过程中与顾客接触程度的高低，把服务分为"纯服务"（如医疗、教育）、"混合服务"（如银行、零售）和"准生产服务"（如仓储、批发）。Killeya 也提出过类似观点，即把服务分为"软服务"和"硬服务"。"硬服务"提供过程，强调机器与机器之间，以及人与人之间的相互作用；而"软服务"则强调人与人之间的相互作用。

(2) 多维分类

多维分类包括二维以上的分类方法，通过不同视角组合进行分析，是对不同服务类型的进一步细分。施米诺在 1986 年提出的服务流程矩阵如图 1-5 所示。他根据两个不同的维度来区分服务行业：接触程度和个性化服务程度的高低、劳动力密集程度的高低。这一矩阵分四个类别。首先，服务工厂（service factory）的两个维度都很低。例如商业航班，若一个航线分别是 10 点和 18 点出发的两个航班，他们绝对不会为了个别客户而调整计划；当顾客接触程度和个性化服务程度增加时，服务工厂就会变成服务店（service shops），医院和各种修理业就是典型例子；而大众服务（mass service）有较高的劳动力密集程度，但顾客的接触程度和个性化服务程度较低；当顾客的接触程度和个性化服务程度成为主要目标时，大众服务就会变成专业服务（professional service）。

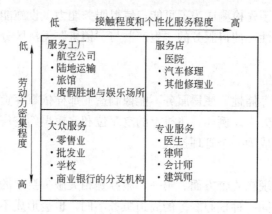

图1-5 服务流程矩阵

当然这种划分方式并不是一成不变的。随着时间的推移,很多服务运营的本质发生了变化,最明显的是大规模的分解和多样化。曾经是典型的服务作坊或大众服务类型的企业特征不再清晰,企业正在服务流程矩阵的不同象限中跨越。

专业服务型个性化程度高、与顾客接触程度高,需要具有专业知识的人员,如会计师、咨询顾问、律师、医生等;大众化服务型定制化程度低、与顾客接触程度相对较低,满足大众化的需求,如超市、学校、银行储蓄服务等;服务店型介于以上两者之间,如体育用品商店、汽车维修部等。

3) 服务接触管理

顾客与服务组织的任何一方面进行接触都会得到关于服务质量的印象,接触的那段时间被称为"真实的一刻"。它来源于斗牛术语,最早由理查引入服务管理中,以强调服务接触的重要性。其含义是顾客对一个服务企业的印象和评价往往取决于某一个瞬间或服务过程中某一非常具体的时间。必须强调的是,服务接触可以发生在任何时间、地点。同时服务管理人员要牢记:不管顾客与组织中的什么人接触,都会视其为整个服务组织。多数顾客不会在服务接触以外的时间去思考一项服务或服务组织。因此,把握服务接触的短暂时刻,给顾客留下好印象就变得非常重要。

服务接触主要由以下四个要素构成,它们构成了服务接触管理的主要对象。

(1) 顾客

顾客是服务接触中的最主要要素。顾客对服务质量的评价、整体满意度、是否再来的决定,都极大地取决于他在这次服务接触期间的感受。因此,服务提供系统的设计必须考虑以一种最有效和最高效的方式来满足顾客要求。但最重要的一点是:顾客希望受尊重、得到礼貌待遇及和其他顾客相同的服务。无论什么性质的服务,这都是服务接触最基本的要求。

(2) 服务员工

这里服务员工是指直接与顾客打交道的一线人员,他们是服务接触中另一个重要的人员因素。他们同样希望得到顾客和其他服务员工的礼貌对待,希望得到顾客和管理者的好评。因此,他们必须拥有必要的知识和经过适当的培训。服务员工代表其服务组织,是保持服务提供系统正常运转的力量。他的言行和行动被顾客认为是服务组织的言行和行动。顾客期望服务员工是他的最好代理,最大限度地考虑他的利益。这种双重角色有时对于服务员工很矛盾,尤其是顾客的最好利益与服务组织的政策发生冲突或服务员工受严格的规则约束时。

此外，服务接触对于服务员工仅是众多正常工作中的一次。任务的重复使得他们只重视效率和有效性，而没有考虑有些顾客或缺乏经验或心情焦虑或有特殊要求等。但很多情况下，顾客对员工表现出来的诸如友善、温暖、关怀和富有感情等人际交往技能也非常在意，甚至往往能决定一次服务接触的成败。因此，服务管理者有责任帮助服务员工培养这些技能，并对员工加以培训，使他们具有一定的行为规范，更好地服务顾客。同时，员工满意也非常重要。只有员工满意、具有献身精神，他们才能为顾客提供最好的服务；若顾客满意了，他们还会再来。

（3）服务提供系统

服务提供系统包括设施设备、各种用品、服务程序和步骤，以及规则、规定和组织文化。但它影响服务接触的只有顾客看到、接触到的部分，这部分的设计和运用必须从顾客角度出发。

（4）有形展示

有形展示包括一项服务和服务组织可能形成顾客体验的可触的所有方面，包括服务企业所在的建筑物的外形设计、停车场、周边风景，以及建筑物内的家具摆设、灯光、温度、噪声水平和清洁程度等，还有服务过程中使用的消费品、使用手册、服务人员的着装等。有形展示对于服务接触的成功非常重要，尤其是在有顾客到场的服务类型中，顾客满意与否通常都在在场时间内形成。通常顾客在服务设施内停留时间越长，有形展示越重要。

另外，有形展示还有可能影响服务员工的行为。由于服务员工要在服务设施内度过绝大部分工作时间，因此其工作满意度及工作动力和绩效也受有形展示的影响。因此，其设计还应该考虑到如何使员工无障碍地执行任务。

运营实践

冰雪上的速度与激情点燃了你的驾驶欲望？

有着"千湖之国"之称的芬兰是一座童话般的唯美国度，珍珠般的群岛上，宁静的城市像是一个个嵌在森林峰岭中的玩具小屋，呢喃着这个国度独一无二的底蕴风情。我们的目的地便是位于芬兰拉普兰省的穆奥尼奥，这是一座人文景观与自然景致交相辉映的宁静小城，城外40cm厚的极地积雪为这次活动的冰雪主题提供了最完美的场地。带着无限遐想，20名参与者来到了芬兰的穆奥尼奥，接受大自然的洗礼。为期6天的"奥迪驾控汇"活动，等待他们的是北极圈的绚丽极光、极地地区的终年严寒，以及奥迪Quattro独一无二的冰雪激情。

试驾正式开始前，专业的教练团队为所有参与者进行了详细的理论培训，专业的指导瞬间点燃了所有人的驾驶欲望，学员们都摩拳擦掌，跃跃欲试。勒芒24小时耐力赛三连冠MARCO WARNER教练的登场更是让全场激动不已，极地的冰雪世界里，一场Quattro的盛宴由此拉开序幕。与以往的试驾有所不同，这次芬兰之旅，学员们不仅能亲自体验雪上漂移的激情，更能在直升机上俯瞰全景，与奥迪S4 Avant来一场冰雪共逐！－20℃的严寒，俯视冰雕玉琢的雪白世界，只见奥迪S4 Avant绝尘而去，瞬间与晶莹剔透的世界融为一体。

本次试驾活动的重中之重是S4 Avant。20名学员被分为10个队伍，两人一车，开启了冰雪征途。搭载着3.0L V6双涡轮增压发动机，最大扭矩达到500 N·m的S4 Avant载着"探索者"们，征服着这片雪城。深可及膝的积雪上，奥迪Quattro全时四驱系统尽显霸主地位，为学员们带来了一场只属于奥迪的北欧速度盛宴。Quattro的诞生就在芬兰位于北极圈的一片森林之中，这段历史更是让这次活动意义非凡。

为期一周的芬兰冰雪之旅，奥迪带领所有参与者领略了异国的独特风情，更见证了奥迪quattro的无限魅力。愿今后，每一个大雪纷飞的日子，他们都会想起这句：

It's not winter, It's quattro season.

思考题：
1. 上述活动是属于公司的售后服务还是促销活动？
2. 你认为汽车制造商的这类服务活动对汽车品牌有何影响？
3. 试运用服务运营理论对公司的这一活动做出评价。

（来源：你在苦苦等待夏天，我却在芬兰玩雪，2017-03-30. 奥迪官方微信）

1.2.3 运营管理职能

企业具有三大核心职能：产品/服务开发、运营和营销。财务会计、工程与技术、人力资源、信息技术等也是企业的重要职能，提供对三大职能的支撑，如图1-6所示。运营职能负责生产或提供产品与服务，在制造企业中主要依靠生产车间（工厂），在服务业中则主要依靠业务部（战略业务单元）。各种职能是相互交叉的。

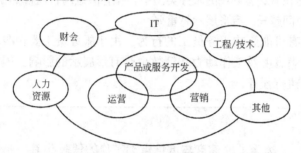

图1-6 企业三大核心职能

1. 运营经理的职责

在一些公司中运营经理被称为运营总监，制造公司中有生产总监、生产副总等，服务型公司中有业务总监、业务副总、国际运营总监等。这些职位是相通的，执行的都是运营职能，具体职责体现在3个方面。

① 对产品/服务的制造、发送活动负有直接责任，主要包括：
- 理解运营系统战略目标；
- 制订公司的运营战略；
- 设计运营系统的产品/服务与工艺过程；
- 运营计划与控制；
- 改善运营系统的绩效。

② 对公司其他部门的活动负有间接责任，与其他部门密切协作。

③ 对迎接未来竞争的挑战负有广义责任，关注全球化、网络化制造、绿色制造、知识管理、信息技术、制造与自动化技术等前沿领域，评估其对企业的影响，采取相应的对策：
- 全球制造战略规划；
- 加强与顾客的关系，做一个负责的、考虑周到的服务商；
- 加强与供应商的战略关系，协同制造战略；
- 关心员工生活与发展；
- 充分考虑企业的社会责任。

2. 运营职能的战略作用

运营职能对任何一个公司来讲都十分重要，不仅提供顾客需要的产品/服务，而且对企业战略的实施、支持、发展发挥着关键作用，表现在：贯彻实施公司的战略；为公司战略提供支持；为公司提供长期竞争优势，以推动公司战略发展。

卓越的运营职能对企业的贡献表现在四个方面：改进企业薄弱环节、学习行业内先进企业的经验、形成企业的运营战略、成为企业的竞争优势。依靠卓越的运营，企业可通过以下四个阶段的发展进而成为领先企业，图1-7描述了运营职能战略作用与贡献的四阶段模型。

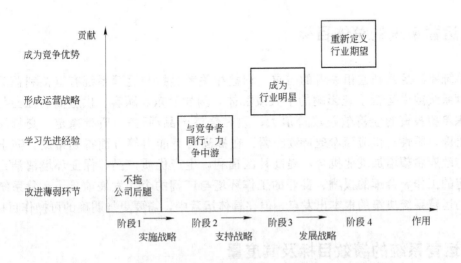

图1-7 运营职能的战略作用与贡献的四阶段模型

① 改进运营中的薄弱环节，在企业各个运营系统中领先，不拖公司后腿，不成为企业的累赘与负担，不折不扣地贯彻、实施公司战略，保证公司战略目标的实现。

② 以行业内优秀企业为基准，学习其先进的运营管理经验，力争保持行业中游，不掉队，力争使运营系统支持公司总体战略的实现。

③ 在竞争中积累经验，深刻理解企业竞争环境，以精益的思维建立运营战略，成为行业明星，脱颖而出，但仍不能自满，应充分利用运营战略，进一步推动公司战略的发展，使公司再进入一个新阶段。

④ 着眼于未来的发展，进一步持续改善企业运营，关注协同运营，使运营系统成为企业的竞争优势，重新定义行业的期望，超越自我，保持企业可持续健康发展。

3. 小公司的运营管理

理论上讲，运营管理的活动领域与公司的大小没有关系。然而实践过程中，小型公司运营与大公司相比存在许多不同之处，必须予以关注。小公司运营管理的特点如下。

① 小公司管理职能交叉重叠，管理人员往往身兼数职，例如公司总经理往往就是骨干业务员，人员配备精干，能起到以一顶十的作用。

② 小公司采取非正式的组织结构，能够灵活、迅速地适应变化的情况。

③ 小公司的运营、营销、财务职能通盘考虑。

④ 小公司往往依靠供应链上的大公司发展，处于某供应链的环节上，销售大公司的产品或向大公司提供某些服务。

引人瞩目的是互联网为中外小型公司的发展提供了难得的平等竞争的机会，互联网上公司无大小。小公司发展成为大公司后，运营模式必须改变，否则容易产生混乱，妨碍企业的进一步发展。另外，大公司的运营也要借鉴小公司灵活的模式，避免产生臃肿。

1.3 运营绩效目标与生产率

1.3.1 运营系统的总体目标

运营系统要满足其利益相关者的需求。利益相关者是指与运营系统有直接利益关系及可能影响运营系统或受运营系统影响的个人或群体，例如股东、顾客、供应商、社会与政府及员工。股东希望投资的经济效益或价值大；顾客希望产品/服务、质量稳定、交货及时、可靠、物美价廉、柔性；供应商希望持续经营、在提高自身能力等方面得到帮助，需求信息透明；社会与政府希望增加就业机会，提高社区福利，生产优质产品，保证环境清洁；员工希望长期稳定的工作、合理的报酬、良好的工作环境与广阔的个人发展前景。运营系统的总体目标是一切运营系统决策的根本出发点，但在具体运营中，需要更加明确的可操作目标。

1.3.2 运营系统的绩效目标及其度量

1. 运营系统的绩效目标

所有的运营系统都具有如下运营绩效目标：质量、快速、交付可靠性、柔性、成本。但在不同运营系统中每一目标都有不同的度量标准。

(1) 质量

质量绩效目标是指正确地做事情，提供符合顾客需求、使顾客满意的产品/服务，从而获得质量优势。质量在不同运营系统中有不同的度量标准，如在汽车制造、出租车运营、医院及超市运营中质量就有不同度量标准。在汽车厂，质量意味着按设计规范制造、按预定规范装配、产品性能可靠、产品美观；在出租车公司，质量意味着车厢内整洁卫生、安静、温度适宜、空气好、计程表准确，按顾客要求提供音乐、路线图，对顾客热情友善、乐于助人等；在医院，质量意味着患者得到最恰当的治疗，治疗以正确的方式进行，医务人员主动征求患者意见，对患者热情友善，并加以精神鼓励等；在超市，质量意味着商品状态好，店内整洁卫生、布局好、店内通风、温度适宜、装饰得体，员工热情友善、乐于助人，顾客排队交款等待时间短等。

质量可以增强顾客满意度，提高运营系统效率，提高运营系统稳定性与可靠性，减少产品/服务的缺陷，降低成本。

(2) 快速

快速绩效目标是指迅速地做事情，尽量快地使顾客获得产品/服务，从而获得速度优势或时间优势。快速在不同运营系统中有不同的度量标准，如在汽车制造厂，快速意味着在最短时间内向经销商提供符合要求的汽车，在最短时间内将备件发送到维修中心等；在出租车公司，快速意味着在最短时间内将顾客送到目的地；在医院，快速意味着在最短时间内为患者提供治疗，在最短时间内提供检验结果；在超级市场，快速意味着顾客在最短时间内完成购物，顾客所购商品在最短时间内交货，顾客在最短时间内得到服务。

快速意味着提高对顾客的反应速度，缩短交货提前期，减少库存，可以减少风险，提高产品/服务的可获得性。

(3) 交付可靠性

交付可靠性绩效目标是指准时地做事情，保证公司及时发货，在向顾客承诺的交货期前提交产品/服务，从而获得交付可靠的优势。在不同运营系统中有不同的度量标准，如在汽车厂，交付可靠性意味着按时交货，按时向维修中心交付零配件；在出租车公司，交付可靠性意味着在最短时间内将顾客安全送到目的地；在医院，交付可靠性意味着预约取消率降到最低，医务人员严格遵守预约时间，如实准确反馈检查结果；在超市，交付可靠性意味着营业按照公示的营业时间，缺货率降到最低，随时提供车位，保证合理的排队时间等。

交付可靠可以获得顾客信赖、节省时间、节省费用、增加系统的稳定性。

(4) 柔性

柔性绩效目标是指有能力改变所做的事情，当情况发生变化或顾客需要特别的服务时，能够相应地改变或调整运营系统的活动或运营机制，也可采取一定的方式改变工作内容、工作方式或工作时间，这种变化的能力可以满足顾客变化的个性化需求，从而获得柔性优势。常见的柔性有下列几种。

① 产品/服务柔性，获得不同的产品/服务的能力。

② 组合柔性，获得丰富的产品/服务系列组合的能力。

③ 数量柔性，运营系统调整自身输出水平的能力，可提供不同数量的产品/服务。

④ 交货柔性，提供可变的交货时间的能力。

柔性的作用：提高反应速度；满足顾客个性化需求；满足顾客变化的需求；适应环境条件的变化；节省时间；提高应变能力；提供创新能力。

有时也用"适应性"作为绩效目标。适应性的定义为：满足新的需求与变革的需求的能力。"柔性"和"适应性"都表明了企业的变革与创新能力。但是，"柔性"表明企业处理当前变革的一个短期概念，而"适应性"是企业对未来变革的准备程度。创新能力表明企业持续改进的发展潜力，为顾客提供更新、更好、功能更多的产品/服务的过程。企业创新包括提供产品/服务的生产和管理过程的创新。

在汽车厂，产品/服务柔性意味着不断推出新车型，组合柔性意味着可以提供不同型号、不同款式的汽车，数量柔性意味着可以调整汽车生产能力，交货柔性意味着可以重新安排生产顺序；在出租车公司，产品/服务柔性意味着灵活服务，组合柔性意味着服务组合多，数量柔性意味着可满足多顾客接待，交货柔性意味着可以重新调整目的地；在医院，产品/服务柔性意味着可推出新的治疗手段，组合柔性意味着治疗方案多样化，数量柔性意味着调整可接待患者数量，交货柔性意味着可以重新安排预约时间；在超级市场，产品/服务柔性意味着推出新商品或新颖促销活动，组合柔性意味着商品种类齐全，数量柔性意味着可接待顾客数量可大可小，交货柔性意味着按顾客要求交货。

(5) 成本

成本绩效目标是指以最低的成本达到需要的质量，获得成本优势。改善成本绩效的一个重要途径是首先改善其他目标的绩效。在不同运营系统中成本的类型不同，比重也不同。在汽车厂，外购物料与服务、人力成本、技术与设施成本占较大的比重；在出租车公司，则主要是技术与设施成本、人力成本；在医院，技术与设施成本、人力成本、外购物料与服务都有一定的比重；在超市，外购物料与服务占有较大的比重，也有技术与设施成本、人力成本。

低成本可以使公司降低售价，从而增加销售量；低成本可以使公司在现有销售量基础上提高获利水平。

2. 竞争要素及绩效目标的选择

绩效目标的选择与企业竞争要素相关。竞争要素是为企业提供竞争优势的要素。竞争要素与企业绩效目标相对应，如图 1-8 所示。

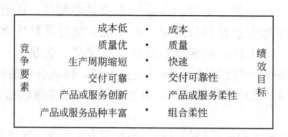

图 1-8 与绩效目标相对应的竞争要素

因为企业竞争着重点的不同，五大绩效目标在不同的运营系统中有不同的度量指标，同一运营系统在不同的时期、不同情况下所选择的度量指标也不同。为运营系统的绩效目标选择合适的指标，应遵从如下原则。

① 要与企业战略相关。
② 首先考虑非财务指标，以便为操作者、管理者和监督者提供日常决策所需的信息。
③ 尽量简单，易于运营部门的理解与运用。
④ 激发、鼓励业务的不断改进，而不仅仅监控。
⑤ 随动态市场的需求而变化。

企业在不同时期竞争要素的重点不同。服务正成为制造型企业的竞争优势要素，在其下游与服务业相融合，并在价值链上实现增值，这也是先行工业化国家后期工业化的一个重要特点。

1.3.3 生产率与获利能力

卓越的运营系统具有高的生产率，而效率与效果对于提高生产率是很重要的。效率和效果可定义如下。

效率是指在既定的客户满意度水平上，公司资源利用的经济性等；效果是指满足顾客（及其利益相关者）需求的程度。效率与效果如图 1-9 所示。

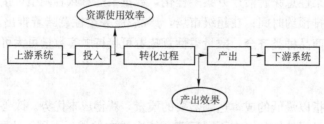

图 1-9 效率和效果

生产率是指产出和投入之比。

$$生产率 = 产出/投入$$

用较少投入获得更多的产出是组织想要达成的目标。工业化国家制造业的生产率在过去的130多年中提高了近50倍，每个工人每年的平均工作时间下降三分之一多。生产率已成为各个国家的财富。如果能比竞争对手用更少的原材料、工人、机器设备或其他生产资源生产出同样的或者更好、更多的产品，无疑会给企业带来竞争优势，获得超额利润，赢得组织运营的成功。

衡量生产率的主要目的是通过使用相同的投入得到较多的产出，或者通过使用较少的投入得到相同的产出来改善经营。生产率的衡量指标可以分为财务生产率和经营生产率。经营生产率表示为投入和产出物质单位的指标；财务生产率的投入以货币金额表示，而产出既可用金额表示，也可用实物表示。

可以用单要素生产率指标来衡量某项产出与单项投入的生产率之比。单要素生产率指标有：劳动生产率，如每个工人的产出或每人工小时的产出；直接材料产出生产率，如每单位材料的产出；流程（或者作业）生产率，如每千瓦小时的产出或每机器小时的产出。

单要素生产率指标反映了一个时期内的产出与某要素投入的比例：

$$单要素生产率 = \frac{产出数量或价值}{某项投入的数量或成本}$$

其中，分母是某项生产要素（如直接人工小时数或直接材料）的耗用量或成本（金额），分子是所生产的产品或提供服务的价值或数量。

也可以用混合要素生产率指标衡量多项投入和所得产出关系，用全要素生产率衡量所有投入与产出关系。全要素生产率指标包括了生产中所有投入要素的生产率，是一个财务生产率指标。分母代表用于生产的所有资源的总量。这些投入品可以是人工、材料、设备和其他生产因素，因为量纲单位不同，不可能将投入品的数量相加。货币金额可以作为一种共同的衡量尺度，将各种投入（如人工、材料及其他生产要素）加总在一起。

提高生产率能降低成本，从而提升营业利润。然而，不同投入的生产率的变化并不总是以相同的幅度进行的，设置方向可能相反。例如，某企业可能提高了直接人工生产率，而其直接材料生产率却可能提高较慢或降低了。值得注意的是，不同投入的生产率之间有冲突存在的可能。例如，某企业通过改善切割方式减少了废料而提高了材料生产率，但是在为了实现切割方式的改善，工艺中耗费了更多的人工小时，引发了人工生产率的降低。因此，只有全面了解各生产率变化对营业利润的影响，才能更好地利用资源。

单要素经营生产率反映了某项投入转化为产出的比例，分母是支持产出的某项投入的数量，分子是产出的数量。比较各期部分生产率，可以看出某项资源投入的生产率变化趋势。

单要素财务生产率反映了每消耗1美元投入可以生产的产出量。

单要素经营生产率指标在分母、分子上都使用数量单位，特点是易于理解。此外，它不受价格或其他因素变动的影响，可作为标杆使用。

单要素财务生产率的优点是它考虑了投入资源的价格和数量对生产率的影响。货币是企业的共同语言，比起数量，管理层更关注成本的影响。另外，单要素财务生产率同样适用于经营中的多生产要素生产率的计算。

运营系统绩效目标会对系统投入与产出产生不同的影响，进而影响系统生产率。

TOPP绩效模型是挪威科技大学为挪威制造业提高生产率进行的研究成果之一，该模型认为：效率与效果是企业发展的当前驱动力。在全球动态环境下，企业还需要具备适应性，能够适应变化的环境；适应性是企业发展的未来驱动力，适应性可以增加企业的收入、降低企业运营成本，并为顾客带来价值。效率、效果与适应性对企业获利能力及顾客价值的影响如图1-10所示。

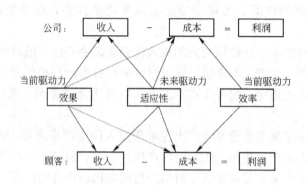

图1-10 效率、效果与适应性对企业获利能力及顾客价值的影响

成功的运营系统具有较高的获利能力。在五大绩效目标中，成本对获利能力有着直接的影响：成本降低，获利增加。另外，生产率、快速、交付可靠性、创新能力也影响着运营系统的获利能力。绩效指标与获利能力的关系如图1-11所示。

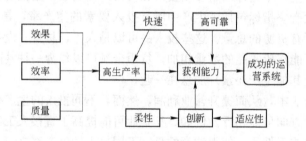

图1-11 绩效指标与获利能力的关系

1.4 运营战略框架与过程

运营实践

中国超市之王！单店业绩狂甩家乐福、沃尔玛

在中国内地市场，真正的超市之王不是家乐福、沃尔玛这些国际巨头，而是大润发。它单店业绩均达到3.3亿元，而且它在与家乐福、沃尔玛这些国际巨头PK时，竟能成功胜出，单店业绩达到它们的1.6~2.2

倍！2010年，它就取代了家乐福成为内地零售百货冠军。以2013年的业绩为例，大润发单店的平均销售额为3.3亿元。按照平均额来计算，其1家门店的销售额相当于家乐福1.6家门店的销售额，同时是沃尔玛单店销售额的2.2倍。

大润发最初是做纺织产业的。由于台湾的纺织产业在20世纪90年代面临人工成本高涨、海外低价竞争的威胁，纺织产业在台湾逐渐步入夕阳工业的命运，而润泰集团的主要企业润泰纺织也面临相同的问题，于是润泰选择了跨界，进军零售领域。1996年大润发成立，1997年，大润发才开了自己的第一家门店。1998年，大润发在内地市场开了第一家门店（位于上海）。而此时，家乐福、沃尔玛早已进入中国内地市场，家乐福1995年在中国内地开设了第一家门店，沃尔玛1996年在中国内地开设了第一家门店。而且家乐福和沃尔玛都已在零售领域里耕耘了多年，家乐福成立于1959年、沃尔玛成立于1962年，都比大润发早多了。

在大润发进入内地市场后，还创下了一个惊人神话——1997—2015年、长达19年未关一店。在今天普遍对传统零售百货唱衰的情况下，大润发2016年依然实现了逆势增长。根据中华全国商业信息中心的统计，2016年，全国50家重点大型零售企业的零售额增幅比上年同期下降0.5%。大润发及其母公司高鑫零售显然是个例外！高鑫零售发布的2016年度财报显示，公司2016年实现营业额1 004.41亿元，同比增长4.2%；毛利为239.81亿元人民币，同比增长6.8%；净利润25.71亿元，同比增长5.2%。凯度消费者指数最新数据也显示，主要零售商占有率（中国城市），高鑫零售从7.5%扩大到了7.8%，进一步稳固了其领先地位。

大润发的第一家店开在上海，但是在初期阶段，大润发在市场策略上采取了与家乐福、沃尔玛等对手避开直接竞争的策略。大卖场业态在20世纪90年代兴起时，家乐福、沃尔玛等外资巨头一般都会先选择北上广这样的一线城市，但大润发采取了"先从三、四线城市突破，再包围一线城市的路线"。黄明端表示："大润发进到内地的时候市场已经被占满了，1998年、1999年北京已经被家乐福占满了，上海被易初莲花占满了，深圳被沃尔玛占满了。"

大润发在广阔的三、四线市场甚至于五线市场大步前进，不断深耕下沉自己的渠道，拥有了雄厚的根据地优势后，大润发开始向一线城市打响反击战。在市场运作上，大润发注重务实的实效力，灵活设计所在地区的促销活动。大润发的目标人群是那些对日常商品消费价格敏感的人群，特别是老年人——大爷、大妈，很多家庭的日常消费，例如柴米油盐的采购方都是老年人。在价格上，为了超越对手，实现真正的低价，大润发每家门店都配备六七人的查价小组，每天抽出一千名顾客常购品项，针对门市方圆五公里内的竞争对手做市场调查。产品一变价，计算机系统就会自动更新该产品的毛利率，而毛利率又与采购人员的绩效挂钩。这种价格的灵活变换机制，随时动态的调整，让大润发在牛奶、鸡蛋等一些日常敏感消费品上具有超强的价格吸引力。而这种老年人敏感商品价格优势的形象一旦建立起来，就会形成消费购买首选的习惯，而这种习惯一旦形成，在购物过程中也会继续购买其他产品，从而保证了整体利润。

在管理上，大润发及时监控数据管理，严格日常作业规范，前者对业绩及时动态跟踪，后者对日常操作高标准化，从而保证了日常操作的高效性及整体业绩。

虽然今天的大数据是一个热点，实际上很早大润发就开始利用大数据、统计数据对公司各个门店的运作进行实时监控，随时做出调整。大润发开发各分店业绩实时查询系统，这套分店业绩实时查询系统是大润发的秘密武器，也是大润发将管理落实到每一个细节的神经中枢。相对于许多量贩店的每日结算系统，大润发做到实时数字管理，永远处于上紧发条的状态。当一个门店某个时间段的业绩低于往期，后台会跟踪，及时对店面进行询问，而不是拖到后面，让不佳的状况继续。

多维度的优势帮助大润发在多方面超越对手，成就了大润发的零售传奇——超市"陆战之王"的美誉！

思考题：
1. 大润发作为线下零售超市之王，有着怎样的运营战略？
2. 请选择一家大润发超市参观，做出其运营战略框架。

（来源：于建民．商业领军．新财富商业模式微文，2017-04-03）

运营战略包括哪些方面？如何构建企业的运营战略？本节将对这些问题展开讨论。

运营是企业最主要的财富创造者，运营系统应以提高获利能力为目标。卓越的运营使企业走向成功。运营与运营战略紧密联系，运营战略是为实现组织运营目标而制定的计划，它决定着运营系统的方向。下面首先明确下列概念：战略决策通常会对公司产生广泛的影响，确定公司在自身环境中的位置，并推动公司向其长期目标靠拢；战略是指所有以公司定位和实现公司长期目标为宗旨的活动和决策的总体模式；战略涉及决策的对象（即战略内容）与制定战略的过程。战略可以是长期的、中期的或短期的，战略须具有效性，有效支持组织目标与使命。

组织的使命回答了组织为什么存在的问题，它是组织目标的基础。使命与目标关系到组织的公众形象，目标指导着组织战略的形成。公司的使命往往与公司的愿景相伴，有愿景的公司是富有远见的。公司愿景更多强调的是"初心"，不忘初心，才富有远见。吉姆柯林斯认为，完整的愿景由两部分构成：核心观念意识和对未来的展望。核心观念意识属"阴"，它定义了公司为谁而生和存在的理由。阴不变但补于"阳"——对未来的展望，公司热望所求之状态与结果——唯有积极变革与进步方能获得。核心观念意识进一步分为核心价值和核心宗旨，前者体现组织成员的价值观念，经得住时间的考验，后者则给出组织存在的原因。对未来的展望是一组十年到三十年的动态的宏伟目标，既要合理又要具有挑战性，且只能有50%～70%的实现可能性，并要随时调整，以及对这些目标的生动描述。"久享成功的公司不断调整自己的经营战略与实践，以适应不断变化的世界，但却始终保持着自己的核心价值观念恒久不变。……伟大的公司知道什么能变，什么不能变"。想想看，没有这些公司的产品和服务，世界对我们而言会有什么不同？腾讯公司、华为公司的产品不是在改变我们的生活吗？这就是有愿景和使命的伟大企业。具有愿景和使命，企业的总体战略就不会偏离方向。

集团企业具有公司总体战略（corporate strategy）。总体战略是指企业为寻求持久竞争优势，而做出关于企业整体业务组合的谋略及相应的获取资源、配置资源的筹划。

集团企业的战略业务单元（SBU）有自己的商务战略（business strategy），如业务单元如何在市场中竞争，向顾客提供什么产品/服务。商务战略属于竞争战略，界定每个SBU的业务范围、目标市场、产品与服务策略，如Porter提出的通过低成本战略、市场细分战略、产品差异化战略获取竞争优势。

为了在运营、市场、人力资源等职能领域内获取竞争优势，支持和配合企业竞争战略，必须在各职能领域内开发、实施相应的职能战略（functional strategy）。

将一般的战略定义用于运营系统，可以给出运营战略的定义：运营战略是指界定运营系统作用、目标及活动的战略决策和战略行为的总体模式。

运营战略同企业经营战略与其他功能战略相辅相成，共同创造企业的竞争优势。运营战略包括运营战略内容和运营战略过程。运营战略内容是指确定运营系统作用、目标和活动的具体决策；运营战略过程是指制定具体的运营决策的过程与方式。

运营战略属于职能战略，指在运营管理领域内如何支持和配合企业在市场中获得竞争优势，提高企业业务单元的竞争力。企业业务单元的竞争力是指企业在市场中的相对市场地位。

1.4.1 运营战略框架

运营战略框架如图1-12所示。运营战略包括四个部分：竞争要素与企业战略对运营系统的要求、运营目标、运营能力及运营策略。这里主要介绍运营能力和运营策略。

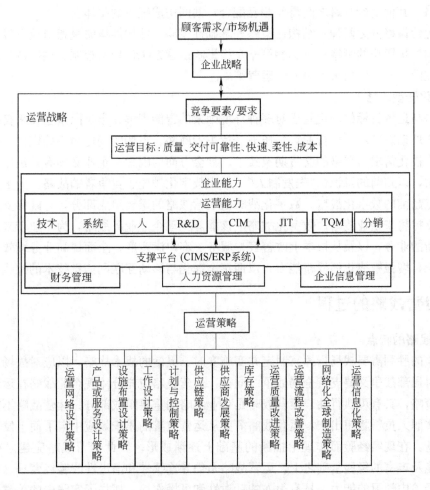

图 1-12 运营战略框架

1. 运营能力

运营能力可以成为企业的核心竞争能力,企业从中可以获得重要的竞争优势。运营战略的制定与实施,必须明确企业的运营能力,尤其是企业的核心能力。核心能力是企业独有的对竞争要素的获取能力,是企业在竞争中与竞争对手取得差异的能力。

运营能力取决于运营资源与运营过程。运营资源包括运营系统的技术资源、系统资源(机器、设备自动化系统与运营信息系统)、人力资源等。不可忽视核心能力,如 Intel 公司的核心技术及其不断创新能力使它能够长期垄断 IT 业;家电企业拥有家用空调核心技术,如半导体芯片技术,使它具有绝对的竞争优势,而许多没有核心技术的公司只能利用人力资源的优势选择贴牌生产(OEM)方式。运营过程可包括产品/服务研究与开发(R&D)过程、制造与分销过程、计算机集成制造(CIM)过程、准时化(JIT)制造过程、采购与销售等、运营改善过程(如全面质量管理)等。运营能力的支撑平台是计算机集成制造系统(CIMS)或 ERP 系统,主要的支撑功能是财务管理、人力资源管理与企业信息管理等。当今 ERP 变得越来越重要,已经成为企业业务经营的主干平台。运营信息也是企业重要的运营资源。

2. 运营策略

实现运营目标,贯彻运营战略,运营经理需要关注许多具体的决策问题,如产品/服务决策、工艺决策、设施产量决策、生产能力决策、质量决策、库存决策等,这就需要相应的运营策略。

各个运营策略与其他功能策略之间需要相互配合，共同构成统一的整体。

通常将运营策略分为两种：结构性策略和基础性策略。结构性策略是指对运营设计活动、运营的基础结构产生影响的策略；基础性策略是指影响运营系统计划与控制、供应链管理及运营改善的策略。在图 1-12 中列出了主要的运营策略。

3. 数字化转型战略

企业战略与远景目标的确定基于对多种环境因素的智能理解，影响因素主要来自新经济时代企业面临的全球动态环境，如行业竞争压力、竞争者威胁、市场的变化与不确定性、产品的复杂性、客户的个性化需求与严格的交货期及技术、社会方面的因素。企业必须有效运用知识，智能理解众多因素，以超前的意识，"先发制人"，做出数字化领先于竞争者的战略。为了实现企业目标，必须制定超前的数字化战略。数字化战略是运营战略的重要组成部分，它既要支持现有企业战略，更要支持将来企业战略，数字化战略应该能够驱动企业业务战略，为企业带来新的利润增长点，扩充新的业务，以及从根本上改善客户服务、客户满意度，全面提高业务绩效，使企业能不断积累知识，增强敏捷化的战略能力，以迎接全球化与移动互联网信息技术的挑战。

1.4.2 运营战略的过程

1. 运营战略的特点

局部战争的胜利需要战场指挥官制定并实施实时、灵活的战术战略，以应对战场上瞬息万变的局势，同时局部战争又要支持全局战争。同样，运营战略应充分体现企业战略在运营系统中的贯彻与实施策略，具有可执行性。运营战略是企业战略的重要组成部分；运营战略不能由远离一线的"后台文职人员"臆想出来，运营战略需要从运营改善的累积效应中自下而上发展起来，随着时间的流逝，在现实经验而非理论推断的基础上逐渐成形。因此运营战略应建立在客观的分析、创新技能及丰富的经验基础之上。运营战略是倡导连续性和渐进性改善经营理念的结果，反映了企业从经验中学习的能力，具有很强的针对性和可操作性，抓住了实践中的关键问题。运营战略影响着企业战略；一方面，一线管理者了解市场与现场，了解行业状况，能够从本质上分析问题；另一方面，战略的制定者又需要具有放眼未来的全局观念、概念能力与创新思维。因此，在企业运营实践中需要让一线管理者与战略制定者建立紧密的互动与平衡。

企业所处的环境是变化的，市场是变化的。运营战略必须以市场为导向，以顾客需求为根本出发点，适时做出调整。坚持过时的竞争规则就会失去顾客。运营战略需要权衡与决策，原因在于企业不可能同时满足所有的竞争要素，管理者必须进行权衡，以确定企业成功的关键竞争要素，并将企业资源集中于关键竞争要素。麦当劳提供了非常快速的服务，但只能是高度标准化的快速食品。Skinner 教授提出的"厂中厂"（plant-within-a-plant）策略，就是要在企业内建立具有不同竞争优势的生产线，每条生产线可作为一个工厂，具有独特的竞争优势，配备相应的工人，这样避免了运营战略的混乱，且可实现多种竞争要素。波士顿银行的个人服务部集中资源为贵宾提供全套的服务，以"银行中的银行"的方式为重要客户提供便捷的服务。索尼公司如果仍然致力于制造优质设备的技术，在产品生命周期越来越短的今天仍然坚守高定价策略，而不去感应新的全球电子市场的变化，必然会失去顾客。

企业还应充分关注核心能力，以核心能力为聚焦点，建立与顾客需求一致的运营战略。海尔集团聚焦于服务创新，海尔 CEO 张瑞敏认为核心能力是在市场上可以赢得用户忠诚度的能力。海尔正是靠服务这一聚焦点创造了业界一个又一个奇迹。

2. 运营战略过程

华为公司将公司愿景定为"丰富人们的沟通和生活",将公司使命定为:"聚焦客户关注的挑战和压力,提供有竞争力的通信解决方案和服务,持续为客户创造最大价值。"华为公司制定了客户导向的业务运营战略,建立了客户导向的研发管理体系,即建立集成产品开发流程(IPD),缩短产品开发周期,快速准确地满足客户需求;建立了面向客户的业务运营系统:集成供应链,提高供应链的灵活性和快速反应能力,提高满足客户需求的能力,从而产生了许多客户化的解决方案,向顾客提供客户化的网络解决方案、工程及服务。

现代运营系统要求运营战略始终要面向顾客,在产品/服务的生命周期全过程中研究不同顾客群体的需求,研究行业竞争者与市场跟进者的活动,确定竞争要素的相对重要性,确定运营系统的关键绩效目标的优先级,然后制定正确的运营策略。这是将市场需求转化为运营决策的一般过程。

1.4.3 竞争要素的相对重要性

确定竞争要素相对重要性的一种有效方法是区分订单赢得要素与订单资格要素。订单赢得要素是竞争的决定性因素,对赢得业务订单具有重要而直接的影响,它表示了公司产品/服务差异化的基本标准。

订单资格要素是"起码标准",企业的产品/服务具备这一基本标准,才会成为顾客购买的对象,否则企业产品/服务就没有资格进入市场。例如,克服国外市场的技术壁垒,仅仅是具备了进入国际市场的订单资格要素,家电产品要进入欧洲,必须满足欧洲市场的资格要求,符合EMI标准(家电产品要有抗电磁干扰的能力)等。

订单赢得要素与订单资格要素是不断变化的。在欧洲家电市场,达到EMI标准是订单资格要素,但是在中国市场,EMI标准可能就是订单赢得要素。

产品/服务生命周期各阶段竞争要素与运营目标如图1-13所示。

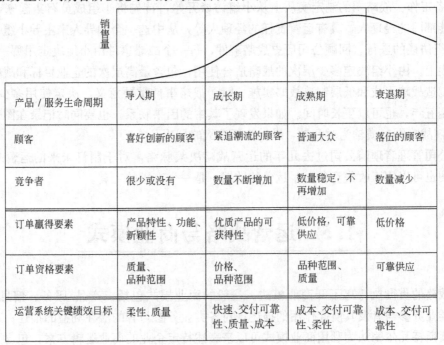

产品/服务生命周期	导入期	成长期	成熟期	衰退期
顾客	喜好创新的顾客	紧追潮流的顾客	普通大众	落伍的顾客
竞争者	很少或没有	数量不断增加	数量稳定,不再增加	数量减少
订单赢得要素	产品特性、功能、新颖性	优质产品的可获得性	低价格,可靠供应	低价格
订单资格要素	质量、品种范围	价格、品种范围	品种范围、质量	可靠供应
运营系统关键绩效目标	柔性、质量	快速、交付可靠性、质量、成本	成本、交付可靠性、柔性	成本、交付可靠性

图1-13 产品/服务生命周期各阶段竞争要素与运营目标

运营战略过程中除了考虑顾客的需求与竞争要素外，还要考虑企业的发展战略，因为企业的发展战略决定了企业的未来定位。

企业发展战略基于对顾客需求与市场机遇的判断。如有些公司将其最重要的客户视为公司制定发展战略的伙伴，为了满足重要客户的需求，公司会采取重要的战略行动，如收购、兼并等。企业战略转型的变化背后，就是组织的变革、企业的整合与业务过程的调整。在企业整合与过程重整中，ERP系统的快速整合关系到整个系统整合的速度，也直接关系到系统整合后运营的绩效。

1.4.4 运营战略图

Skinner时代，运营管理专家强调了运营策略在实现企业成功的重要性。在当今动荡的世界里，运营能力的发展和利用是组织绩效卓越的关键，已获得运营管理学术界的认可。组织能力、核心竞争力、组织学习和知识管理已经融合在当代关于企业战略的思考中。因此，组织运营在企业战略发展中起主导作用的思想已经进入了主流的战略管理思想。

可以使用运营战略图来捕捉企业过去的运营决策、行动和因果起源的相关数据，是构成运营战略发展结构化过程的一部分。战略图有助于总结企业运营战略历程，但是可能受到团队思维的影响，对于团队成员有很高的要求。回顾过去的战略事件，每一个战略事件由团队决定标记层级。

战略图方法的优点是时间利用率高，充分利用研究者和受访者的时间，提高数据的有效性，以图片形式表达，易懂、易交流。团队成员及受访领导人的知识、技能、水平较高的话就更容易成功，且可以相互启发，激发灵感。

战略图可以分如下三步实施。

① 准备工作。战略图的制定实质上从小组访谈开始，首先将小组成员召集起来，成员可以包括跨职能部门的经理人，具有运营责任的经理人等，从中选一个领导人来主导小组访谈。

② 小组访谈的进行。回顾公司历史战略事件，每一个战略事件由小组决定用哪一战略等级，标记在图表上。由小组决定多少层次的战略适合使用，包含最高层次的企业目标和战略、整体制造目标到制造战略形成和低层制造战略实施。赋予战略事件重要意义。决定使用多少历史事件，可以是四至五年，也可以更长时间。如果发现了其中的因果联系，也要同时记录在图表上。

③ 绘制战略图。横轴为时间轴，纵轴为运营战略层次。

帮助公司管理者理清公司过去几年的运营战略决策脉络，对于制订未来的运营战略很有帮助。战略图也可以用于收集竞争对手运营的数据，是一个有用的工具。

1.5 运营战略与商业模式

运营战略的贯彻执行离不开商业模式。一般的商业模式包括：产品/服务、信息流的架构，包括对各类业务参与者及其所起作用的描述；对各类业务参与者的潜在利益的描述；对收益源泉的描述。奥斯特瓦尔德认为利用商业模式可以来表述特定企业的商业逻辑方案，包含了一组元素以及它们之间的关系，如表1-2所示。这些要素覆盖了财务生存能力以及运营系统SIPOC的主要领域，如提供的产品/服务、顾客界面、基础设施。商业模式就像是一个战略的蓝图，通过企业的组织结构、流程和系统来实现。

表1-2 奥斯特瓦尔德商业模式九要素模型

商业模式领域	商业模式要素	描　　述
提供的产品/服务	顾客细分	企业所服务的一个或多个顾客分类群体
顾客界面	价值主张	通过价值主张去解决顾客问题，满足顾客需求
	渠道	通过沟通、分销、销售渠道把价值主张传递给顾客
	客户关系	在每一个顾客细分市场都建立和保持良好的客户关系
基础设施	关键资源	关键资源是指那些在提供或者传递之前描述过的所必需的资产
	关键活动	通过执行关键的活动，运转商业模式
	关键伙伴关系	一些业务要外包，而另一些资源需要从企业外部采购
财务生存能力	收入源泉	价值主张成功传递给顾客，就有了收入源泉
	成本结构	构成商业模式的上述要素所产生的成本结构

企业在构建商业模式时必须重点考虑两方面的内容：一是企业应当为顾客创造什么价值；二是企业应当如何实现这些价值。商业模式构建过程应当包括四个步骤：一是环境分析，即分析组织外部因素的变化趋势以及它们之间的关系；二是组织现状分析，确定组织的核心能力；三是价值提升，即进行商业模式设计，描述组织角色；四是实施业务变革，即从旧的业务运作模式转变为新的业务模式。

值得注意的是，运作良好的大公司不会轻易改变商业模式，变革商业模式存在巨大的风险。因此，很多企业会在不改变商业模式本质的前提下，挖掘企业现有商业模式的潜力，以实现收入最大化。对于新成立的合作公司则采取全新的商业模式，为企业引入全新的商业逻辑，这其实是一种新模式的探索与追求。当公司新型商业逻辑获得成功后，再扩展到新的领域。更多的中小企业则通过改变产品/服务平台、品牌、成本结构和技术基础来调整企业的核心能力，从而产生特殊竞争优势，为顾客创造更大价值。

公司选择何种竞争优势，就要有相应的绩效目标，通过构筑竞争优势组合的运营战略与强大的执行力，产生优异的绩效，对公司所在行业产生巨大影响，成就卓越的公司。吉姆柯林斯把企业迈向卓越的过程视同一次攀岩。在这个过程中，任何花招和取巧都是没有用的，真正需要的是勇气、坚忍和沉着。通过运营战略及其运营模式运作，产生"陀螺效应"。把组织想象为一只陀螺，陀螺需要尽可能快地转起来，高速转起来才会更稳定，稍微助力就会越转越快。最终检验商业模式还需要市场，市场认可，顾客欢迎，公司才会获得利润，获得期望的投资回报率，带来良好的财务状况，这就是商业模式的良性循环。

1.6 生产与运营管理研究的新主题

近年来，生产与运营管理的研究出现了许多新的主题，大大扩展了生产与运营管理研究的范畴，研究方法也呈现多样化趋势。下面列举了国际生产与运营管理学会多届年会上出现的研究主题。

① 行为运营管理。重点是在一定的运作环境下，分析与运营管理相关的人的行为。例如，运营业绩、决策、社会偏好及团队动态与协作的行为动因。

② 环境运营管理与社会责任运营。环境运营管理研究、调查公司业务与环境的相互作用，研究内容包括可持续的商业模式、循环经济、共享经济、生态效益、绿色产品设计、针对环境的供应链设计、环境问题下的契约与激励、环境管理、可持续交通、减少排放、废物管理、环境创新和策略等。运营和供应链的社会影响越来越大，需要强调社会责任运营，如责任源管理、化学品的管理、低碳排放的管理、供应链透明度、健康和福利效应、供应链管理的原则在经济发展中的应用。

③ 金融运营管理。运营管理与金融具有内部的交互（通过公司的金融部门）和外部的交互（通过外部的金融市场）。这些交互可能影响公司的决策、资源分配和行为。研究内容包括资本限制对生产和扩大规模的影响，企业金融所有权持有者与运营所有权持有者之间的相互影响，在减少现金流波动方面柔性运营与金融契约所起的作用，金融和业务所有权持有者交互产生的道德风险和信息不对称问题，直接和间接地影响业务和财务活动的政策分析，在金融服务、能源、商品贸易、航运和物流等行业特殊金融与业务相互作用，利用金融市场为业务决策提供信息，消费者金融决策与企业经营决策的相互影响。

④ 全球供应链管理。随着世界变得更加全球化，大多数公司的供应链跨越大洲，并且日益发展成经济体。全球供应链的挑战可能包括资源和物料的分布式采购、全球制造业务及设计和创新能力的获取。许多国家可以提供需求源。此外，这些供应链可以拥有多个利益主体，如政府、竞争对手、非营利性的政府组织和同行公司。

⑤ 供应链管理与供应链分析。在当今复杂的全球市场中，为了获得竞争优势，企业必须认真管理和协调供应链的三个基本流：物料流、信息流和资金流。利用理论研究、开发模型或工具来分析这些基本流程，并借鉴管理的见解，以改善供应链绩效。供应链分析的重点是强大的数据驱动要素。在供应链环境中使用分析应用和大数据的建模和实证研究。

⑥ 产品创新与技术管理。通过新产品/服务、新商业模式、新流程、学习和技术发展，重点研究组织价值的创造和价值的获取。研究内容包括产品开发、创新过程、服务设计、学习曲线、组织学习、技术策略、新技术的识别和商业化，以及研究与开发过程管理。产品创新与技术管理强调以业务为重心的多学科方向上的创新、学习和技术管理。

⑦ 采购与供应管理。采购与供应管理是制造公司和服务公司有效、高效运作的关键。在采购和供应管理领域推进知识和实践理论发展具有重要意义。研究内容包括战略采购、供应网络、关系管理、买家和供应商的关系、供应商创新、供应商开发、电子采购、契约、服务采购、行为问题、公共采购和绿色采购。

⑧ 新零售运营。新零售运营研究与零售业相关的课题，包括零售分类计划、库存计划、零售店设计、零售网络设计、互联网和多渠道零售、零售供应链管理等。研究内容包括技术在零售业务中的作用（如RFID技术或业务分析），以及新零售业务与其他职能（如金融或市场）的相互影响。

⑨ 服务运营。服务运营主题包括服务测评、服务生产率、服务供应链、产品服务系统、服务科学、服务设计、服务质量、服务补救、精益服务、IT服务、电子服务、服务技术的管理、服务创新、服务分析、服务组织设计与结构、服务价值、服务中的绩效管理系统、协同服务战略与运营、服务外包的影响、行为服务运营、全球服务运营、非营利服务运营、公共服务运营、跨学科服务研究、服务实践和教学服务活动。

⑩ 物流运营与排程。物流运营排程领域中的主要研究包括机器调度、人力调度、供应链调度、配送系统、仓储、货物装卸、车辆路径，以及航空、海事和铁路在这些领域的应用。

⑪ 社交媒体分析和物联网。社交媒体和物联网是社会数字化的两种驱动力。社交媒体在同龄人之间创造了连通性和数字化的交互，它使用户能够分享自己的想法、意见、反馈和知识。物联网通过在工业机器、健身追踪器、家用电器等设备中嵌入传感器并连入网络使业务流程和消费活动数字化。社交媒体和物联网产生了大量的数字数据，公司收集和挖掘这些数据以增强业务运作的各个方面。公司重视关于业务流程和消费者行为等微观层面的数据，并能够使之成为企业转型的巨大力量。这方面的研究包括物联网经济、物联网中的隐私与安全问题、社交媒体支撑的商业模式、社交媒体分析、物联网的深层知识、社会媒体驱动的业务转型、物联网驱动的业务转型等。

⑫ 营销与运营管理。在运营管理和营销界面上研究管理问题。尽管运营管理通常涉及有效地提供产品和服务，但营销主要集中在如何产生和维持对产品和服务的需求。这个界面上的研究应该考虑到需求和供应双方，适当地将消费者偏好与需求模型结合起来，这反过来又会影响到供应端的运营决策。

⑬ 制造运营管理。这在生产和向客户提供产品和服务方面起着关键的作用。许多制造和运营问题越来越多地基于数据和决策支持工具进行分析，从而做出明智的决策。制造运营管理领域的理论性和管理性的问题，包括能力规划、销售和业务规划、定价、合作计划与预测、学习、数据分析、制造系统自动化、社会责任和可持续运营、项目管理和调度、制造和运营灵活性、敏捷制造、设施选址和网络设计、设施布局和企业资源计划等。

⑭ 卓越运营管理。实现和维持卓越运营仍然是实践和学术界非常感兴趣的话题。与卓越运营战术和战略有关的研究——从改进运作车间的方法的实施到培养学习型组织以维持持续改进措施。研究内容包括：改进措施，如精益生产、世界级制造、敏捷方法、质量管理；卓越运营框架，如 EFQM、Malcom Baldrige、Shingo 等；过程改进与过程创新的关系；评估卓越运营的成熟度；组织内和组织间转移的知识和最佳实践；卓越运营中的文化和行为问题；包括智能制造和信息系统在内的技术在卓越运营中的作用；在中小企业和制造业、建筑业、医疗保健、公共治理、教育等不同部门的卓越运营实践。

⑮ 人道主义行动和危机管理。全球各地的各种灾害和危机正在影响着人类的生活，威胁着当地和全球经济，这种影响和威胁比以往任何时候都更为严重。因此，人道主义和应急管理领域正在不断发展，以应对这些挑战。运营管理研究人员可以通过增强知识体系和在直接触及人类生命的重大举措中发挥积极作用而做出贡献。研究内容包括：灾害管理（准备、反应、救济、恢复和缓解），紧急情况和危机管理，脆弱性标识图，人道主义行动者之间的协调与合作，信息问题和挑战，可持续人道主义行动，人道主义和危机管理方面的伙伴关系，人道主义物流、采购、买方与供应商的关系，人道主义和危机管理行动中的数据来源，重建和恢复活动及对受益者的影响，当前灾害管理面临的挑战，气候变化问题，方法挑战和工具，以国家或区域为主题的研究，人道主义和危机管理的政策问题。

⑯ 能源供应链。以有关能源和自然资源为主题开展研究，如可再生能源、替代能源一体化、风能和太阳能模拟、预测，能源供应链，能源政策、法规，能源效率，需求响应管理，智能电网的运行，发电与调度，能源储备，输电与配电网络，能源金融，石油和天然气的生产与分配，土地利用规划，水管理，保护生物多样性，与自然资源相关的产业，如渔业、林业、农业、矿业和旅游业。

运营管理原理越来越多地应用于新兴主题，加强了新领域和行业的实践，如能源、体育、娱乐、机器人技术、运输服务、共享经济、新技术驱动下的接待服务及各类企业等。

近年来，出现了较多的运营管理的实证研究，聚焦于实证方法和应用研究。研究基于数据，数据可以来自任何行业，包括零售业、制造业、金融业、批发业和其他服务业等。通过案例研究、对照实验、检索记录、调查和仿真方法，提供有助于做出战略决策和业务决策的见解，涉及计量经济学、时间序列、路径分析、统计、方差分析、案例分析、聚类分析、内容分析、实证研究方法、数据包络分析、事件分析、因素分析、仿真、结构方程模型、截面分析、实验设计、运营策略等。

案例

IT产品"送货"的服务模式创新

联强公司于1988年改组成立，公司老板将公司定位为"连接供应商和终端用户的高科技产品的桥梁"。公司的业务集中在三方面：IT产品（多品牌、多类别、多领域）、渠道（销售及配送）和物流（仓储和运输）。IT产品的供应与需求的中间存在许多的组装厂商，如计算机组装公司将供应商的部件进行组装，将组装的计算机卖给用户。计算机分销渠道的供应端往往处理部件、组件和系统产品，需求端主要处理个人终端用户的计算机。计算机交付用户需要给用户送货。大部分物流公司只是简单地按客户订单，从供应商取货，然后送达，送货规模不大，无法提供仓储、广告、促销、运输及售前服务和售后服务。分销商通过提供数量折扣来获得大客户，不愿意给小客户送货。

而联强公司呢？做大客户的同时，也不放弃被竞争对手忽略的小客户。但是小客户的订货量较小，一次购买价格低、种类多。公司不追求高销售量，不鼓励小客户"超订"。因为IT产品的零售价格下降较快，大部分生产厂商为了竞争需要经常补偿零售商由于零售市场价格变动而导致的损失。在新产品生命周期较短且零售价格降价较快的今天，联强公司并没有这么做，而是覆盖众多小客户，积少成多。

公司的竞争对手采用的是择优挑选大客户且提高销售额。联强公司通过采用创新的方式改变电子产品配送方式。由于小客户无法大量订购，业务量较小，尤其当一个订单仅包括单一项目时，订单将会带来亏损。但是联强公司认为，每一项订单量很小，但小客户的数量增多，把小客户合并起来就有了规模。

为了做到"货全"，联强公司努力签约更多的供应商，并且将自己定位于对于小客户的一站式配送商。供应商从开始的几十家增加到几百家、上千家，并且增加了配送项目种类，从不足1 000种到7 000多种。

将IT产品运到零售网点也面临诸多挑战，复杂电子产品极易损坏，产品价值高。为了对运输过程实施更严格的控制，联强公司成立了自己的车队。配送也设立了处理存货管理等的配送中心，如包装、归类、搬运、运输等。配送中心开始时也是尝试性的、慢慢的，其他城市也建立起同样的配送中心。公司不再仅仅是电子产品送货商，而是采购及物流公司，建立了自己的货车运营体系和仓储网络。此外，还有智能信息化业务系统，通过顾客的业务规模、交易量、订购频率和每一次订单的订购项目数，智能信息化业务系统能够追踪所有的客户。如果一个大客户持续订购量少或者订购频率低，系统会向销售经理发出警报，找出原因。如果一个客户总是订购单一项目，销售团队会尽量将其他产品和订购项目一起捆绑。

网上销售成功的关键在于智能推荐信息系统。公司直接吸引个人终端用户，实现配送服务差异化。大多数制造商为了履行质量承诺会产生高额成本，并且很难满足消费者要求。另外，大多数电子产品分销商无法保证产品质量，也不愿向用户提供售后服务，经常会将修理和维护服务视为成本而不是收入来源。而联强公司接管了一些供应商的服务职能，依靠其配送中心拥有的提供修理和维护的服务能力，智能信息化业务系统能够准确追踪维修项目的进程。依靠先进的物流系统，公司得到零售商提供的损坏物品，并将其送往维修中心，而且在四个半日以内损坏物品就会返回零售店，实现了快修、快送。为了将服务质量推向更高的层次，公司选择了一些零售商，帮助其建立服务站，这样大多数项目的维修时间能保证在30分钟以内，从而为顾客省去了不必要的等待时间。这些"合作零售店"带有公司标志，并且仅为公司销售的产品提供快速修理和维护服务。

（案例根据公司相关资料及加拿大西安大略大学毅伟商学院案例（9B08A019）改编）

讨论题：
1. 公司配送服务有哪些创新？如何做到快修服务？配送服务能给公司带来哪些竞争优势？
2. 描述该公司商业系统的主要构成。

习题及思考题

1. 从最近的《国际商报》《经济日报》等报刊上，分别找 1~2 个运营良好和不好的案例，并进行分析。
2. 分析一个宾馆和一家制造企业的运营管理特性，列出其重要的运营决策与职能，并用系统模型（SIPOC）对其进行分析。
3. 你如何确定一个公司是否有运营战略？你会问哪些具体问题？搜集什么信息？
4. 什么是订单赢得要素、订单资格要素？就某一产品在不同时期做一说明。
5. 举例说明你所熟悉的企业或某一组织的运营战略的形成过程。
6. 访问大润发公司网站，阐述大润发的竞争优势及当前的运营战略。
7. 你对生产与运营管理研究前沿的哪个方面感兴趣？试针对某一组织开始你的研究。

第 2 章

新产品/服务设计

【本章要点】
- 新产品/服务设计的对象；
- 新产品/服务设计的过程；
- 新产品/服务设计的方法；
- 质量功能展开（QFD）；
- 价值工程；
- 并行工程；
- 产品异地设计；
- 技术的选择。

引 例

奥迪车灯的前瞻性设计和技术

看眼睛，读一个人；看大灯，读一辆车；有一种孤独叫：奥迪走了很远，而你们还在很后面。

在 20 世纪 90 年代初，奥迪走上了"知名灯厂"的独木桥。

1903 年，煤油灯，原始的味道。行人能看得见车，司机却看不见行人，但它是汽车照明系统的初级形态，也是世界上第一只聚光大灯。

1913 年，乙炔灯，初级进化。当时白炽灯的灯丝还是碳材料，经不起路上的颠簸暂时还未能应用到汽车上。乙炔灯的好处是拥有稳定性和高 1 倍的亮度。

1920 年，奥迪采用了电灯，引领汽车灯光系统从"明火时代"步入了电气化发展的新纪元，靠谱的钨丝取代了脆弱的碳丝。

1972 年，奥迪采用双大灯，为车灯设计注入了新的活力。全新的设计理念不仅提升了美感，更进一步强化了照明效果，汽车大灯设计从此"成双入对"。

1994 年，奥迪首次将氙气大灯运用于车灯照明，掀起了车灯革命。氙灯的性能较卤素灯有了显著提升，它的光通量是卤素灯的2倍以上，电能转化为光能的效率也比卤素灯提高了70%以上。从此，奥迪的"眼"光看得更远。

2008年，奥迪推出配备全LED大灯的R8，是全LED大灯在豪华车上的首次应用。同年早些时候，奥迪首先在A4上使用了LED示宽灯，率先开启了LED大灯时代。

2013年，奥迪推出矩阵式LED大灯，通过5颗LED光源的配合，在满足准确照明的同时，又不影响其他车主的行车需求。

2014年，奥迪在CES展会上推出首款采用激光大灯的sport quattro laserlight概念车，并在随后推出的R8 LMX上应用。激光大灯因更高的亮度、更远的照明距离和能控制光束方向的特性，再次让奥迪的行业领先优势进一步扩大。

2015年，奥迪推出prologue概念车，首次采用矩阵式激光大灯，让照明区域通过图像显示成为可能。

为什么奥迪如此痴迷于在汽车照明技术上不断开拓呢？其实很简单，在我们看来照明灯的功能性不是唯一重要的因素，它更多的是一个设计元素。就像我们穿衣服的目的不仅仅是蔽体，更是为了时尚美观。而车灯，就是奥迪品牌价值观的美学体现！如今，奥迪已经被称为"灯厂"，极具前瞻性的设计和技术早已成为行业标杆。但是，奥迪从未停下追求极致的脚步。看得更远，才能走得更远！

思考题：
1. 你认为奥迪车灯不断改进的动力是什么？
2. 奥迪凭什么能不断推出新的车灯？
3. 从这篇短文里，你能看到奥迪怎样的产品设计理念？

（来源：别说追上，你们连我的尾灯都看不见.奥迪官方微信，2017-04-08）

2.1 新产品/服务设计的对象

成功的企业必须不断推出新的产品/服务概念，将新产品/服务概念转化为顾客需要的功能设计，并保证功能设计的可生产性和可操作性，还要选择与顾客需求相匹配的流程。

新产品是指在性能、结构、材质和技术特征等方面或多方面比老产品有显著改进和提高或独创的、具有使用价值和推广价值、可产生明显经济效益的产品。新产品具有新颖性、先进性、经济性、风险性等特征。新产品可分为派生产品、换代产品和创新产品。

派生产品是对现有产品功能的综合和改进。派生产品一般在产品设计与制造流程中稍做改动，投入资源少，可以保持市场份额，确保近期现金流，如当年推出的新款汽车。

换代产品是指更新的解决方案，可以拓宽产品系列，保持市场活力，延长产品系列的生命周期，确保利润增长，如汽车新车型、计算机芯片等。

创新产品（突破产品）是指全新产品。市场先入，需要对产品设计或流程进行革命性的变动，有利于企业保持持续的竞争力。如第一台个人计算机IBM 5150、东芝1985年推出的第一台笔记本电脑、摩托罗拉1973年推出的第一部手机。

企业是创新的主体，创新是企业经营活力来源，但是不管是产品创新还是服务创新，往往是由顾客驱动的。只有深入了解顾客的真正需求，挖掘顾客的潜在需求，才能获得更高的顾客满意度。为顾客创造价值，产品/服务的创新就有价值。

新产品可以为企业提供增长机会和竞争优势。

华为公司以客户的价值观为导向，以客户满意度为评价标准，瞄准业界最佳标杆企业，以远大的目标规划产品的战略发展,坚持拨付大于10%的销售收入作为新产品研究经费,显示了华为公司对新产品设计的重视。产品设计的对象并不仅仅是产品本身,还要通过设计造就企业的技术优势、质量优势、成本优势与服务优势,从而产生竞争优势。用任正非的话说:"在设计中构建技术、质量、成本和服务优势,是我们竞争力的基础。"新产品/服务设计的对象应该包括下列3个方面。

(1) 产品与服务的概念:为顾客提供预期收益

顾客购买的不单纯是产品/服务本身,更重要的是预期收益。例如,顾客在购买冰箱时,或许也在购买这样的预期收益:迷人的外壳;省电、噪声低、食品保鲜、不串味;适合在厨房安放,冰箱上可放厨具柜;或在客厅安放,冰箱上可摆酒柜等;冰箱对其他电器没有电磁影响;可作为家具使用等。

在麦当劳购买的不仅仅是汉堡快餐,还有顾客希望获得的收益:宜人的环境,轻松的气氛,热乎乎、香喷喷的西方美食,干净、卫生、放心的套餐,热情、周到、即时的服务。

(2) 产品与服务的组件集合:产品与服务的总和,也称为顾客收益包

如购买冰箱所包括的内容有:产品(冰箱本身),服务(如"三包"服务,售后跟踪服务,送货服务等)。服务中内容会包含一些隐含的服务或者附属的服务。服务中的热情礼貌属于隐含的服务。有些附属的服务可能与产品没有关系,但因为是服务于顾客的,一定与顾客有关。

我们销售的任何产品都可能包含一些服务,提供的任何服务也会包含一些产品。产品有服务化趋势。当然,服务也可产品化。

(3) 工艺过程:产品/服务组件的相互作用方式与顺序

如冰箱的各个组件、部件之间相互作用、相互连接的方式,装配的顺序等。

2.2 新产品/服务设计的过程

图2-1表示了新产品/服务设计的过程。新产品概念的形成是从产品/服务的构思开始的。这些构思可能来自顾客、竞争者行为、员工或研发部门等,设计者需要将构思转化为产品/服务的方案。

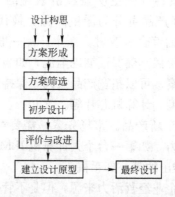

图2-1 新产品/服务设计的过程

方案的创新可能来自管理者的灵光一现,但大多数成功的创新来自对创新机会有目的的搜寻。在企业内部,机会可能来自行业和市场环境的变化、流程难题、运营中的意外事件及无法协

调的矛盾，还有来自社会环境中的知识创新、人口数量和结构变化、观念变化等。当市场和产业结构发生变化时，传统的管理者总是一再忽略那些富有成长性的缝隙市场。2003年，苹果公司推出iPod和iTune商店，引发了便携娱乐的革命，改变了公司的命运。在后来三年时间里，iPod与iTune组合成为一个价值近百亿美元的产品，占苹果公司近50%的营业收入。这个成功的故事人们耳熟能详，但许多人却不知道苹果公司并不是最先将数字音乐播放器引入市场的公司，苹果公司的真正创新是使数字音乐下载变得容易和方便，公司由单纯地提供产品转向利用互联网提供数字化娱乐服务，将硬件、软件和服务结合起来，构建新的数字化运营系统。苹果公司抓住了市场环境、社会环境中的变化，改变了原有的运营模式，适应了消费者在任何时候都能听更多音乐的需求。

创新既是观念上的，也是感觉上的。有心的创新者必须走出去，去观察、询问和倾听顾客。首先要分析怎样的创新才能满足创新机会的要求，然后走出去，寻找潜在的顾客，研究顾客期望、价值观和需求。成功的创新者总是让左、右大脑同时发挥作用，分析数字，考察消费者。"杯子半满"与"杯子半空"描述的是同一个现象，但其含义却完全不同。将对杯子的看法由半满改为半空，会把握巨大的创新机会。观念改变的不是事实，而是对事实含义的理解，这样的改变往往十分迅速。决定人们眼中的杯子是半空的还是半满的是心态而不是事实。心态的变化虽然无法定量描述，但并非不可捉摸，它们是实实在在的，可以定义和检验，其中蕴藏着可以挖掘的创新机会。行之有效的创新往往从小处入手，绝不是想入非非，而是只做一件具体的事情。相反，那些立志"引发行业的革命"的宏大想法却往往难以实现。创新来自有目的的努力工作而不是天才的产物，创新需要知识、才智和专注。

新产品/服务的设计首先要对构思中产品/服务的形式、使用方式、所满足的需求和给顾客带来的收益进行详细的描述。可以运用顾客调查或联合分析技术。然后从多方面进行评价，对方案进行筛选，得到一个可接受的产品/服务方案。在这个方案的基础上可以进行产品/服务及工艺过程的初步设计。初步设计需要确定产品/服务方案中的组件集合：产品/服务组合、产品结构与物料清单（组件组成结构与数量），还需要确定工艺过程，定义作业及其流程图。接下来是对设计进行评价与改进，对初步设计进行考察，确定改进之处，常用方法有质量功能展开（QFD）、价值工程、田口方法等。在改进意见达成一致后，可以进入原型化与最终设计阶段。原型阶段产生的原型一般有产品原型、计算机仿真模型及服务原型（计算机仿真模型或局部试运行）。在产品实物模型或样机试生产以前，建立虚拟样机模型有利于降低成本，提高可靠性与成功率。原型建立后必须进行广泛的测试，测试满意后，形成最终设计。

> **运营实践**
>
> **阿迪达斯推出全球首款量产3D打印运动鞋——"未来工艺4D"**[①]
>
> 为适应不断变化的时尚需求，并生产更多的定制化产品，阿迪达斯推出了全球首款量产的3D打印运动鞋——"未来工艺4D"。
>
> 消费者在订购这款鞋时，可以自定义鞋子的颜色和图案。3D打印技术可以大大降低生产限量定制款式鞋的成本和时间，还可根据体重和步法数据生产更合适的鞋底。
>
> 其他体育产品巨头企业耐克、安德玛和新百伦也都尝试使用3D打印技术生产鞋底，但目前都还无法批量生产，只为旗下签约的运动员生产过少量定制鞋底。这是因为3D打印的速度较慢，成本也很高，而且生

[①] 阿迪达斯推出全球首款量产3D打印鞋. 凤凰科技. http://tech.ifeng.com/a/20170408/44569408_0.shtml, 2017-04-08.

产出来的产品质量也不及目前使用注塑模具大规模生产的产品质量。

不过,阿迪达斯对此表示,与硅谷初创公司Carbon的合作将能够克服这些困难,生产出质量可与注塑鞋相媲美的产品,而且速度和成本都能满足批量生产的要求。Carbon公司已经获得了来自红杉资本、通用电气和谷歌公司的投资。Carbon摒弃传统的3D打印技术,采用光敏的聚合树脂进行打印,然后通过光照引起聚合反应,完成固化过程。这项技术将有助于阿迪达斯更快地生产定制款或限量款的运动鞋,并且成本更低。通常,一双鞋底的模具需要4~6个星期才能完成研磨,至少需要使用10 000次才能收回成本。

阿迪达斯预计今年将生产5 000双"未来工艺4D"运动鞋。预计到明年,Carbon 3D打印技术将使打印一双鞋的时间由一个半小时降低到20分钟,"未来工艺4D"运动鞋的产量有望达到10万双。

鞋子的价格暂时还不得而知,但阿迪达斯表示随着技术的发展成本会逐渐降低。去年阿迪达斯销售了几百双采用传统3D打印技术的运动鞋,售价为333美元,但鞋底很硬,并且一双鞋的打印时间是10小时。

思考题:
1. 谈谈3D打印运动鞋这一新产品的特点。
2. 这类新产品是否有必要按照新产品设计的一般过程进行?谈谈新技术对产品设计的影响。
3. 你认为阿迪达斯有必要对这类产品的研发投入巨资吗?为什么?

2.3 新产品/服务设计的常用方法

新产品/服务是指在性能、结构、材质和技术特征等某一方面或多方面比老产品有显著的改进、提高或独创,具有使用价值和推广价值,可产生明显经济效益的产品。而要使新产品具有更好的设计质量及更快的设计速度,就必须根据产品结构的特点和产品设计性质,采用不同的设计方法。

美国国际电话电信公司的行业调查报告显示:"设计直接影响产品生命周期成本的70%以上;具备较高产品开发效率的公司的收入是平均收入水平的3倍;其收益增长是平均水平的2倍。""40%的产品开发成本是被浪费掉的。"可见,产品设计对产品的影响极其深远,必须采用科学的方法进行新产品设计。

1. 标准化设计

标准化设计将产品/服务、工艺过程标准化,减少品种、降低成本。运营系统的输入标准化,可以使库存及制造零件的种类更少,降低培训费用和时间,使采购、加工和检查更具程序化,从而可按库存清单订购物料,产品可长期生产并有助于采用自动化技术。缺点是:可能在设计仍有许多缺陷时就已定型,而变更设计所带来的高费用则增加了改进设计的难度,设计出的产品因缺乏多样性导致对顾客的吸引力降低。

标准化设计的另一种形式是模块化设计,其以标准化组件为基础,通过变换组合方式(或称堆积木方式)创造多品种的产品/服务系列,通过模块化,迅速组合顾客喜欢的产品属性,实现快速交付。模块化设计在研究试验的基础上,设计出一系列可互换的模块,然后根据需要选用不同的模块与其他部件组合成不同的新产品。采用这一方法的前提是零部件标准化、通用化,以加强对零部件的管理。该方法能够采用计算机辅助设计技术,实现产品设计自动化。设计时通常可拟订几个产品组合方案,通过技术经济效果分析或采用价值工程分析方法,选择最优方案。其优点是：易于故障的诊断和排除，易于修复和替换，生产和安装更加简单。

2. 健壮设计

健壮设计方法是众多美国公司投巨资实施 6σ 管理法获得收益后又采用的新一轮提高生产率的方法，被汽车、复印、电信、电子、软件等不同行业的许多企业广泛使用，节省了大量资金。

健壮设计方法又被称为田口方法，"二战"后由田口玄一博士首创。健壮设计方法通过有意识地考虑干扰因素（产品使用中环境变化、制造变异和零部件退化）和实地故障成本，极大地提高了工程生产率，确保了顾客满意度。健壮设计的焦点在于提高产品和过程的基础功能，优化产品设计与过程设计，从设计阶段就防止问题的发生。这有助于柔性设计和并行工程。健壮设计是降低产品成本，提高质量，同时又缩短开发周期的强有力的方法。

健壮设计方法可以用于很多典型的问题。例如，由于制造过程的波动性，投币电话的运算放大器生产商面临高偏移电压问题。高偏移电压会造成声音音质不好，特别是当电话远离中心站的时候。如何既考虑成本问题，又使地域问题最小化呢？有如下方法。

① 补偿消费者的损失。
② 在生产线的最后淘汰具有高偏移电压的电子器件。
③ 加强生产线的过程控制，制定更严格的允许规格。
④ 修改关键电路的参数值，使电子器件的性能不受制造波动的影响。

第④种方法就是健壮设计方法。在产品周期中，从第①种到第④种方法，逐步向上游推移，并且使成本控制更加有效。健壮设计方法尽可能地将问题定位于上游，使设计不受各种各样的变化原因影响。健壮设计方法可以用于产品设计与工艺过程设计的优化。

健壮设计使设计产品/服务在不同的环境下或恶劣的条件下也能发挥作用。健壮设计的主要特征是参数化设计，确定能够控制和不能控制的因素，以及产品/服务相对的最优质量水平。

3. 其他设计方法

（1）嵌入式设计

嵌入式设计是利用相邻产品的原理、结构、计算公式等进行新产品的设计。实际上，这是一种经验与试验研究相结合的半经验性设计方法，主要适用于新产品规格处于现有产品规格范围内的产品设计。采用嵌入式产品设计时，对新产品不必进行大量的研究开发工作，只需利用相邻产品的原理、结构及计算公式等进行产品设计，根据需要进行小量的研究试验即可，关键在于选择适当的相邻产品。只要相邻产品选择适当，就可取得事半功倍的效果，在短期内设计出成功的产品。

（2）外推式设计

外推式设计利用现有产品的设计、生产经验，将实践和技术知识外推，设计出比现有产品规格范围更大的新产品。在现有基础上进行外推，需运用基础理论和技术知识，对过去的实践经验进行分析，并加以扩展。对于关系到质量、可靠性等的重要环节，还要进行试验，最后把经验总结与试验研究成果结合起来，才能完成新产品设计。

（3）绿色设计

绿色设计是指在产品的整个寿命周期内，着重考虑产品环境属性（可拆卸性、可回收性、可维护性、可重复利用性等）并将其作为设计目标，在满足环境目标要求的同时保证产品应有的基本功能、寿命、质量等。所以，绿色设计更加注重产品原料来源、工艺过程使用的能量的数量与来源、生产过程中产生的原材料浪费的数量与类型、产品自身的寿命、产品寿命结束时报废处理对环境是否友好等问题。绿色设计是一种与技术结合很紧密的设计，目前的绿色设计方法主要有寿命周期设计、模块化设计、面向拆卸的设计、面向回收的设计、长寿命设计、节能设计、虚拟设计等。

(4) 计算机辅助设计

计算机辅助设计（CAD）概念是美国生产管理专家罗斯（T. Roos）于1957年在开发数控系统时首先提出的。它是指在产品设计和开发时，直接或间接使用计算机活动的总和。计算机辅助设计的主要任务有几何建模、工程分析、设计审查与评价、自动绘图、优化设计、生成零件清单等。最初的计算机辅助设计应用是从自动制图开始的，现已发展到解析、模拟、三维曲面设计、轮廓设计等高度复杂工作。

作为计算机辅助设计主要研究内容的实体造型系统已由以几何模型（包括形体各部分的几何形状及空间布置与形体各部分的连接关系）为基础变为以特征造型（feature modeling）为基础。特征造型面向制造过程，将特征作为产品描述的基本单元，将产品描述为特征的集合。这里，特征是指产品设计与制造感兴趣的对象，如"孔""槽"等形状特征，而不再表示为"圆柱""立方体"等几何对象。对几何形体的定义不仅限于名义形状的描述，还包括规定的公差、表面处理及其他制造信息和类似的几何处理。新一代实体造型系统采用基于特征的设计、参数化设计，采用通用的产品数据交换标准（如ISO的STEP），便于数据传送。

(5) 可靠性设计

根据国家规定，可靠性是指产品在规定的条件下和规定的时间内，完成规定功能的能力，可靠性的概率度量亦称为可靠度。产品可靠的唯一办法就是将产品设计得可靠，所以产品的可靠性首先是设计出来的。可靠性设计是由一系列可靠性设计与分析项目来支持的，其目的是将成熟的可靠性设计与分析技术应用到产品的研制过程中，选择一组对产品设计有效的可靠性工作项目，通过设计满足订购方对产品提出的可靠性要求，并通过分析尽早发现产品的薄弱环节或设计缺陷，采取有效的设计措施加以改进，以提高产品的可靠性。

可靠性设计方法与传统设计方法的区别在于：可靠性设计方法考虑了设计变量的离散型及系统中各组成单元的功能概率关系，并以可靠度、失效率等可靠性指标作为设计目标参数，从产品设计一开始就引入可靠性技术，并贯穿于设计、生产和使用全过程的始终，以得到预期可靠度的产品。

可靠性设计与分析工作项目主要包括建立可靠性模型，可靠性分配，可靠性预计，故障模式、影响及危害性分析，故障树分析，潜在分析，指定可靠性设计准则，元器件、零部件和原材料的选择与控制，确定可靠性关键产品，确定功能测试、包装、储存、装卸、运输和维修对产品可靠性的影响，有限元分析和耐久性分析等。不同产品有不同需求，实际工作中，应针对产品的特定需求选择一组有效的可靠性工作项目。

系统可靠性预计是可靠性设计的重要内容之一，在进行可靠性预计时，应建立系统可靠性模型。可靠性模型包括可靠性框图和相应的数学模型，可靠性框图用直观的方法表示产品各单元之间的相互依赖关系，数学模型则用于计算系统的可靠度和失效率。建立数学模型的常用方法有普通概率法、布尔真值表法、蒙特卡罗模拟法等。

(6) 产品/服务供应链的设计

产品/服务设计的同时，需要进行产品工艺过程的设计，服务蓝图的设计及该产品/服务的相应的供应链的设计。

(7) 卡诺模型（面向顾客满意度的设计）

卡诺模型要求按顾客满意程度将设计特征分类形成不同的方案。将顾客需要和顾客满意之间的关系描述成三类设计特征：必备特征、期望特征、魅力特征。在产品/服务设计时，应明确产品/服务的设计特征，确保落实满足顾客基本需求的必备特征，对另外两个满足顾客愿望及潜在要求的特征进行成本-效益分析，以获得经济承受能力下顾客满意度的大幅度提升。

2.4 面向顾客的设计

2.4.1 质量功能展开

质量功能展开（QFD）可用来评价、改进设计方案，连接顾客需求与技术规格，从顾客需求出发，改进设计的技术特性。可以说，质量功能展开是将顾客需求转化为技术要求的一种有效工具。

质量功能展开最早在日本三菱公司的神户造船厂应用，之后日本丰田公司与一些美国公司开始使用。

1. 质量功能展开图的组成部分

质量功能展开又被称为质量屋（根据其外形）、顾客心声（根据其目的），其核心是保证产品与服务的设计符合顾客需求，用技术实现顾客的需求。质量功能展开图如图2-2所示，由以下几个部分组成。

(1) 顾客的所有需求清单

顾客需求集 $C=\{C_1, C_2, \cdots, C_m\}$。根据对顾客的重要程度，对各个需求项目设定权重 W（如果采用10分制标准，分值越高对顾客越重要），$W=\{w_1, w_2, \cdots, w_m\}$。也可以对评分的权重进行如下处理。

$$W' = \left\{ w_1 \bigg/ \sum_i w_i, w_2 \bigg/ \sum_i w_i, \cdots, w_m \bigg/ \sum_i w_i \right\}$$

(2) 竞争性评价

对产品的上述需求与竞争者一起进行评价（如采用5分制标准，与A公司、B公司一起在顾客需求的诸要素方面进行评价）。

(3) 技术特性

满足顾客需求，将各个需求项落实到具体的技术指标集 $T=\{T_1, T_2, \cdots, T_n\}$。

(4) 关系矩阵

在价值判断基础上，说明技术特性 T 对顾客需求项目 C 的重要程度，图2-3所示例子中分重大（取值9）、中等（取值3或5）、微小（取值1），说明技术特性与顾客需求项目之间的关联程度，空白表示无关或没有研究这种关系。关系矩阵元素为 R_{ij}，$i=1, 2, \cdots, m$，$j=1, 2, \cdots, n$。

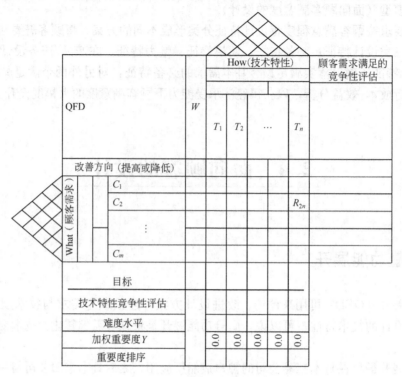

图 2-2 质量功能展开图

(5) 质量屋的屋顶

技术特性中各指标的相关性 r_{jk}（如可分为高度正相关、正相关、负相关、高度负相关）。

(6) 矩阵底框

对各个技术特性做出技术评价。根据关系矩阵计算每一个技术特性的重要性分值 y_j。根据关系矩阵中的量化数值加权求和

$$y_j = \sum_i (w_i \cdot R_{ij})$$

这样就可以对各个技术特性的重要性进行排序，进而确定改善的优先顺序。还可以确定技术难度水平（若采用 10 分制标准，分值高表示难度大），当技术特性具有相当的重要性时，优先改善难度低的技术特性。还可确定技术特性的实现目标，并进行竞争性评估，与竞争者的技术进行比较，以利于确定下一步改进方案。

尽管质量功能展开在具体实施细节上存在很多种不同变体，但基本原则是不变的，即找出顾客对产品的要求及其相对重要性评价，将顾客的要求与实现的技术特性联系起来，确定满足顾客需求的技术改进要素的优先次序与改进目标。质量功能展开的基本模型是寻找 T，确定次序，保证对 $\{C_1, C_2, \cdots, C_m\}$ 实现全面的整体顾客满意度最大。

2. 质量功能展开的功效性

质量功能展开方法具有很强的功效性，具体如下。

(1) 质量功能展开有助于企业正确把握顾客的需求

质量功能展开是一种简单的、合乎逻辑的方法。质量功能展开矩阵有助于确定顾客的需求特征，以便更好地满足和开拓市场，也有助于决定企业是否有能力成功地开拓这些市场、什么是最低的标准等。

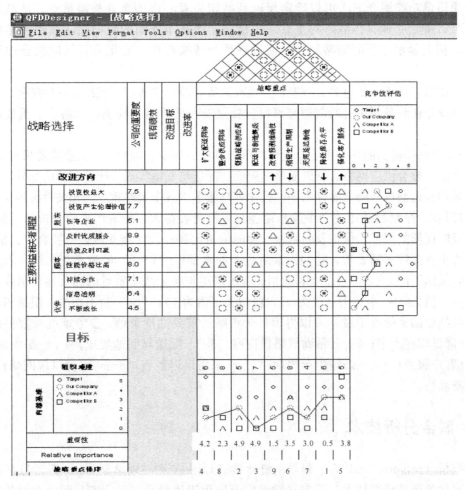

图 2-3 质量功能展开矩阵举例

(2) 质量功能展开有助于优选方案

在实施质量功能展开的整个阶段,人人都能按照顾客的要求评价方案。即便是生产设备选用方面的决策也是以最大限度地满足顾客要求为基础的。决策必须是有利于顾客的,而不是工程技术部门或生产部门的偏爱,顾客的观点置于各部门的偏爱之上。质量功能展开方法是建立在产品和服务应该按照顾客要求进行设计的观念基础之上,所以顾客是整个过程中最重要的环节。

(3) 质量功能展开有利于打破组织机构中部门之间的障碍

质量功能展开主要是由不同专业、不同观点的小组来实施的,所以它是解决复杂、多方面业务问题的最好方法,可以打破职能部门之间的障碍、改善交流,从而激发员工的工作热情。

(4) 质量功能展开能够更有效地开发产品,提高产品质量和可信度,更好地满足顾客要求

为进行产品开发而采用质量功能展开的企业已经取得了成效,成本削减了 50%,开发时间缩短了 30%,生产率提高了 200%。采用质量功能展开的日本本田公司和丰田公司已经有效缩短了新产品进入市场的时间。

3. 质量功能展开的其他应用

质量功能展开方法不仅可以用于产品设计的评估与改进,而且可以用于战略重点的确定、质量改进、故障影响分析等。

如采用质量功能展开方法可以确定反映利益相关者心声的企业战略重点，从利益相关者的期望开始，确定企业具体战略的重点。质量功能展开矩阵图的纵向显示需要满足的利益相关者期望，横向显示可行的策略集合，通过一系列转换程序，确定可行策略集合中策略优先次序。

顾客、股东、员工、供应商、政府、当地社区等利益相关者都对组织有一些期望。企业的策略制定应考虑企业利益相关者的期望与意愿，特别是一些战略供应商、大客户、重要的合作企业等。

图2-3是用质量功能展开确定企业策略重点排序的例子。例如，某企业需要采取的策略有：扩大配送网络、整合供应网络、帮助战略供应商、配送与制造集成、改善预测的准确性、缩短生产周期、采用延迟制造、降低库存水平、强化客户服务。各个策略重点的相关性显示于质量功能展开的"屋顶"。企业利益相关者中股东期望是：投资收益大、投资产生伦理价值、长寿企业；顾客希望及时优质的服务、供货及时可靠、性能价格比高；伙伴企业希望持续合作、信息透明、借助于核心企业能够不断成长。这些因素对企业的重要度（1~9）经过调查统计（求算术平均值）得出，显示于图2-3中。企业利益相关者的期望与各个战略重点的相关性显示在关系矩阵中：强相关（值为9），中相关（值为3），弱相关（值为1），"空"为不相关。根据相关矩阵与利益相关者期望因素的重要度，可以得出各个策略的重要性度量值，参考难度系数得出优先次序：1——降低库存水平；2——帮助战略供应商；3——配送与制造集成；4——扩大配送网络；5——强化客户服务；6——缩短生产周期；7——采用延迟制造；8——整合供应网络；9——改善预测的准确性。

2.4.2 联合分析技术

联合分析（conjoint analysis）最早由统计学家Luckey和心理学家Luce于1964年提出，这是一种很有效的市场研究技术，后来在欧美广泛应用于消费品、工业产品和商业服务等相关领域，尤其是在新产品开发、市场分析、竞争分析、定价策略等方面。

联合分析适用于测量消费者对产品属性的感知和偏好等，消费者购买决策综合考虑这些属性，通过权衡而做出取舍。在联合分析中，产品/服务的每个剖面由描述产品/服务重要特征的属性的组合组成，每个属性赋予不同的水平。这一分析方法的基本假定是：消费者根据构成产品/服务的多个属性的感知，做出偏好的判断；消费者通过多面分析与分解，评估偏好结构，得到每个剖面的偏好分值或效用。

联合分析的主要步骤如下。

(1) 确定产品/服务的属性与属性水平

联合分析首先要对产品/服务的属性和属性水平进行识别，所确定产品/服务的属性和属性水平必须是显著影响消费者购买的因素。确定了产品属性之后，还应该确定这些属性恰当的水平，例如内存容量是笔记本电脑的一个属性，目前市场上的内存容量类型主要有4G、8G、16G和32G等，这些是内存容量属性的主要属性水平。

(2) 可选的产品组合方案

将产品所有属性与属性水平通盘考虑，并采用正交设计的方法，将这些属性与属性水平进行组合，生成一系列组合产品方案。产品组合主要有两大类方法：双因素评价法和多因素评价法。双因素评价法中，被调查者每次评价两个属性，直至所有的属性对都被评价完毕为止。多因素评价法中,由全部属性的某个水平构成的一个组合(称为剖面)。其实,并不需要对所有组合产品进行评价,在属性水平较多时实施难度也较大,通常采用正交设计等方法,以减少组合数。

(3) 数据收集

请受访者对组合产品进行评价,通过打分、排序等方法调查受访者对产品的喜好、购买的可能性等。

(4) 计算属性的效用

从收集的信息中得出消费者对每一属性及属性水平的偏好值,这些偏好值也就是该属性的"效用"。计算属性的模型和方法有多种,一般地,人们主要用一般最小二乘法回归(OLS)模型、多元方差分析(MONANOVA)模型、LOGIT 回归模型等方法。SPSS 的 Categories 模块联合分析就是用 OLS 模型估计的。

(5) 结果解释与应用

对每一个消费者的偏好计算不同属性水平的效用值和属性的相对重要性,分析个体对产品/服务的不同组合的偏好反应;也可以对联合分析在消费者群体层次上进行解释,首先按照某种属性将消费者进行分类,然后再分析整个群体或不同类之间的偏好反应,应根据不同的研究目的来确定分析的层次。

联合分析采用了一系列的现代数理统计方法,如正交设计、回归分析等。一些常用的统计软件如 SPSS、SAS 和 BMDP 中包含有联合分析的基本模型,此外还有一些联合分析用的专门程序。MONANOVA 模型用于分析排序法得到的全剖面数据。TRADEOFF 用于分析双因素,要求数据也是排序法得到的。

2.5 价值工程

价值工程(value engineering,VE),又称价值分析(value analysis,VA),起源于 20 世纪 40 年代的美国。它是第二次世界大战后出现的工业管理新技术之一,是一门技术与经济相结合的边缘性系统管理技术。

第二次世界大战期间,军事工业发展,原材料供应不足。美国工程师麦尔斯当时负责军事原料的采购工作,他发现采购的商品与成本之间存在一定的联系。当原材料供应紧张,采购不到石棉板时,他对为什么要采购石棉板进行分析,结果明白了石棉板的主要功能是防火。功能明确之后,麦尔斯发现了一种具有同样防火功能、价格又低的不燃烧纸,用不燃烧纸代替石棉板,能使成本大幅度下降。此后,麦尔斯得到启发,在其他方面也应用这个分析方法。价值工程从 20 世纪 50 年代开始在美国推广,它已从最初的研究材料代用,发展到目前的改进设计、改进工艺、设备维修、研制新产品、企业管理、商业服务等方面,几乎无所不包。特别是把它和质量管理(QC)等其他管理方法相结合,用于降低成本,提高产品价值,效果更佳。美国价值工程师协会(Society of American Value Engineering)的缩写 SAVE 是"节约"一词,这恰恰是应用价值工程的主要目的。价值工程是一种系统的技术经济分析方法。它通过对产品的功能和费用的分析,研究如何合理地利用各种资源(即人力、物力、财力),以运作最低的总费用实现必要的功能,满足用户的要求,从而提高产品的价值。

价值工程中的"价值",不同于政治经济学中的商品价值。在这里,价值是作为一种"尺度"

提出来的，即"评价事物（产品或作业）有益程度"的尺度，是一种衡量产品优劣的尺度。通常我们说某个产品价值高，就是说这个产品物美价廉。价值工程中的价值和通常所说的经济效益的概念是一致的。

价值工程中的成本指的是产品的生命周期费用。分析产品成本时，必须对产品的生命周期做一个综合分析：用户为了获得产品，需要付出相当于产品价格的费用，即生产费用；到产品报废为止，为了占有和使用产品也要支付费用，即使用费用。

产品功能根据不同分类方法可划分为必要功能和不必要功能、基本功能和辅助功能等。所谓功能分析，就是从用户的要求出发，从实现必要功能着手，对产品或作业进行"功能细分"。在此基础上，用一定的方法进行功能评价，得到各个功能（或零部件）的功能评价值，为进一步衡量各功能（或零部件）的价值及相应成本创造条件。

价值工程的基本原理从产品整体功能入手，进行功能分析，寻找价值（V）最小的问题点，对其进行改善。从本质上讲，价值工程是指为了以最低的使用成本，切实可靠地实现用户对产品/服务所要求的必要功能而进行的有组织的、系统的分析研究活动。

价值可定义为

$$价值(V) = \frac{功能效用(F)}{成本(C)}$$

成本是一个绝对项，用于表示生产产品的资源量；功能效用描述顾客评价产品功能的相对项。

价值工程的实施往往由设计者、采购专家、运营经理与财务分析人员共同组成价值工程项目组，对产品/服务的功能效用与成本进行细致的审查。审查内容包括以下几个方面。

(1) 考察产品/服务的目标、基本功能与次要功能

① 目标。目标指产品的主要意图、用途。

② 基本功能。如果产品失去基本功能，产品目标失效。

③ 次要功能。次要功能指附属于基本功能的功能，由产品设计产生。

(2) 检查次要功能成本

检查次要功能成本，考查可否通过合并、修改、替换或删除等方法来改进次要功能，提高价值。主要从以下方面考虑。

① 去除不必要的高成本的次要功能，并没有影响功能效用。

② 寻找更低成本的原料或部件，不影响功能效用。

③ 在不影响（或提高）效用的前提下，减少组件数量，可以降低成本，如合并部件。

④ 在不影响（或提高）效用的前提下，降低制造成本，如取消非标准件。

⑤ 简化工艺过程，降低成本。

价值工程用于产品/服务细化设计，尤其是在产品/服务生产以前可以尽可能降低成本。从增加产品的功能效用而不增加成本，或减少成本而不降低功能效用方面看，对产品的细化结构设计应运用价值工程。

价值工程通过分析"不同类型、不同特点的产品功能"与"总成本"的平衡关系来降低成本。这需要在设计新产品或改良产品中辨明、分析顾客的主要偏好，从而决定产品/服务的预期功能。价值工程常常与目标成本管理法结合使用，以实现产品设计及其流程的持续改进。

图 2-4 表示了目标成本管理和持续改进之间的关系。在整个产品生命周期中，激烈竞争导

致产品质量和性能不断提升和价格稳定或逐渐下降。而应对竞争压力的方法还是不断使用目标成本法重新设计产品，增加产品价值，降低产品价格。在价格持续下降的环境下，在图中第一目标成本点和第二目标成本点，产品重新设计，两个成本点之间则运用持续改进和简化供应链、改进生产方法和生产力规划，从而降低生产成本。从这个意义上说，在持续降低成本和增加价值方面，目标成本管理法和持续改进是互补的。

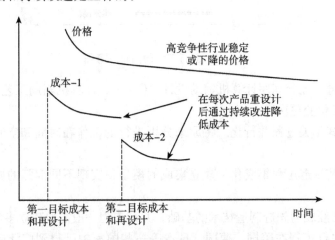

图 2-4 目标成本管理和持续改进之间的关系

价值工程用于改进设计，但目标成本法并不止步，在制造阶段使用持续改进和经营控制来进一步降低成本。降低成本就要结合 VE，并引进新的制造方法（如柔性制造系统）和使用新的管理技术，如经营控制、约束理论和全面质量管理。改进意味着以不断创新的方式来降低产品成本，为顾客增加效用，创造价值。

2.6 并行工程

2.6.1 并行工程的概念和特点

1. 并行工程的概念

并行工程（concurrent engineering）可定义为各种功能的同时开发，要求所有小组成员以共同的目标（缩短产品开发周期、缩短产品上市时间、降低成本、提高质量与可靠性）、以开放和交互式的沟通参与。并行工程的概念最早由美国国防分析研究所（IDA）在 1988 年提出，IDA 报告指出："并行工程是集成地、并行地设计产品及其相关过程（包括制造过程和支持过程）的系统方法。这种方法要求产品开发人员在一开始就考虑产品整个生命周期中从概念形成到产品报废的所有因素，包括质量、成本、进度计划和顾客需求。"图 2-5 是并行工程的简单示意图。并行工程主要采取以下方法。

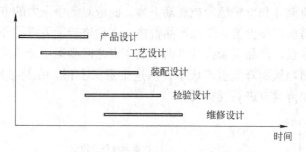

图 2-5 并行工程的简单示意图

① 改进设计质量。充分利用计算机辅助设计（CAD）、计算机辅助工艺规划（CAPP）等技术，减少生产中的工程变更次数。

② 产品设计及其相关过程并行化。将原来分别进行的工作在时间和空间上交叉、重叠，缩短产品开发周期。

③ 产品设计及其制造过程集成化。建立集成的模型，实现不同部门的协同工作，降低制造成本。

如今并行工程已经成为先进制造技术的基础。并行工程一般需要建立多学科团队，采用集成化产品开发模式。并行工程在美国、德国、日本等一些国家中已得到广泛应用，其领域包括汽车、飞机、计算机、机械、电子等行业。一些著名的企业通过实施并行工程取得了显著效益，如波音（Boeing）、洛克希德（Lockheed）、雷诺（Renault）、通用电气（GE）等。美国西弗吉尼亚大学并行工程研究中心应用并行工程开发新型飞机，使机翼的开发周期缩短了 60%（由 18 个月减至 7 个月）；美国 Mercury 计算机联合开发公司在开发 40 MHz Intel i860 微处理芯片时，运用并行工程方法，使产品从开始设计到被消费者检验合格的过程由 125 天减少到 90 天；美国 HP 公司采用并行工程方法设计制造的 54600 型 100 MHz 波段示波器，在性能及价格上都优于亚洲最好的产品，研制周期却缩短了 1/3；美国的爱国者防空导弹系统也是 20 世纪 80 年代后期运用并行工程方法迅速研制成功的；美国波音公司波音 777 飞机采用并行工程的方法，大量使用 CAD/CAM 技术，实现了无纸化制造，试飞一次成功，并且比传统方法节约时间近 50%。华为公司在产品设计中也采用了并行工程的思想，广泛吸收国际电子信息领域的最新研究成果，在独立自主的基础上，开放合作地发展领先的核心技术体系，重视广泛的对等合作和建立战略伙伴关系，使华为的产品设计优势得以提升。

2. 并行工程的特点

并行工程是对产品及其相关的各种过程（包括制造和支持过程）进行并行、集成化设计的一种系统方法，具有如下特征。

(1) 并行工程强调设计的"可制造性""可装配性""可检测性"

并行工程强调设计人员在进行产品设计时一定要考虑在已有的制造、装配和检测条件下，产品能否顺利地制造、装配出来，是否能检测。如果一个产品设计得很好，却不能方便地制造、装配和检测，就不能达到及早投放市场的目标。

(2) 并行工程强调产品的"可生产性"

"可生产性"主要是指产品需要批量生产时，企业在生产能力和人员能力上能否达到要求，即并行工程要考虑企业的设备和人力资源。

(3) 并行工程强调产品的"可使用性""可维修性""可报废性"

并行工程要求在产品设计时要考虑产品在使用过程中是否能满足顾客要求，是否利于维修，在废弃时是否易于处理等。

（4）并行工程强调系统集成与整体优化

与传统串行工程不同，并行工程强调系统集成与整体优化。它并不完全追求单个部门、局部过程和单个部件的最优，它要求与产品生命周期有关的不同领域技术人员的全面参与和协同工作，实现生命周期中所有因素在设计阶段的集成，实现技术、资源、过程在设计中的集成，从而实现全局优化和提高整体竞争能力。

（5）其他特点

并行工程还具有以下特点：

① 建立基于项目的团队组织结构。
② 多学科团队工作方式。
③ 设计过程并行化。
④ 设计过程系统化。
⑤ 设计过程快速反馈。
⑥ 及早解决设计冲突和不确定性。

从并行工程的前3个特性可以看出，并行工程强调在产品设计时就要尽早考虑其生命周期中所有的后续过程：制造、装配、检测、企业的设备能力和人力资源、使用、维修和报废等。只有在一开始就系统地考虑这些因素，才能减少设计修改的次数，缩短产品上市时间。并行工程是一种强调各领域专家共同参与的系统化产品设计方法，其目的在于将产品的设计和产品的可制造性、可维护性、质量控制等问题同时加以考虑，以减少产品早期设计阶段的盲目性，尽可能避免产品设计阶段的不合理因素对产品生命周期后续阶段的影响，缩短研制周期。

2.6.2 实施并行工程的关键要素

实施并行工程远远不只是简单地改变串行模式信息的单向流动，还必须关注以下4个要素。

（1）组织变革

并行组织结构是决定一种新产品开发模式是否具有生命力的关键因素之一。并行工程首先必须打破传统的、按部门划分的组织模式，组成以新产品开发为对象的跨部门集成产品开发团队。该团队包含3类人员：企业管理决策者、团队领导和团队成员。这3类人员各自担负不同的职责。企业管理决策者从宏观角度指导工作的开展，并且负责并行工程的管理工作；团队领导和成员包括制造人员、设计人员、分析人员、材料人员、市场人员、财务人员、装配人员及供应商和客户。

（2）满足顾客需求的质量

满足顾客需求的质量是衡量产品开发中每一项活动的进展和质量的主要标准，它贯穿于产品开发过程的各个阶段。并行工程从概念设计、产品详细设计、工艺设计、原型制造到生产装配都要满足质量要素的要求。

（3）计算机与网络支持环境

实施并行工程必须支持用于产品开发的特定信息类型（如数据、文本、图像、声音）和信息容量，将正确的信息，在正确的时刻，以正确的方式传递给需要者。一般情况下，任务、工具和人员越多，数据就越多样化，对网络技术的需求就越复杂。为了对不同规模的团队进行支持，可以建立不同层次的支持环境。

(4) 产品开发过程

并行工程的实质活动体现在产品开发过程中，它包含以满足需求为目的的所有产品设计和生产活动、与需求定义和比较分析有关的过程、销售和顾客支持功能。在产品开发过程中，并行工程利用数据库管理系统及软件建模工具实现产品开发过程的优化，并且建立一系列的数据管理系统，如 PDM 等。

采用网络分析技术对团队活动进行计划和控制是管理并行工程团队的一种好方法。网络分析技术包括各种以网络为基础制订计划的方法，如关键路径法（CPM）、计划评审技术（PERT）、组合网络法（CNT）等。它的原理是把一项工作或项目分成各种作业，然后根据作业顺序进行排列，通过网络的形式对整个工作或项目进行统筹规划和控制，以便用最少的人力、物力和财力资源，最快地完成工作。

在并行工程产品开发过程中，产品的各种零部件是由不同的设计人员，在不同的计算机软件和硬件平台上，按照一定的设计顺序逐渐产生的。各种计算机辅助工具将产生大量的中间数据、图形、文档和资料。为了保证设计前后的一致，必须按产品结构配置的构想，对数据、文档、工作流、版本等进行全局管理与控制。产品数据管理系统从其产生到成熟也经历了一个不断发展的过程。产品数据管理系统建立在分布式数据库基础上，负责产品各种信息的管理，包括零部件信息、产品结构信息、设计文档、审批信息等。高级的产品数据管理系统还能够实现产品开发过程建模、管理和协调等功能。实际上产品数据管理系统是实现并行工程中产品信息共享、产品开发过程管理的基础。

2.6.3 面向制造与装配的设计

产品设计不仅要满足顾客需求，而且要保证产品可以方便、快速、低成本地制造。面向制造与装配的设计（design for manufacturing and assembly，DFMA）使用通用部件、流程和模具制造多种产品，在产品细化设计中，通过减少零部件数目以简化产品。

面向制造与装配的设计是并行工程中最重要的研究内容之一。面向制造与装配的设计是指在产品设计阶段尽早地考虑与制造及装配有关的约束（如可制造性、可装配性），全面评价产品设计和工艺设计，并提出改进的反馈信息，及时改进设计。在面向制造与装配的设计中包含着设计与制造两个方面。传统上制造都是根据设计要求考虑的，但是设计时对制造上的要求考虑往往不够充分。在面向制造与装配的设计中，设计时必须充分考虑制造与装配的要求，以达到易于制造与装配、减少制造周期、降低制造成本的目的。

在产品设计中运用面向制造与装配的设计，通常考虑以下问题：产品使用中，该部件与已装配的其他部件之间是否发生相对运动？该部件是否必须与已装配的其他部件使用不同的材料？是否必须与其隔离？为了使产品拆卸方便，该部件是否必须与其他部件分开？

面向制造的设计（DFM）是在设计过程中考虑如何适应企业现有的制造条件和限制。目前已有研究者在计算机上开发这方面的软件系统。它能根据存储在计算机中有关企业车间制造加工条件的数据库，自动对初步的产品设计进行可制造性检验，把检验结果反馈给设计人员，从而使他们能够不断调整和修改设计，使其满足制造条件的要求。

面向装配的设计（DFA）主要考虑的是设计出来的各种零部件能否在现有技术设备条件下进行装配。现在也有研究人员开发出了相应的软件系统，能自动检测各个零部件之间是否能够装配和易于装配。

产品/服务设计与工艺过程设计的融合有时被称为互动式设计,如图 2-6 所示。

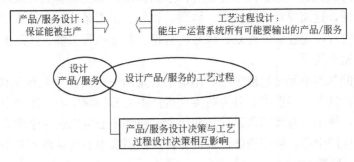

图 2-6 产品/服务设计与工艺过程设计的融合

2.7 网络化制造与产品异地设计

2.7.1 网络化制造的概念

经济全球化是推动制造业未来变革的动力,制造企业在新的竞争环境下需要实施网络化制造战略。1991 年美国理海大学在研究和总结美国制造业的现状和潜力后,发表了具有划时代意义的报告——《21 世纪制造企业发展战略》,提出了敏捷制造和虚拟企业的新概念。敏捷制造将柔性的先进制造技术、熟练掌握生产技能且有知识的劳动力,以及企业内部和企业之间的灵活管理三者集成在一起,利用信息技术对千变万化的市场机遇做出快速响应,最大限度地满足顾客的需求。敏捷制造的提出大大推动了制造理论和生产模式及制造系统工程的研究,相关新理论不断出现。

在美国国防部、能源部、国家标准和技术研究所及自然科技基金会的共同资助下,1995 年由麻省理工学院的"敏捷性论坛"和"制造先驱者"两个部门,以及"实施敏捷制造的技术"项目组共同主持了"下一代制造"(next generation manufacturing, NGM)项目。

网络化制造是下一代制造系统的模式,美国国家制造科学研究中心(NCMS)提出了美国下一代制造的定义,启动了相关的研究项目。具有数字化、敏捷化、柔性化特征的网络化制造是适应全球动态环境的 21 世纪的制造模式。建立这一模式将是当前乃至今后较长一段时期内制造业所面临的最紧迫的任务之一,是制造业赢得市场、快速发展、获得竞争优势的关键。

分散网络化制造系统的目标是将不同地区的现有生产资源,迅速组合成一种没有围墙、超越空间约束、靠电子手段联系、统一指挥的经营实体,以便快速推出高质量、低成本的新产品。分散网络化制造系统是由加入这一集团的若干企业和机构组成,通过各种网络相互连接。分散网络化制造系统的主要支撑技术是宽带数字通信网、因特网、企业内联网和企业外联网,借以实现信息流的自动化,其运营空间可以是全社会的,甚至是全球性的。此外,它同时具有更广泛的技术、管理、人员、组织和市场经营的柔性。

网络化制造需要面向全球,建立全面的运营战略及基础结构。网络化制造包括分布的制造中心的协同计划与运营。网络化制造的体系结构是分布式的、智能化的,并结合了并行工程的原则。

网络化制造的体系结构框架应该包括协同制造的企业与制造中心、并行工程等一些重要的过程，需要网络化制造设施的支撑。网络化制造体系结构应是基于顾客的，采取大规模拉式系统实施客户化大规模定制，这需要重要的计划、协同、执行、工程系统，如计算机辅助工程、工程数据管理、产品数据管理、企业资源计划、供应链管理、制造执行系统、产品生命周期管理、协同产品商务、电子数据交换等。

网络化制造中的基本单元是制造中心。制造中心是由一个或多个功能实体组成的组织单元，负责制订决策、执行任务。制造中心分为两类：生产中心和协调中心。生产中心可以是一个或多个制造单元或部门，使用智能代理帮助计划和运营。协调中心可以由一个或多个组织单元的部门组成，协调相关的生产中心，使用智能代理进行协调。制造中心可从以下几个角度考察其特征。

(1) 从识别的角度看

具有基于责任的任务；自我管理，负责自身决策与协约的履行；可与客户、供应商相互作用；可由其所有者授权建立或拥有其他制造单元，帮助完成任务；应足够小，使其易于管理与控制；可利用与行动相关的细粒度实时信息。

(2) 从关系的角度看

所有制造中心之间的关系都是基于双赢的客户方—服务方伙伴关系；遵守同客户、供应商、所有者的业务协议；向供应商提供预期的需求；向客户提供订单完成情况的最新信息；确保应急计划在业务协议中的优先地位；维护最新的对自身、客户、供应商、所有者的绩效评估。

(3) 从运营的角度看

所有制造中心的运营基于业务协议；为满足客户要求，应同供应商紧密配合，完成订单；维持该任务下的所有资源、活动和订单的最新状态；向客户和供应商提供自身动态更新的制造状况、库存、运输等情况；利用提供的所有信息，计划可靠的承诺。

制造中心可承担短期或长期任务，任务可大可小。承担的任务类型如下。

① 基于需求的任务：满足特定客户的特定需求。
② 基于产品的任务：供应产品（货物、原材料、中间品、成品等）。
③ 基于过程的任务：分包过程（装配、包装、后勤、制造等）。
④ 基于项目的任务：实现项目（订单、合同、工程项目等）。
⑤ 基于顾客的任务：满足给定客户的需求集。
⑥ 基于处理者的任务：提供可利用的处理人员、处理设备与工具等。
⑦ 基于服务的任务：提供服务（维护、设计、计划、质量控制等）。

网络化制造的各个制造中心的任务确定以后，协同关系成为整个网络绩效的关键。设置和管理各个中心之间信息的协同关系是网络化制造的一项基本战略。

企业协同业务框架以协同战略为最高层。协同战略驱动伙伴之间具体的合作协约与协议的产生，伙伴间的关系建立在一系列相互认可的协约与协议基础上。标准协约规定了网络化制造的规则，提供了信息交换与协调标准的基础。标准协约处理基本的问题，如订单如何处理、订单修改如何提出等。在标准协约的基础上，制造中心对合同协议的具体条款进行谈判。

合同协议分为两类：制造协议和协同协议。制造协议提出由供应商满足的客户需求的范围，可定义价格机制、付款方式、一般响应时间、数量与质量需求等。协同协议定义制造中心的信息交换层次与过程、协同类型（双方协同或多方协同）、协同方式（重复模式、相互模式等）、系列过程规则，说明如何处理预期的紧急情况，如交货延迟、产品质量问题、产品规格修订、设备故障或员工问题造成的能力降低、原料价格上升等因素引起的价格变动等。协同协议对维持运营战略非常重要，以公开的方式处理出现的复杂情况和紧急情况，在事前制订双方认可的应急计划，使得在危机情况出现时，双方能及时采取行动，确保双方最大利益。

根据业务协议，制造中心制订动态的相互行动承诺，作为制造中心的行动指南。制造协议方面的承诺是满足特定客户需求的订单。订单的种类可根据执行期的长短分为短期订单与长期订单，根据是否明确定义分为完全明确订单、未完全明确订单和模糊订单，另外还有待改变订单。协同协议方面的承诺是提供制造中心的互换信息，如供应商的承诺包括向客户提供有关客户所需产品的未来六个月的信息，明确提出预测中的不确定性等级、预期的生产情况、能力情况，还包括对其供应网络的情况考虑，以避免供应链中的"牛鞭效应"；客户的承诺包括提供制造的战略、战术计划，以便与供应网络协同发展。

制造中心将行动承诺贯穿于业务过程流中。业务过程的管理采用业务绩效衡量。绩效管理的标准是双方公开认可的，绩效评估是双向的。绩效管理对整个网络的绩效提高非常重要。

2.7.2 网络化制造过程及异地设计

网络化制造可跨越地域的限制，扩展至全球制造。网络化制造应包括如下几个重要的过程。

（1）全球并行工程

并行工程在全球层次上，没有边界与时间迟滞。全球并行工程是全天候的工程。将企业的各个组织及需求、技术与能力进行优化设计，并通过不同的虚拟企业组织管理起来，实行以产品、过程及虚拟供应链为核心的全球三维并行工程。

（2）全球分布制造管理

全球分布制造管理是指全球制造公司中所有事情的管理、监督与控制，包括供应商管理、制造管理、装配管理、后勤管理，甚至包括经销商和客户管理。

（3）全球柔性生产系统

在某些程度上，企业正尝试获得柔性可编程系统，可在任意特定的时刻生产不断增加的产品组合。这应该扩展至全球多个柔性的工厂。

（4）产品生命周期管理

产品生命周期管理联结产品生命周期内的所有活动：从获得订单到生产、运输、客户支持，然后到不同生命周期阶段产生的信息返回公司。产品生命周期管理的关键是遍布产品生命周期各阶段的信息流及在不同的生命周期阶段不同组织间的数据和知识的无缝转换。

（5）全球项目管理

管理新产品项目，需要有支持投标过程、概念设计过程及启动后项目管理过程的工具，项目管理成为有效组织、管理网络化制造的重要过程与技术。

（6）协同产品制造过程

为适应新经济时代业务环境，大部分产品是在跨部门或跨企业的协同工作下制造出来的。尽管企业通过 ERP 实现了企业内部信息化管理，提高了企业内部管理效率，联盟企业通过供应链管理（SCM）软件规划供应链，提高整个供应网络的效率，企业通过客户关系管理（CRM）软件赢得和改善顾客满意度，但是为支持产品协同制造过程，有必要将产品设计、工程、分销、营销及客户服务紧密地联系起来，形成一个全球知识网，使分布于价值链环节的不同角色在产品的全生命周期内互相协同地对产品进行设计开发、制造与管理，并让客户参与系统。因此，产品协同商务（CPC）应运而生。产品协同商务涉及产品数据管理、CAD/CAM/CAE/CAPP、生产规划、可视化过程建模等。

产品异地协同设计制造包括异地协同设计与加工、异地协同产品设计制造集成平台、异地协同过程管理及 Web 技术应用等。产品异地协同设计制造运用集成化产品工艺开发方法（integrated product process development，IPPD）、集成化产品团队（integrated product team，IPT）和集成化的计算机环境，以并行工程为基础，快速实现产品设计和工艺过程设计。

2.7.3 异地设计的组织形态

由于异地设计往往由多家企业协同完成，动态联盟组织形态应运而生。动态联盟又称虚拟企业或虚拟组织，它围绕企业核心能力，利用信息通信技术与全球企业进行互补、互利的合作，合作目的达到后，合作关系随即解散。以此种形式能够快速获取、利用全球资源。敏捷的虚拟组织可避免环境的剧烈变动给组织带来的冲击。

动态联盟的分布制造运营单元称为虚拟工厂（virtual factory），其执行活动分布在多个位置，并非在一个中心工厂内。动态联盟组织还包括一些供应商和伙伴企业。

2.8 流程策略与技术选择

2.8.1 流程策略

在产品和服务设计完成后，运营经理必须确定如何生产这些新产品和服务，需要选择恰当的流程策略，设计相应的工艺流程和服务蓝图。

这里介绍 4 种基本的流程策略，如图 2-7 所示。

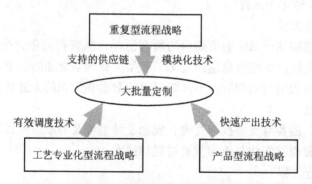

图 2-7 4 种基本的流程策略

① 工艺专业化型。针对多品种、小批量的工件车间，呈现功能式分布，聚焦于专业化工艺技术的提升。原材料的库存比较高，采用面向订单生产（MTO）方式，不追求高的设备利用率。

② 重复型。长期的标准化模块生产，多采用面向库存生产（MTS）方式，追求较高的设备利用率。

③ 产品型。针对大批量流水生产或装配线，产量大，品种少，采用专用的生产线，大多是

面向库存生产（MTS）方式，设备利用率高。

④ 大批量定制。产量大，品种多，关注顾客个性化需求，利用现代信息技术、互联网、物联网技术，通过能够快速转变的柔性生产线，大多采用面向订单建造（BTO）方式。

流程决策涉及相关设备和技术的选择，设备和技术选择一方面要适应流程决策的需要，同时还应考虑成本、质量、能力和柔性等运营竞争优势的发挥。

2.8.2 技术选择

盈亏平衡分析（break-even analysis，BEA）法、本量利分析（cost-volume-profit analysis，CVP）法是以变动成本、固定成本、单价与产量之间关系为基础，分析运营和营销决策如何影响净收益的一种方法。在新产品设计中可用于分析是否引进新产品/服务项目、自制还是外包、新流程/技术的选择。

以上两种方法是基于成本、收入和利润三个因素之间的相互关系建立的模型，考虑产量发生变化对这三个因素的可预见影响。

流程/技术的选择考虑各流程/技术的固定成本和可变成本，考虑销售数量，采用盈亏平衡分析法，选择有利于运营竞争优势的流程方案。

假设 FC 为固定成本（fixed costs），SP 为单位销售价格（selling price/unit），VC 为单位变动成本（variable cost/unit），Q 为销售量，则

$$总成本（TC）= FC + VC \times Q$$

$$销售收入（Rv）= SP \times Q$$

计算盈亏平衡点（此时总成本=销售收入）时的产品数量为

$$Q_{BE} = FC / (SP - VC)$$

其中，Q_{BE} 为盈亏平衡点数量（break even quantity）。

有效使用盈亏平衡分析模型，需要考虑另外三个概念：边际贡献、边际贡献率和贡献收益表。边际贡献可以是单位也可以是总量的概念。单位边际贡献是销售量增加一单位带来的利润的增长：

$$单位边际贡献 = SP - VC$$

所以

$$Q_{BE} = 固定成本 / 单位边际贡献$$

边际贡献率是单位边际贡献和销售单价的比率，即

$$边际贡献率 = (SP - VC) / SP$$

贡献收益表显示盈亏平衡分析中所有信息，从销售收入中减掉变动成本及固定成本，得到边际贡献总额及净收益。它简单而准确地预测了销售额（或销售量）变化对利润的影响。

下面举一个流程技术或设备选择运用盈亏平衡分析法的例子。

【例 2-1】 某企业需要获得某加工零件，有三种方案：

A：在半自动数控机床上加工，材料费每件 15 元；

B：在加工中心加工，材料费每件 20 元；

C：直接外购，每件 30 元。

已知：半自动数控机床的固定成本为 60 000 元，加工中心的固定成本为 20 000 元；采购方式下固定成本损耗不计。从经济可行性考虑，如何选择方案？

解 A、B、C 三种方案的固定成本与可变成本数据在表 2-1 中列出。

各方案间的平衡点的数量与金额计算出来后，也记录在表 2-1 中；产量为 10 000 件时，各方案的总成本分别为 21 万元、22 万元、30 万元。

从图 2-8 中不难看出，产量超过 8 000 件时，A 方案成本最低；产量为 2 000~8 000 件时，B 方案成本最低；产量在 2 000 件以下时，采用 C 方案。从长期看来，还是采用数控机床加工成本低。

表 2-1 三种方案成本数据、平衡点、产量为 10 000 件时总成本

	成本类型	A	B	C
	固定成本	60 000	20 000	0
	可变成本	15	20	30
平衡点	数量/件	金额/元		
A vs B	8 000	180 000		
A vs C	4 000	120 000		
B vs C	2 000	60 000		
数量分析	10 000			
总固定成本		60 000	20 000	0
总可变成本		150 000	200 000	300 000
总成本		210 000	220 000	300 000

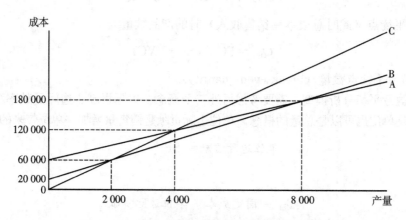

图 2-8 三种方案随产量变化的成本线及平衡点

思考：在什么情况下盈亏平衡点会发生移动？这种移动会给企业运营带来哪些影响？

2.8.3 新技术对运营的影响

1. 制造业

制造业往往聚焦于成本，考虑生产能力，比亚迪公司根据自身特点采取的"逆向"选择：以

半自动化替代全自动流水线,就是考虑到实际情况,采取降低成本的路径。

可供选择的生产技术包括:机床技术(尤其是数控机床);自动识别系统(AIS,如条形码);流程控制(化工厂);可视化系统(在检查时使用摄像机和计算机技术);机器人;自动化仓库系统(一种由计算机控制的仓库,能在指定地点自动存放和取出零部件);自动引导车(用于移动物料且由电子导引和控制的小车);柔性制造系统(采用中央计算机以电子信号方式控制的自动化工作单元系统);计算机集成制造(将计算机辅助设计、柔性制造系统、存货控制、仓库和运输集成为一体的制造系统)。

2. 服务业

服务业过程与技术的选择更多地关注顾客体验、顾客满意度和服务能力的提升。服务系统中也有很多技术的运用,如表2-2所示。

表2-2 服务业技术与设备的应用

服务业	技术和设备应用
金融服务	借记卡、贷记卡、网上银行、ATM、股票交易App、e生活App
教育	BBS、在线作业、网上注册、网上选课、网络课堂、慕课
公用事业与政府	燃气卡、电表卡、炸弹扫描仪、交管网、交警手持POS机
餐饮	从服务员到厨房的无线下单、机器人屠宰、饭桶网、美团
传媒	电子出版、电子杂志、交互式电视、手机电视、网络传媒
饭店	电子结账、电子钥匙/锁系统、电子账单查询
批发/零售交易	自动售货机、POS机、阿里巴巴、淘宝网、条形码数据
运输	自动收费亭、卫星定位与导航系统
医疗	ICU、机器人手机、基因芯片、核磁共振、CT
航空公司	无票旅行、网上订票、电子客票

运营实践

零售业创新趋势

曼哈特软件公司预测2017年零售业的创新将由快速物流交付系统、人工智能及增强现实(AR)/虚拟现实(VR)技术所驱动。"零售企业需要准备好满足'忠实顾客'不断变化的需求,顾客希望在任何渠道中都能获得个性化、精简且一致的服务体验。随着顾客期望值的提高,技术创新的发展及经济环境的不断变化,零售行业将在2017年加快变革的步伐,这将深刻影响消费者的参与方式及零售商跨渠道的运营方式。"

近年来,许多卓有成效的零售企业已选择发展实体店业务,线上下单、线下提货的趋势也正加快发展。随着消费者对方便取货及退货地点的需求日益提高,越来越多仅在线上经营的零售商认识到了实体店业务的价值。电商平台促进消费者线上及线下的购买力,不论是通过流动的小商铺、固定的商店或是零售加盟店,正努力克服线上及线下的各种问题。例如,美国亚马逊目前试水开设了第一家实体书店,该书店未来将计划增至数百家。亚马逊计划在众多店铺中展示其硬件设备,特别是其Echo家庭音箱,同时亚马逊也致力于发展其仍在试点的"无须排队结账"食品杂货实体店Amazon Go。众多消费者对在线购物独有的"新奇感"已逐渐消退。线上、线下购物的界限逐渐模糊,竞争不再仅仅局限于线上或线下模式,开始回归到零售业的本质。这意味着业内成功者将是那些能够提供更有效服务和愉快体验的零售企业。

正如阿里巴巴创始人马云早前所述,在未来10~20年将不存在纯粹的电商,线上线下与物流的结合将形成新的零售行业。截至2016年年底，阿里巴巴投资了多个与线下零售相关的项目，其中包括与苏宁、银泰等公司的合作。近期，阿里巴巴跨出了其向新零售策略迈进的战略性步伐。1月，阿里巴巴宣布启动银泰百货公司私有化计划，进一步深化合作与发展。2月，阿里巴巴与中国最大的零售企业百联集团成为战略合作伙伴，以探索在各自生态系统中零售机遇的新形式。双方将借助大数据，实现线下商店、商品、物流及支付方式的融合，提升效率及整体消费者体验。百联集团在200多个城市拥有4 700余家网点，包括购物中心、超市、便利店。

良好的购物体验通常能够吸引顾客走进实体店进行购物。考虑到这一点，零售商们正在采取措施，保证其线上交付与物流配送方式尽可能贴近顾客即时收货的期望。此外，由于线上、线下渠道整合，零售商们将不得不比以往更加努力，从而确保顾客在整个购物过程，乃至最后一公里都能获得始终如一的体验。亚马逊目前可以提供一项令人惊叹的服务——下单至送达耗时仅需13分钟。这项服务首次利用无人机完成配送。虽然这种配送方式不太可能很快得到大规模应用，但是中国京东已经在该领域取得快速进展。截至2017年年底，京东计划在全国开通100条常规无人机配送路线，主要往返于配送中心与农村地区的降落点。亚马逊与京东目前在快速配送上取得的成果将在很大程度上激励其他零售商们在不久的将来进行实践。

无人机配送并不是唯一吸引零售商持续投入的物流方式。在中国不断涌现的便利商店有助于解决购物过程中最后一公里的难题，因而吸引了众多关注。尼尔森公司最新的《2016年度中国卖场超市购物者趋势报告》显示，便利店的普及率已从2015年的32%上升至38%。社区实体便利店不仅能让消费者快速完成食材采购，还可以处理水电费账单、提供收取或快递包裹服务，在未来还会有更多功能期望实现，这将成为新零售行业发展的核心领域。

人工智能（AI）是个性化服务的制胜法宝。顾客服务"聊天机器人"在去年风靡一时，但与真正的智能相比，大多数"聊天机器人"使用更多的是猜测。创建者的算法能力与数据访问级别决定了"聊天机器人"的适用范围和复杂性，所以现在的大多数"聊天机器人"可以对任何给定问题的最佳答案做出猜测，但由于缺乏计算优势，还不能做到真正的自定义和个性化。人工智能技术应用已取得了显著进展，其原因一方面在于人工智能具备自然语言处理、神经网络及深度学习的能力，另一方面在于如今丰富的可用数据，人工智能技术可随着时间积累经验并借鉴数据资料，以便更轻松地参与互动。

Jimi（京东的人工智能购物助手）是将个性化服务带入更高发展阶段的一大创新，它能够快速、智能地回答顾客问题，并提供出色的售后服务。中国迅速发展的电商行业已进入到一个新的发展阶段，并将从业务驱动模式向技术驱动模式转变，在这个过程中人工智能将是关键因素。借助大数据与信息技术，发展成熟的人工智能技术已被许多制造商及苏宁、国美等零售商们认为是实现差异化的重要因素。利用人工智能技术还可以探寻到零售商的商品库存和消费者信息等数据，对顾客服务策略产生重大潜在的影响。人工智能助手如亚马逊的Alexa、谷歌的Google Assistant、苹果的Siri及微软的Cortana正愈加流行，它们可以持续积累更多数据和个人信息用于借鉴，并使自身功能更加强大。设想一下这样一个世界，各零售商能够结合各项人工智能技术和复杂的订单管理解决方案，使之掌握有关库存与顾客交易记录的丰富数据，不久之后，零售商们将能比顾客更清楚自己的爱好与品位，同时零售商们能够在顾客意识到自己的需求之前预先提供商品购买及顾客喜欢的物流方式。这一切都表明智能化零售时代正在到来。

在过去一年中，可穿戴式技术开始变得普及，众多企业也在各应用客户端（App）加大投入，以期使顾客能够获得更逼真的在线浏览体验。2017年虚拟现实/增强现实技术将从小众性技术发展成为主流技术。宝马汽车公司与埃森哲咨询公司和谷歌Tango合作创建的一款应用可以让顾客看到不同款车型在真实环境中的外观形象。而支付宝在新年期间推出的"AR实景红包"活动，也正是利用虚拟现实技术使其更富有趣味性和吸引力。另外，HTC也已宣布与苏宁和国美达成战略合作，建立超过1万个虚拟现实体验站。此外，可穿戴式技术的主要厂商正在寻求将其产品应用延伸至更广泛的市场，因而虚拟现实/增强现实技术被引入实体店中将能使门店店员随时进入虚拟仓库。门店店员戴上平视显示器（HUD）或智能眼镜就能够充分了解商品信息，并实时解答与商品信息、存货可用性、物流派送选择及各项费用相关的棘手问题，而无须离开顾客或低头查看平板电脑或智能手机。

思考题：
1. 你认为如何实现零售业服务创新？
2. 你如何理解新产品/服务创新的本质。

（来源：2017年重塑零售战略的五大趋势．物流技术与应用．2017-04-01）

案例

感受价值

冠蕾公司在市场上享有很高的美誉度，其产品以高品质闻名于世，是高端成功人士的首选产品。特别是一些家用产品，更是让拥有者引以为豪，成为高端大气的象征。

就是这样的一家公司，也在孜孜不倦地谋求成本不断下降的方法：集中采购，整合资源，产品及原材料的标准化，寻找低成本供应源，多种库存控制方法和库存策略，与现有供应商谈判，要求降低成本及价格。其中还有一项较为有效的方法是价值分析/价值工程（VA/VE），公司专门成立了一个VA/VE办公室，统筹领导、协调全公司的项目开展和成效落实。

经过几年的实践，公司发现大多数VA/VE项目的收益来源于供应商的新思路和新材料。采购部门或者说是供应商，在这项活动中的贡献率占比最大。采购部门结合公司内部及供应商的资源，联合开发，改进产品特别是材料的构成。为此，采购部门修改了自己部门的使命，强调了采购对于"外部资源获取"的作用，提出要求供应商能够为公司提供具有市场竞争力的新技术、新设计和新材料，并在供应商评估及绩效考核中增强了技术创新评分的权重，使得具有创新能力的供应商评级上扬。这些措施反过来又促进了供应商创新、改革的积极性。

随着各种陶瓷材料的新功能的不断涌现，原有的不锈钢及有色金属越来越多地被物美价廉的陶瓷材料所代替。很显然，对陶瓷材料的了解和研究，一些供应商远远走在冠蕾公司前面，采购部门要做的是不断鼓励，并进行新的创新，在公司和活跃的市场之间架起畅通无阻的桥梁。这一项替代活动，为公司的产品更新换代及成本降低撑起了半壁江山。

一家供应商积极地为公司提供一种新型的软管，这种软管的外包材料一改传统的不锈钢的网织结构，取而代之的是塑料网织结构，这种塑料软管的强度比传统不锈钢软管的强度更高，柔韧性更好，寿命也更长，显而易见成本降幅也很可观。公司的采购人员和技术人员非常兴奋，跃跃欲试，在配套产品中试用一段时间后，市场人员的反馈却非常悲观：客户不接受！客户对新产品的体验非常糟糕。他们的反馈是：冠蕾公司的新产品档次下降，用塑料代替不锈钢，还怀疑是不是冠蕾公司想用偷工减料的手段忽悠消费者？冠蕾公司的客户可都是高端人士，是眼里容不得半粒沙子的。公司的VA/VE办公室紧急叫停了这个项目的推动。

公司随后总结了这个项目的教训，强调了客户体验的不可动摇的地位，过去所做的项目都是在产品内部替换，客户看不到，所以没有反应，而一旦改变到了表面可见的部位，就会触动客户的神经，一定要非常小心。但无论是供应商还是技术人员都非常不甘心：这么一个好端端的项目，就这样夭折了。

大家在考虑一个问题：客户可不可以引导？冠蕾公司是否应该宣传新软管的功能，让客户接受新事物呢？研究分析的结果是否定的，冠蕾公司要保持高大上的形象，不能有一点低端产品，而如果供应商有能力让客户接受新事物，冠蕾公司再使用，就水到渠成了。所以采购部门交给供应商另一个使命：不仅要做出好的产品，还要运作出好的市场。

讨论题：
该案例反映了一个什么问题？面对顾客的不同的价值取向，公司的新产品项目如何推广？

（来源：作者整理）

习题及思考题

1. 结合一个卓越的产品/服务设计，说明产品/服务的现代设计的理念。
2. 说明质量功能展开的作用（请结合实际使用）。试想还可以在哪些领域使用这一方法？
3. 什么叫联合分析？联合分析对于产品设计的改进有何作用？什么是价值分析？
4. 什么是并行工程？什么是价值工程？
5. 解释全球异地设计与制造。
6. 说明网络化制造框架与过程。
7. 结合实例说明产品研发中如何协调产品设计、工艺过程设计与供应链设计。
8. 搜集产品的服务化及服务创新方面的文献资料，写一篇研究型短文，并与同学开展交流。
9. 结合产品生命周期与竞争要素理论，分析企业新产品规划的重要性。
10. 运用盈亏平衡分析法分析流程/技术选择时应考虑哪些问题。

第3章

设施布置、选址及产能规划

【本章要点】
- 设施布置的一般决策过程;
- 基本布置类型;
- 布置方案设计;
- 生产线平衡;
- 运营选址;
- 生产能力决策。

引例

宜家家居的厨房布置

著名的国际家居业零售巨头宜家家居加快在我国的投资步伐,在上海又建新店!宜家家居漕溪北路新店紧邻8万人体育馆,地处商业繁华地段。商场面积达33 000 m^2,为亚洲第一。商场按宜家家居标准模式分为两层,底层是自选仓库区和家居用品区,二层是样板间、沙发区、家具区和一个一次可容纳500人的餐厅。商场共有56个样板间,提供7 000多种不同商品。在面积增加的同时,该店新增了许多功能性区域,包括一个拥有800个免费停车位的地下停车场,一个有170 m^2的儿童天地和一个咖啡厅。

厨房是家中的一个重要部分。了解厨房的不同工作区域和布局,可以有效规划厨房,节约时间和精力,提高日常生活的质量。下面以厨房为例说明宜家家居推荐的厨房区域与布局。

1. **工作三角——创造理想的工作流程**

厨房的主要功能是在炉灶、水槽和冰箱之间实现。这三个点及其之间的假想线组成了"工作三角"。理想情况是,三点之间的距离总长不应超过6 m。不同工作点之间的理想距离是90 cm。如果家里没有空间容纳一个三角形厨房,可以根据喜好和房间形状,采用多种不同的布局实现这种"工作三角"。

2. 工作区域——简化日常生活

决定如何安放橱柜和电器时，可以从区域或工作区域考虑。该方法注重功能而非需要安装的用具，即最后会设计出一个方便、实用的厨房。与"工作三角"相关的三个主要区域为：储物区（冰箱、储物件）、洗涤区（水槽、洗碗机）和烹饪区（炉灶、烤箱、微波炉）。安置好这三个区域至关重要，可实现符合人体工程学的"工作三角"和自然的工作流程，而且一切物品都伸手可及。

烹饪区：避免端着滚烫的锅具穿过厨房。考虑把烤箱和炉灶置于水槽和操作台面附近。

洗涤区：水槽是一个重要区域。把冰箱安置在手边，方便准备食物。水槽不能离炉灶太远，方便沥干意大利面和蔬菜。

储物区：确保有足够的储物空间储存食物，对于干货和置于冰箱内的食物都是如此。高柜和冰箱附近的操作台面更方便打开购物袋。

3. 常见的厨房布局

大多数情况下，房间的形状和尺寸决定最终选择的厨房布局。然而，某些厨房布局也许更能满足需要和生活状况。以下是五个常见的厨房布局及其主要特点。

单线厨房：将所有操作区沿一面墙安排，适用于比较狭长的厨房，适合小空间的厨房，干净利落，很实用也很美观。

带厨房岛的单线厨房：适用于厨房空间有限的家庭，单线厨房配合一个厨房岛，能充分利用现有的空间。厨房岛提供大量储物空间，但它周围至少需要120 cm宽的自由空间才便于操作。

L形厨房：适用于中、小面积的厨房，洗涤、配菜、烹调互不干扰，能让每件厨房器具发挥各自的作用，如果想添加一个小餐桌或厨房岛，L形厨房最理想。而且，它还能最充分地利用墙角，并将厨房与用餐区域整合。

U形厨房：空间很大时，可选择U形布局。这能确保最大化的储物空间，最重要的是伸手就能拿到需要的物品。

双线厨房：现代化的厨房布局，同时并不需要大量空间。它便于准备食物，两边都能提供工作区域和储物区域。实际上，很多专业厨师都喜欢这样的布局。

爱做饭，爱厨房，那么厨房一定就是你的"地盘"。美观实用的厨房会让做饭的过程变成一种享受。将传统的花纹带入厨房，都市的喧嚣在这一角落得以沉寂，乡村风格的厨房拉近了人与自然的距离，在材质上可选择实木，包括了橱柜门和地板，踩出的声音让人觉得格外温暖。如果你是喜欢乡村气息的人，乡村风格的厨房会让你的生活更加充满闲适自然的味道。让厨房也跟随潮流，追求质朴简约的风格，让一切看上去都那么贴切自然。当然，厨房布置的整体效果还要考虑色彩搭配、图案设计及照明等。

思考题：
1. 厨房的布置有何特点？
2. 厨房进行布置设计的目标与依据是什么？

（来源：宜家家居空间搭配布置方案全解读．齐家网）

运营系统的布置是指运营系统转化资源的物理布局，具体地讲是指对部门、部门内工作组、工作站、机器及在制品存储点的物理位置的布置过程。布置决定着系统的现场美观与秩序。布置的确定同时也决定了物料、信息及顾客等待转化资源流经系统的方式。有些需要移动的设施可能体积、重量比较庞大，布置工作需要耗费很长的时间，且难度较大，重新布置会扰乱系统正常运转，造成不应有的损失。设施布置不当会导致现场物流不通畅，流程不合理，增加运营系统成本。因此，设施布置决策对运营系统有着重要影响。

3.1 设施布置的一般决策过程

设施布置的一般决策过程如图3-1所示。首先根据企业运营绩效目标及产品与服务的数量、品种确定制造运营系统的类型：项目型、单件小批量型、成批生产型、大量生产型、流水生产型等，确定服务运营系统的类型：专业化服务、商店式服务、大众式服务型；然后选择设施布置的基本类型；最后根据布置方案的设计目标进行设施布置的详细设计，进而确定所有待转化资源的物理位置。本节按照这一过程进行讨论。

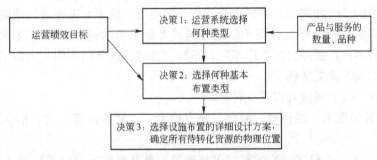

图3-1 设施布置的一般决策过程

3.2 基本布置类型

基本布置类型是指运营系统内各项设施的总体布置模式。实际中使用的布置多数是在以下基本布置类型的基础上形成的，即定位布置（fixed-position layout）、工艺布置（process layout）、单元布置（cellular layout）、产品布置（product layout）。

某一类型的运营系统可能采取一种或几种不同的基本布置类型，如图3-2所示。一般情况下，对项目型制造运营系统采取定位布置；对流水型制造运营系统采用产品布置；对大量生产型则可以采用单元布置，也可采用产品布置；对成批生产型，可以采用单元布置、产品布置，还可

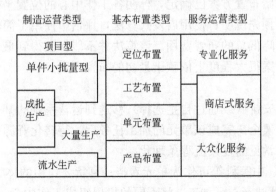

图3-2 某一类型的运营系统可能采取一种或几种不同的布置类型

以采用工艺布置；单件小批量型一般采用工艺布置，也有的采用定位布置。下面具体介绍四种基本布置类型及混合布置。

1. 定位布置

定位布置往往用于下列情况：产品或加工对象体积过大、不便移动，或过于复杂而无法移动，或不需要移动。定位布置往往围绕生产现场，根据生产需要，移动物料与加工设备来进行生产、加工。

在定位布置方式下，加工对象静止不动，加工设备与人员根据操作的需要进行移动。例如，船舶建造、公路建设、开胸手术、高档餐厅、大型主机维修、土建项目、发电机组等。

2. 工艺布置

采用工艺布置主要考虑工艺过程中各项待转化资源的需求与便利。为了提高待转化资源的利用率，在工艺布置中，将相似的工序集中放置在一个地点，便于对工序进行编组。

因为顾客的需求不同，所以不同产品或不同顾客所采取的流程路径也就不同。流程是跨部门、跨工序的，且不同产品经过的工序不同，不同顾客经过的部门不同，因而工艺布置的运营系统中流程模式有时是非常复杂的。

采取工艺布置的运营系统有以下几种。

① 图书馆。外借图书、期刊室、网络与光盘检索室、复印区等，读者根据需要进入不同的部门。

② 医院。内科室、外科室、X光室、化验室等，患者根据不同的情况进入不同科室诊断与治疗。

③ 机械加工厂。车床、钻床、热处理车间、磨床、装配车间等，产品根据不同的工艺规程进入不同的加工工序。

④ 超市。保鲜货架、蔬菜货架、食品货架、日用品架等，顾客根据需要选购不同的商品。

工艺布置中，工作中心的组合数目多，位置关系复杂，实际操作中很难获得最佳方案，大部分工艺布置方案要借助于直觉、常识和系统性试错来完成。进行工艺布置的详细设计，需要掌握一些关键的信息，如各工作中心所需面积、对各工作中心所分配区域的形状的要求、工作中心的流量、工作中心相互靠近或靠近某些固定位置的必要性。其中后两类信息特别重要，它们直接影响着工作中心的最终布局。

计算机辅助工艺布置设计（computerized relative allocation facilities technique）的基本内容有：合理布置，降低运输成本；假设物料搬运设备使用可变路径，其成本与搬运距离成正比；已知各工作中心的面积；初始布置方案已确定，标明各工作中心的位置坐标；若工作中心要求特殊位置，可以作为约束条件预先说明；使用启发式算法，评估中使用了简单的规则——同时比较两个部门，交换一下看能否降低总的布置费用。该算法并不能保证得到最优方案。

工艺布置设计最终方案很大程度上依赖于最初的布置方案。

3. 单元布置

将待转化资源按预先安排（或通过自主选择）移送到运营系统的某一单元，单元内满足其需求的各种待转化资源一应俱全。完成该单元的加工任务后，待转化资源可进入下一单元。单元布置的目的是使工艺布置中常见的复杂流程条理化。

医院的儿科、妇产科、中医科等可作为单元看待；百货公司中的体育用品店也是一个服务单元；制造业中采用成组技术进行单元加工，将不同的机器组成工作中心（制造单元），对形状和工艺要求相似的部件进行加工。还有制造业中的厂内厂（plant within a plant，PWP）布置也是一个独立的单元，提供某一种产品的生产，厂内厂集中完成产品的所有生产工序，避免了工艺布置带来的流程混乱状态，且有利于实行团队化管理，提高运营的绩效。

成组技术有利于单元布置方案的详细设计。成组技术是一门生产技术科学，研究如何识别和发掘生产活动中有关事务的相似性，并对其进行充分利用。它把相似的问题归类成组，寻求解决这一组问题相对统一的最优方案。

成组技术应用于机械制造方面，将多种零件按其工艺的相似性分类成组以形成零件族，把同一零件族中分散的小生产量汇集成较大的成组生产量，从而使小批量生产能获得接近于大批量生产的经济效果。

运用成组技术，可以将工艺布置转变为单元布置。机械制造厂的工艺布置中将车床、铣床、磨床等设备分别放置，形成车工车间、铣工车间、磨工车间等。成组技术考虑到生产的相似性，引入了单元布置，采用如下步骤：首先，按零件族分组，使加工工序相同；其次，识别零件族的主要物流模式；最后，将机器、工艺规程分组，组成单元。

成组技术的运用有利于团队合作，便于操作者掌握专门技术，使生产周期缩短，在制品减少，生产准备时间缩短。

单元布置的详细设计应考虑各个单元的规模和类型及单元间的资源分配。

下面将图3-3（a）所示的工艺布置引入单元布置，如图3-3（b）所示。

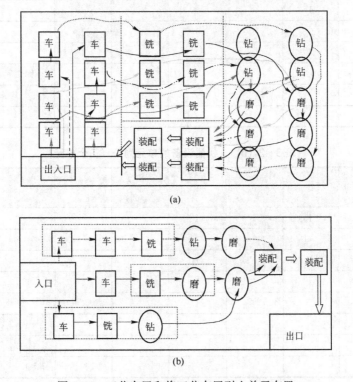

图3-3 工艺布置和将工艺布置引入单元布置

首先，将零部件分为8组，每一组零部件的加工所需机器在矩阵中标为1，如表3-1所示。其次，改变行、列位置，将1集中在一对角线附近，会呈现出清晰布局，如表3-2（a）所示。

表 3-1　零件组所选用的机器

机器＼零件组	1	2	3	4	5	6	7	8
J1						1		1
J2	1			1			1	
J3		1	1		1			1
J4			1			1		1
J5	1			1			1	
J6			1					1
J7				1			1	
J8		1	1		1			1

表 3-2（a）　机器设备的单元划分（两个单元）

机器＼零件组	6	3	8	5	2	4	1	7
J4	1	1	1					
J6		1	1					
J1	1		1					
J8		1	1	1	1			
J3		1	1	1	1			
J5						1	1	1
J7						1		1
J2						1	1	1

表 3-2（b）　机器设备的单元划分（三个单元）

机器＼零件组	6	3	8	5	2	4	1	7
J4	1	1	1					
J6		1	1					
J1	1		1					
J8			1	1	1			
J3			1	1	1			
J5						1	1	1
J7						1		1
J2						1	1	1

如果将设备分为三个单元（见表 3-2（b）），那么第一单元中的零件组 8 还需要机器 J3、机器 J8，而 J3、J8 机器属于第二单元，解决方法是第一单元购置 J3、J8 各一台。

4. 产品布置

待转化资源位置的确定原则是为待转化资源提供方便。劳动对象物料、信息、顾客按照预先确定的工艺路线（加工工序）依次进行加工。产品布置的目的是提高产品/服务的标准化程度。

例如，汽车装配线、炼钢-连铸生产线、热轧线、啤酒生产线、大规模免疫接种活动、部分高技术开发区的办公一条龙服务、部分高校的新生入学迎新服务等。

将一定的设备、工具、传送装置和人员按照一定方式组织起来的生产运作线称为流水线。流水线生产是指物料、信息或顾客按一定的工艺过程，依次通过各个工作地，并按统一的节拍完成工序的一种生产组织形式。流水线生产具备以下特点。

① 工作地专业化程度高，每个工作地只固定完成一道或少数几道工序。

② 工艺过程具有封闭性，劳动对象某一工艺阶段的全部或大部分工序都在同一条生产线上完成。

③ 工作地呈链式排列，劳动对象在工序间只进行单向移动。

④ 生产具有明显的节奏性，劳动对象在各道工序上按一定的时间间隔投入和产出。

⑤ 生产过程的连续程度较高，各工序之间生产能力协调，最大限度地减少了工序间的间断和等待时间。

如果工作地（设备）是按工艺过程顺序排列，而又未满足或未完全满足上述特征要求，就只能称为作业线或生产线，而不能称为流水线。

在流水线生产条件下，生产过程的连续性、平行性、比例性、节奏性都很高，所以它具有可以提高工作地专业化水平、提高劳动生产率、增加产量、降低产品成本、提高生产的自动化水平等一系列优越性。

5. 混合布置

实践中，布置方式往往是混合的。不同的基本布置类型经常分别运用于同一运营系统的不同部分。

表3-3列示了基本布置类型的优缺点。

表3-3 基本布置类型的优缺点

布置类型	优　点	缺　点
定位布置	柔性高；产品不移动，顾客不受干扰；员工工作内容丰富	单位成本高；空间和活动的调度安排非常复杂；移动距离可能较长
工艺布置	柔性高；系统稳健性好；易于管理	设备利用率低；流程复杂，组合复杂；在制品或顾客排队时间可能较长
单元布置	可兼顾成本与柔性；团队作业；系统输出速度快	调整现有布置的成本可能较高；可能需要更多的工厂和设备；工厂利用率低
产品布置	可实现高产量；便于专用设备采用；物料和顾客的移动十分便利	组合柔性可能很低；系统稳健性不佳，故障影响大；工作重复度高

3.3 布置方案设计

确定了基本布置类型之后，就要将基本布置类型所体现的总体原则落到实处，根据生产产品或提供服务的流程特点，确定生产布置的详细设计方案。

进行详细布置方案的设计应实现如下目标。

① 安全生产。
② 物料、信息或顾客移动通畅、经济、合理。
③ 流程清晰，标识齐全。
④ 员工工作环境舒适。
⑤ 有助于管理、沟通、协调。
⑥ 相关要素接近。
⑦ 便于清理、维护。
⑧ 空间利用率高。
⑨ 长期柔性。

生产布置详细设计阶段要确定：各工作中心组成要素的具体位置、各工作中心的活动空间、各工作中心任务。

3.3.1 工艺布置方案的详细设计

工艺布置方案详细设计的总目标可表示为：

$$\min \sum F_{ij} D_{ij} C_{ij} \quad (i \neq j)$$

其中，F_{ij}是单位时间内工作中心之间的流量或行程次数，D_{ij}是工作中心之间的距离，C_{ij}是工作中心之间单位行程距离的成本。

详细设计需要收集的关键信息有：各工作中心所需面积、对各工作中心所分配区域的形状的要求、工作中心之间的流量、工作中心相互靠近或靠近某些固定位置的必要性。

工作中心之间的流量采用二维关系表格表示，如果工作中心之间的流量不考虑方向性，则使用表格的对角线一侧的表即可，通常称作"从－至（from-to）"表，这是较好的收集数据的工具，与质量功能展开的"屋顶"类似。

工艺布置方案详细设计的一般步骤如下。
① 收集工作中心之间的流程信息。
② 绘制布置方案详细设计草图，彼此流量大的中心尽量靠近。
③ 根据建筑物几何结构调整草图。
④ 绘制正式的布置方案详细设计图，标明各工作中心的实际面积及物料或顾客需要移动的距离。
⑤ 检查设计方案，试着对调某两个工作中心，看是否能减少总行程距离或总移动成本或提高接近度。下面举一个例子说明工艺布置的设计思路。

【例3-1】某诊所想看看是否有更好的布局，以减少医生和护士穿梭于各个科室所用的步行时间。部门的位置、各个部门之间需要走动的次数和距离如表3-4～表3-6所示。

表3-4　诊所现有的布局

仓库（F）	医生办公室（C）		检验室（B）		大厅和候诊区（A）
护理中心（E）	实验室和X射线室（D）				

表 3-5 医生和护士每天在各部门之间的行走次数

单位：次

	B	C	D	E	F
A	55	0	0	50	0
B		40	15	40	0
C			15	60	10
D				30	0
E					18

表 3-6 各个部门之间的距离

单位：m

	B	C	D	E	F
A	20	40	40	60	60
B		20	20	40	40
C			10	20	20
D				20	20
E					10

解 为了分析现有的布局，必须对行程进行计算，公式如下。

$$总行程 = \sum_{i=1}^{n}\sum_{j=1}^{n} T_{ij} D_{ij}$$

式中，n 为办公室或部门数目；i,j 为各个部门；T_{ij} 为部门 i 和 j 之间的行走次数；D_{ij} 为部门 i 和部门 j 之间的距离。

设计方案的最终目标是找出总行程最小的布局，该诊所现有布局的总行程为

总行程＝55×20＋50×60＋40×20＋15×20＋40×40＋15×10＋60×20＋10×20＋30×20＋18×10＝9 130 m

从所给的布局和行程可以看出，护理中心应该更靠近大厅和休息室，还应该靠近检验室和医生办公室。解决方法就是把部门 E 和部门 D（护理中心和实验室）对换。这样就增加了其他一些行程，因为现在部门 C、B 和 A 距离部门 D 更远了。为了计算新的总行程，先要对部门的距离表做调整，如表 3-7 所示，有星号的为调整后的距离。

表 3-7 调整后各个部门之间的距离

单位：m

	B	C	D	E	F
A	20	40	60*	40*	60
B		20	40*	20*	40
C			20*	10*	20
D				20	10*
E					20*

新的总行程计算如下。

总行程＝55×20＋50×40＋40×20＋15×40＋40×20＋15×20＋60×10＋10×20＋30×20＋

$18 \times 20 = 7\ 360$ m

这是一种较好的布局，但只是其他的可能之一而已。在找到一种合理又可接受的布局之前，通常要对多个可能的布局方案进行评估。

在系统化的工艺布置方案的详细设计中，有时需要说明工作中心相邻的重要性及原因（使用活动相关图），通过试算法反复调整初始布置图，交换工作中心、核对结果，结合具体空间调整布置图，寻找最满意的步骤方案。

运营实践

机动车部汽车驾驶证换新流水线的平衡

亨利是某机动车部办公室主任。他通过对驾驶证换新活动进行分析，确定了换新步骤及每个步骤需要完成的时间，如表3-8所示。

表3-8 机动车部汽车驾驶证换新流程所需要的时间

步骤	平均完成时间/s
1. 检查换新申请的正确性	15
2. 处理，登记付费	30
3. 检查档案，确定有无违规和受限制情况	60
4. 进行视力检查	40
5. 为申请人拍照	20
6. 发放驾驶证	30

现在，每个步骤指派不同的人完成。办事员的工作量分配也是不均匀的，负责第3步检查档案的办事员往往匆忙完成，以压缩时间，与其他办事员保持一致。在驾驶证申请旺盛期，申请者往往排长队。

每次换证申请是一个相对独立的流程，亨利决定对办公室进行重新布置，对人员进行重新分派，以提高工作效率，争取每小时处理换证的数量可以达到120个。

亨利发现，步骤1到步骤4可以交给一般的办事员办理，他们每人每小时的工资是12元。步骤5可以交给一位摄影师来完成，每小时支付的工资是16元。为完成拍摄任务，该办公室每小时需要为每部相机支付10元的租赁费。第6步需要由穿制服的机动车部官员完成，这些官员每小时的工资是18元，他们可以胜任除了摄影之外的任何工作。

亨利对工作步骤进行重新审视，第1步检查换新申请是必须首先完成的，之后才能进行下面的工作。同样，第6步发放驾驶证的工作需要在所有步骤完成后才能进行。

亨利承受着上面领导的压力，他必须想办法提高劳动生产率并降低成本，必须使办公室的布置与人力分派适应驾驶证换新申请的需求，否则就要"做好走人的准备"。

思考题：
1. 从目前的流程来看，每小时可以处理的最大申请数量是多少？
2. 替亨利想想办法，确定一个成本较低、劳动生产率又高的流水线平衡方案。
3. 替亨利画出办公室布置图。

(出自：HEIZER J, RENDER B. 运营管理. 8版. 北京：中国人民大学出版社，2006.)

3.3.2 生产线布置设计

制造业或服务业都可以选择生产线式的流程，这是按产品布置的方式。生产线平衡就是把指定的任务分配到各个工作中心，并使各工作中心大体上具有同等的时间需求。

注意区分周期时间、节拍时间、流程时间。周期时间与产能互为倒数关系，节拍时间与产出率互为倒数关系。而产出率/产能表示资源的利用率。流程时间是表示从进入流水线到走出流水线的时间跨度。

生产线布置设计主要有如下决策问题。

- 确定周期时间及生产线的节拍，周期时间是每一个工作中心完成所分配的系列任务（作业）所允许的最大时间；
- 工作站数目；
- 作业时间差异问题的解决；
- 生产线平衡；
- 各个工作站的安排。

【例 3-2】 根据表 3-9 所示作业，设计一个电扇装配线。

表 3-9 电扇装配中的作业时间及紧前作业

作 业	时间/min	描 述	紧前作业
A	2	装配框架	无
B	1	安装开关	A
C	3.25	装配电动机	无
D	1.2	安装电动机	A, C
E	0.5	配电扇叶片	D
F	1	安装安全护罩	E
G	1	接上电线	B
H	1.4	测试	F, G

（1）画流程图（如图 3-4 所示）

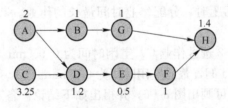

图 3-4 流程图

假定每天生产时间为 7 h，即 420 min，从图 3-4 可以看出，瓶颈作业为 C，周期时间至少为 3.25 min，从而可计算出产能，即每天最大的生产量为

$$最大生产量（产能）=\frac{每天生产时间}{周期时间}=\frac{420 \text{ min}/天}{3.25 \text{ min}/件}=129 \text{ 件}/天$$

（2）确定节拍

假定每天（工作 7 h）组装 100 件，可以求得该布置的节拍（即多长时间组装一件）。

$$C=\frac{420 \text{ min}/天}{100 \text{ 件}/天}=4.2 \text{ min}/件$$

（3）确定理论上的最少工作站数量

工作站最小数量

$$N_t = \frac{\text{作业时间总和}(T)}{\text{目标节拍}(C)}$$

$$N_t = \frac{11.35 \text{ min/件}}{4.2 \text{ min/件}} = 2.702 \approx 3$$

(4) 工作站的作业分配原则

① 分配后续作业数量最多的作业进入工作站 1,如图 3-5 所示,作业 A 的后续作业数量最多,进入工作站 1。

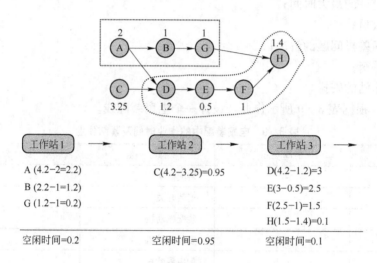

图 3-5 工作站中的作业分配示例

② 在先行作业都已分配完毕的作业中选择后续作业数量最多的作业进入工作站 1(在工作站 1 空闲时间范围内)。如图 3-5 所示,工作站 1 选作业 A 后,空闲时间为 2.2 min,不能选 C(作业时间 3.25 min>2.2 min),只能选作业 B,之后工作站 1 的空闲时间为 1.2 min;还可以再选进作业 G,空闲时间为 0.2 min,不可能再选进其他作业。

③ 在第②条规则出现问题时,分配作业时间最长的作业。其余工作站的选择按第②③条规则。

如图 3-5 所示,工作站 2 选进作业 C,空闲时间为 0.95 min,不可能再选进作业 D;工作站 3 选进 D,还可选进 E、F、H,最后空闲时间为 0.1 min。

通过对图 3-5 的分析,可画出图 3-6,并得出如下结论:各工作站都存在空闲时间,说明节拍不是最佳的,最佳节拍应为 4.2-0.1=4.1 min/件;空闲时间最少的工作站为瓶颈工作站,本例中工作站 3 为装配线的瓶颈。

(5) 计算装配线效率与平衡损失

$$\text{效率} = \frac{\text{作业时间总和}}{\text{实际工作站数目} \times \text{节拍}}$$

$$\text{平衡损失} = \frac{\text{空闲时间总和}}{\text{实际工作站数目} \times \text{节拍}}$$

根据以上公式,节拍为 4.2 min 时得出

$$\text{效率} = \frac{11.35}{3 \times 4.2} = 90.08\%$$

$$\text{平衡损失} = \frac{1.25}{3 \times 4.2} = 9.92\%$$

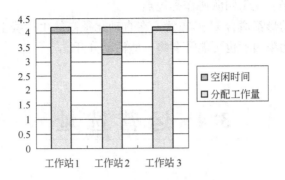

图 3-6 工作站的空闲时间图示

若节拍为 4.1 min，则效率有所提高，损失降低，计算如下。

$$效率=\frac{11.35}{3\times 4.1}=0.9228=92.28\%$$

$$平衡损失=\frac{0.95}{3\times 4.1}=0.0772=7.72\%$$

另外，在生产线布置设计中还要关注生产线的布置形态。常见的生产线外形如图 3-7 所示。

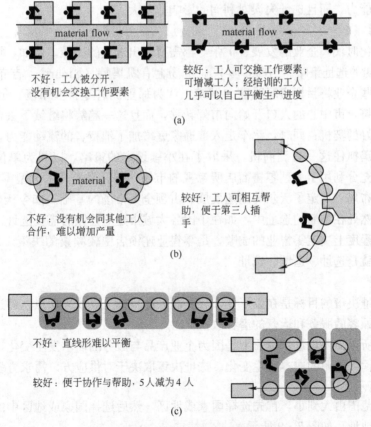

图 3-7 常见的生产线外形

直线形生产线的一个缺点是它不利于工人和车辆的往返移动。实践中曲线形（U形、半圆形或蛇形）布置较受欢迎，这类生产线较紧凑。这种布置具有人员配置灵活、便于平衡、便于返工、便于搬运、通路顺畅、便于团队协作等优点。

当然，并非所有的情形都适合 U 形布置。在自动化很高的生产线上就较少需要协同工作和交流；有时由于噪声或污染因素也可能需要将一些活动分开。

3.4 运营选址

3.4.1 选址决策

1. 选址重要性

运营地址是指运营网络相对于其输入资源及与之存在业务往来的运营或顾客的地理位置。运营地址如何选择，对于制造业或服务业的企业来讲，都是具有重要战略性的问题。选址对于实现运营目标、提高竞争力至关重要。尤其是对于缩短交货期以赢得时间，降低运输费用、利用当地廉价的劳动力资源以赢得成本优势来说，选址更是具有直接的影响。选址影响运营成本，影响为顾客提供服务的能力，而且选址失误对利润的影响非常大。

2. 选址举例

在当今全球化时代，企业的发展、扩张等都需要做出选址的决策。例如，零售业巨子沃尔玛（War-Mart）最初的选址策略。当时，零售业市场上有凯玛特（Kmart）、吉布森等一大批颇具规模的公司，这些企业将目标市场瞄准大城镇，认为那里拥有零售业市场。但是随着城市的发展，市区日渐拥挤，市中心的人口开始向市郊转移，而且这一趋势将继续下去，这给小镇的零售业发展带来了良好的契机；同时，汽车走入普通家庭增加了消费者的流动能力，突破了地区性人口的限制。沃尔玛抓住这一有利商机，采取了在小镇设点的策略，以州为单位，抢占几个小镇"据点"。沃尔玛充分利用了大型零售商店所忽视的市场，同时又避开了大型零售商的激烈竞争，巧妙选址，合理布局，奠定了沃尔玛迅速发展、占领全美市场的基础。如今沃尔玛位居世界 500 强企业首位，仍然处在不断的选址中，如在中国各大城市建立连锁店需要选址。

选址在一定程度上决定零售业的成败，是零售业连锁店中较频繁的决策。"零售业有三件最重要的事情，那就是选址、选址、选址。"

3. 选址决策

运营网络选址决策的目标是在以下 3 个相互联系的目标上寻找平衡点，即运营的空间变量成本、运营提供给顾客的服务和运营的潜在收益。

运营网络之所以需要选址，本质上是因为企业产品与服务的需求发生变化，或运营输入的供应发生变化，或输入资源的成本发生变化。选址决策取决于对供应方、需求方多种因素的综合平衡，如图 3-8 所示。

选址决策的范围由大到小，首先选择国家或地区，然后选择国家或地区中的区域，最后再选择区域内的特定地址，如图 3-9 所示。

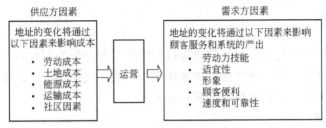

图 3-8 选址决策的因素

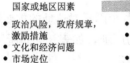

图 3-9 选址的聚焦过程及考虑因素

运营实践

沃尔玛选址通常遵循的原则

（1）选择经济发达的城镇

选择经济发达、居民生活水平较高的城市是兴建超市的首选。研究表明，有沃尔玛折扣店的小镇的经济一般比没有沃尔玛折扣店的小镇的经济更发达。

（2）连锁发展计划

沃尔玛设立门店要从发展战略出发，通常考虑连锁发展计划，以防设点选址太过分散。沃尔玛门店分布有长远规划，并且具有一定的集中度，这有利于总部实行更加精细科学的管理，节省人力、物力、财力，并使每一个门店的设立都能为整个企业的发展战略服务。

（3）独立调整门店

对沃尔玛山姆俱乐部而言，独立门店一般不与其他大型零售店聚集在一起，在选址中注意与其他仓储超市、大型综合超市和一些批发市场等保持一定的距离，至少在核心商业圈不能重叠，以免引发恶性竞争，导致两败俱伤。但有时出于抢占市场的需要，沃尔玛也会在 Kmart 等竞争对手的地盘上立足，一争高下。

（4）选择城乡接合部

对以中小零售店和居民作为主要目标市场的沃尔玛山姆俱乐部，一般要选在远离市中心的城乡接合部、次商业区或新开辟的居民区中，在该商场周围要有20万~30万人的常住人口。该地点要具备以下三个条件：第一，土地价格和房屋租金要明显低于市中心，一般为市中心的1/10以下；第二，交通便利，既要方便消费者前来购物，又要有利于沃尔玛超市货物运输和商品吞吐；第三，要符合城市发展规划，与城市拓展延伸的轨迹相吻合，这样城市的发展会给仓储式超市带来大量的客流量，相应地就降低了投资风险。

思考题：

你认为 7-Eleven 连锁店的选址与沃尔玛的选址原则相同吗？

3.4.2 选址方法

从若干个候选地址中挑选合适地址的决策过程需要运营经理的洞察力与眼光，一些定量化的方法将有助于决策。这里介绍三种方法：因素评分加权法、线性规划运输法和重心法。制造业中也常采用盈亏平衡分析法，考虑最低成本进行选址。

1. 因素评分加权法

通过下述实例可说明这一方法的运用。某炼油厂要在 A、B 两个厂址中做出选择，可依据如下步骤。

① 列出影响选址的重要因素及记分范围，记分上限是根据各个因素对选址的重要性来确定的。

② 按因素分别打分，并累计各自总得分，选择总分最高的厂址，如表 3-10 所示，B 地优先于 A 地。请注意：每一因素下的得分可以由一个决策委员会确定。

表 3-10 选址的因素评分法举例

主 要 因 素	记 分 范 围	A 地	B 地
该地区燃料供应情况	0～300	123	156
电力供应与可靠性	0～200	150	100
劳动力资源	0～100	54	63
生活条件	0～100	24	96
交通状况	0～60	45	55
水的供应	0～50	34	14
气候	0～10	8	4
供应商情况	0～60	45	50
地方法规与税务政策	0～50	45	20
总计	0～930	528	558

作为上述方法的一种变通，每种因素可以赋予不同的权重，每一地址在各种因素下的得分按百分制给出。通过求每一地址在各个因素下得分的加权总和得出各个地址的总分。这就是因素评分加权法。

【例 3-3】 某包装材料公司要在 A、B、C 三个厂址中做出选择。

解 第一步，列出影响选址的重要因素，确定其相对重要性，赋予权重系数（如可选择 1，2，3，4，5）；第二步，按因素分别对各个地址打分（分值范围任意选定，如选用百分制）；第三步，加权累计各个地址分值，总分最高的厂址具有优先权。

计算过程如表 3-11 所示。由表 3-11 可看出，应选择 C 地址。

表 3-11 选址的因素评分加权法举例

考 虑 因 素	权 重	A	B	C
地址成本	4	80	65	60
当地税率	2	20	50	80
劳动力技能及供应	1	80	60	40
与公路网距离	1	50	60	40

续表

考虑因素	权重	A	B	C
与机场距离	1	20	60	70
未来扩张潜力	1	75	40	55
加权得分总计		585	580	605

2. 线性规划运输法

在运营网络中，往往有多个物料供应地与多个物料需求地。如何确定网络的流量，使总运输费用最低或利润最大？这一问题采用运输方法来解决最为恰当。运输问题是线性规划的特殊问题，往往用表上作业法来求解。这里使用 Excel 表格的规划求解功能解决。

问题描述：已知各个供应地的供货量、各个需求地的需求量，假定供应与需求是平衡的，又知从供应地至需求地的单位运输成本（或单位利润）。求从各个供应地至各个需求地，获得最小运输费用（或最大利润）的优化运输量。

下面举例说明采用 Excel 表格的求解过程。

【例 3-4】 已知从供应地 A、B、C、D 到需求地 E、F、G、H 的单位运费，供应地 A、B、C、D 的供应量（表中最右栏），以及需求地 E、F、G、H 的需求量（表中最后一行），如表 3-12 所示。供应地 D′ 的供应量也是 11，至各需求地的单位运费都是 50，试在 D、D′ 中选择一个供应地。

表 3-12 运输问题矩阵

供应地\单位运费\需求地	E	F	G	H	供应量
A	25	35	36	60	15
B	55	30	45	38	6
C	40	50	26	65	14
D	60	40	66	27	11
需求量	10	12	15	9	46

解 步骤如下。

① 进入 Excel，将从供应地至需求地的单位运费矩阵（B3：E6）及已知的需求量与供应量输入表格（见图 3-10（a）第 2 行至第 7 行）。

② 设定从供应地至需求地的运输量初始矩阵（B9：E12），如图 3-10 中第 8 行至第 13 行。要求该矩阵的行的和为供应量，列的和为需求量。

③ 将单位运费矩阵与运输量矩阵的对应元素相乘，求得从供应地至需求地的运费矩阵（B16：E19）；将运费矩阵各元素累加得到运营总运费 F20。

④ 在 Excel 工具菜单下，选择规划求解，填写规划求解参数。将运营总运费设定为目标单元格（最小），将初始运输量矩阵设定为可变单元格，设定约束条件为：运输量矩阵得出的供应量与需求量等于已知的供应量与需求量（按最大供应能力供应，满足需求），按【求解】按钮。

⑤ 得到求解结果，运输量矩阵发生了变化，如图 3-10（b）所示，总运费为 1293，为最小运费。对应的运输量矩阵为最优。

请读者运用上述 Excel 表格或线性规划运输方法软件自行完成该题的计算。

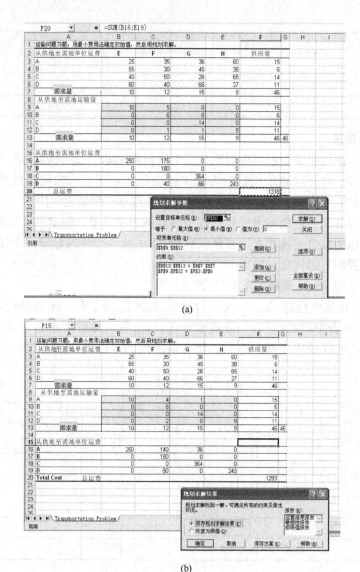

图 3-10 线性规划运输的 Excel 求解

思考：运用线性规划运输模型如何进行选址方案的选择？

3. 重心法

在运营网络中选择中转仓库或分销中心时，可采用简单的重心法确定地址。

寻找一个可以实现运输成本最小的地址时，需要考虑现有地址间的距离与现有地址运输数量。假定运出与运入成本相同，则现有地址的重心位置可帮助我们实现运输成本最小的满意方案。（读者可思考重心位置是否是运输成本最小的位置。）

确定重心的坐标位置，这一位置可以作为运营经理寻找新位置的起点。

$$C_x = \frac{\sum d_{ix} V_i}{\sum V_i}, \quad C_y = \frac{\sum d_{iy} V_i}{\sum V_i}$$

式中，C_x——重心的横坐标；
C_y——重心的纵坐标；
d_{ix}——第 i 个地址的横坐标；
d_{iy}——第 i 个地址的纵坐标；
V_i——第 i 个地址运入或运出的货物量。

【例 3-5】 三个汽车销售点 A、D、Q 的位置坐标如图 3-11 所示，三个汽车销售点的每月销售量如表 3-13 所示。试确定供应三个销售点的中心仓库的地址（仅考虑三个销售点的距离及每月的销售量）。

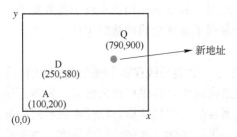

图 3-11 重心法举例

表 3-13 三个汽车销售点每月销售量

销售点	每月销售量
A	1 250
D	1 900
Q	2 300

解 步骤如下。
① 确定现有地址的坐标与货物量。
② 利用公式求解中心地址的坐标，得到中心仓库位置，如图 3-11 所示。

$$C_x = \frac{100 \times 1\ 250 + 250 \times 1\ 900 + 790 \times 2\ 300}{1\ 250 + 1\ 900 + 2\ 300} = \frac{2\ 417\ 000}{5\ 450} \approx 443.5$$

$$C_y = \frac{200 \times 1\ 250 + 580 \times 1\ 900 + 900 \times 2\ 300}{1\ 250 + 1\ 900 + 2\ 300} = \frac{3\ 422\ 000}{5\ 450} \approx 627.9$$

3.4.3 整体化供应网络

在信息化、经济全球化浪潮下，现代运营系统所面临的宏观环境发生了变化，运营系统往往呈现网络化形态。因此对运营系统的选址分析需要以网络化的观点，考虑所有与之相互作用的其他运营系统组成的大系统。整体供应网络对运营系统的卓越运营至关重要。

1. 整体供应网络的概念

以图 3-12 所示的某塑料家庭用品制造商的运营网络为例，说明整体供应网络的主要部分。

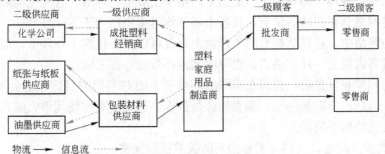

图 3-12 塑料家庭用品制造商运营网络

① 核心运营系统。提供产品/服务的中心运营系统。

② 网络的供应方。向核心运营直接提供产品/服务、信息的运营，通常称为一级供应商，一级供应商自身的供应又需要二级供应商、三级供应商等，各级供应商通称为网络的供应方。

③ 网络的需求方。核心运营向一级顾客提供产品/服务，一级顾客又为二级顾客服务，依此类推。核心运营也可能直接向最终顾客提供产品/服务，各级顾客通称为网络的需求方。

为了便于理解，现给出如下定义。

直接供应网络，是指与核心运营有直接联系的供应商与顾客的集合。整体供应网络，是指按顾客的顾客、供应商的供应商逻辑推演产生的与核心运营有关的全部运营组成的集合。

从战略角度看，将整体网络纳入公司的运营设计范围，有以下作用：有利于有效竞争，控制供应与销售渠道；有利于识别网络中最重要的环节；有利于实现公司的战略定位。

2. 整体网络战略决策

整体网络中的战略决策问题主要有：如何设计网络？公司运营系统在整个网络中占多大比重？

网络设计主要是改变网络的形式，如一些汽车制造商减少直接供应商的数目，发展系统供应商，从无序供应到有序供应。多数公司正致力于建立潜在的合格供应商，以便在需要时能够迅速获得关键物料与组件。对各级顾客还必须进行必要的分类，关注重要的大订单顾客，并充分关注对最终顾客的服务，很多公司通过互联网为供应商与顾客提供远程在线服务。

网络设计还包括网络中各部分的位置确定，主要是运营网络选址。运营系统在网络中的比重的确定策略主要有垂直整合策略和外包策略。

1) 垂直整合战略

垂直整合或纵向一体化是一个公司在其运营网络中增加所有权控制比例的行为。具体到单个产品/服务，垂直整合意味着公司决定是自己制造某一部件（或提供某一服务），还是直接从供应商处购买。垂直整合是纵向并购，要求从战略的角度评估收购供应商或经销商的可行性。

垂直整合的战略决策中应包括以下3个方面的内容。

(1) 垂直整合的方向

垂直整合可以向两个方向发展：向供应方扩张，称为向后或向上垂直整合，可根据顾客需求的波动进行批量调整，提高数量与交货柔性；向需求方扩张，称为向前或向下垂直整合，可增加产品/服务的柔性。

(2) 垂直整合的范围

确定了扩张的方向后就应确定整合的程度。有些公司想成为整合程度很高的公司，而有些公司有意避免扩张太大，只集中精力于核心业务，将非核心业务外包给专业公司去做。

(3) 整合后各个环节的平衡

平衡的网络中，各环节拥有的生产能力专门用于供应下一环节，且完全能满足下一环节的需求。充分平衡的网络具有简洁的优点，且各个环节均可集中精力于下一环节。

缺乏平衡的网络中，各环节拥有的生产能力不仅可以用于供应下一环节，而且可以供应网络其他环节；运营可以由上一环节供应，也可向其他环节或外部采购。

垂直整合的利弊非常复杂，公司在不同的环境下，面对不同的目标，也会采取不同的决策，但都要回答一个问题：特定条件下，垂直整合是否能够达到提高市场竞争力的目标？

垂直整合的优势如下所述。

① 容易追溯质量问题，公司与整合公司的关系更加紧密。

② 可提高网络内各运作系统的计划协调性，因此可加快网络中的物流与信息流。

③ 垂直整合可增进运营网络内部的沟通，交货期更有保障、更可靠。
④ 垂直整合后的公司更有可能技术领先，且不易被竞争者仿效。
⑤ 从长远看，垂直整合有助于平衡、利用生产能力。

垂直整合的劣势如下所述。
① 内部运作间缺乏市场竞争关系。运作系统缺乏竞争对手时，改善的积极性会降低。
② 垂直整合后，管理层的注意力容易分散。
③ 管理层不可能照顾到整个网络的所有环节，易出现官僚主义，某些环节的机会可能会丧失。
④ 管理层的错误可能会影响整个网络。

2）外包战略

外包（outsourcing）是指企业将主要精力放在关键核心业务上，培育自己的核心竞争力，充分发挥企业的优势，将企业中非核心业务活动的决策权移交给外部合作伙伴。外包战略是企业集中财务资源优势，发展核心业务，获得核心竞争能力所采取的明智的战略。外包战略往往与供应合作关系战略相联系。例如，20世纪末，作为原始设备制造商的HP、IBM等公司为了集中优势于所擅长的核心业务，将部分工厂卖给了自己的合同制造商，然后与这些专业制造商签订合同，使其成为自己的供应商，以建立精干高效的供应链。

外包战略应遵循的原则如下。
① 外包是企业实现某种战略的手段，应仔细审视企业具体情况，进行开放式调研。
② 考虑是否存在其他方法，如业务过程重组等，能比外包带来更大的收益。
③ 确定该项业务是否在公司的核心能力之内，将不在核心能力之内的业务纳入外包行列。
④ 考虑外包所产生的价值与可能获得的收益。
⑤ 外包可能会使公司丧失某些制造技术，但不能丧失核心技术。

为了降低物流投资，专注于企业核心能力，多数自营物流的企业转向了物流外包（logistics outsourcing），这是企业（甚至多家企业）将部分或全部的物流相关作业与规划委托专业物流公司办理的一种企业间合作分工经营管理模式。提供物流委托服务的专业物流公司被称为第三方物流公司。物流外包具有众多优点：第一，可以利用专业物流公司的物流网络与设施，提升产品市场可及性；第二，可以利用专业物流公司的能量，调节企业产销的尖离峰问题；第三，与专业物流公司合作，可以降低或分摊投资风险，开发市场商机；第四，可更快速、更精确、更有效地控管市场需求的响应；第五，依靠物流公司的信息系统，可以取得有用的产品/服务的市场信息，从而更有效地进入陌生与新兴市场；第六，提高公司的客户服务水平。

运营实践

山东农民把菜卖到了迪拜

一个把菜种到极致的山东农民，7年赚了1.2亿元，出现在了录取率只有4.07%的湖畔大学名单上，马云亲自给他授徽的照片还成了对外的宣传照。这个连马云都惊呼"碉堡"的农民就是浩丰食品的创始人马铁民。他没钱没人脉也没背景，却靠自己拿下了肯德基和必胜客全年的生菜供应权。

他的生菜可以适应全国各地的气候，全年365天无间断供应。如今每两片生菜中必定有一片半来自马铁民的基地。而且他除了生菜别的什么也不种，2012年的年销售就突破了4.8亿元，并把产量和技术一口气干到了亚洲第一，如今连公司都开到迪拜去了。

马铁民是山东莱西人，1999年刚大学毕业的他辗转来到青岛，在一家外资蔬菜企业做技术员。当时这家外资企业实行"公司+农户"的模式,企业为农户提供种子和种植标准,合格后才会回收,但农民并不相信这种模式,也懒得相信,他们只觉得规矩多得让人烦,于是偷工减料、以次充好,结果没两年公司就黄了。

马铁民东拼西凑了40万元,风风火火地干了起来。虽然生菜种出来了,但让马铁民没想到的是,首战就差点赔到喝西北风去!原来当他找到事前口头约定好的客户时,人家却表示货源充足,不要了,再打电话就直接挂断。马铁民急得像热锅上的蚂蚁,只能天不亮就去菜市场上吆喝,结果连一片菜叶子都没卖出去。天无绝人之路,这些普通老百姓看不上的生菜,机缘巧合下竟被肯德基的生菜采购员看上了,马铁民一下挣了10多万元。

肯德基的采购标准和流程相当严格,首先,生菜必须保证七成的成熟度,每一棵的重量要达400克以上,外观圆整,得像从一个模子里刻出来的,一刀下去,碎屑还要少,里边还得有明显的空隙。因为这种规定,肯德基的生菜采购员简直愁白了头,为了寻找一棵合格的生菜天天全国各地到处飞不说,而且国内没有一个种植基地能做到全部达标,全年供应那就更不用说了。这次马铁民借了100多万元,准备在内蒙古扩建基地,然而现实总是特别骨感,马铁民发现苗种上了,结果没有水灌溉,生菜差点旱死在地里!怎么办,赶紧打井吧,可打完井还是没水,一口井不行,再打一口,连着打了九口井全都没水,借来的100多万元所剩无几,马铁民急得一夜白了头。此时摆在马铁民面前的只有两条路:一是生菜苗全部旱死,破产倒闭;二是雇人挑水抗旱。马铁民义无反顾地选择了后者,可抗旱也是需要支付工人工钱的,100多万元倒腾没了,再去借钱谁也不给,无奈之下,他只能厚着脸皮回到老家向父母借钱。这次父母把老本都给掏了出来,拿到钱的"小马哥"马不停蹄地返回了内蒙古,把钱全部发给了工人,因此赢得了信任。到了2004年7月,马铁民终于种出了夏天里的生菜,而且经过肯德基的验收,生菜全部达标,马铁民的年收入整整翻了近100倍!

思考题:
1. 你如何看待肯德基的生菜外包模式?用外包理论加以解释。
2. 马铁民的成功关键在于生菜供应链吗?

(来源:创日报(ID:chuangribao). 这个山东农民年入4.8亿,把菜卖到了迪拜,被马云邀请进湖畔大学. 新财富商业模式. 2017-04-08)

3.5 产能规划

企业在运营过程中总会面临需求与供给的变化:顾客对产品/服务的需求可能会随时间存在季节性变化;设备技术的进步使得企业能够供应任意数量的产品/服务以满足顾客需求。然而,如何才能让顾客需求与企业生产能力相适应,使企业既能满足市场需求又能控制生产运作成本。这便是生产能力(简称:产能)规划所要解决的问题。

3.5.1 产能定义与测定

1. 产能

产能是设施、流程、工作站或设备等制造或服务资源在一定时间内完成其功能及目标的能力。产能可以通过单位时间内的最大产出或可用资源的时间量(设备工作小时数)进行衡量。例如,工厂每周生产的汽车数量和餐厅可用的餐桌数分别衡量了汽车厂与餐厅的产能。产能的大小由组织可获得的资源（如设施、设备、劳动力）、资源的组织方式及工作方法的效率决定。产能是流程或系统的最大产出率。

2. 产能测定

在多数情况下，企业的设备利用率均没有达到100％的水平，这可能是由于发生了设备故障、人员缺勤等无法避免的事件。需求与产能的关系因这些事件发生的变化如图3-13所示。为了应对这些不能预期的事件，组织会预先存储一定的产能，这部分产能就是安全产能，通常也叫做产能缓冲。平均安全产能由下式定义。

$$平均安全产能（\%）＝1－平均资源利用率（\%）$$

上式描述了一段时间内的资源利用情况。针对不同的设施或设备，平均安全产能可以是每周的也可以是每季度的。

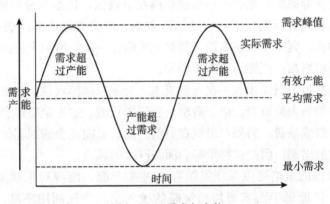

图3-13 需求与产能

$$资源利用率＝产出率/可利用的产能$$

资源利用率显示了资源繁忙的程度。可利用产能应小于资源的理想设计产能，可利用产能是有效产能。

产能也可以用设备可用的小时数衡量，如工件车间产能需求的估量需要考虑生产准备时间和工件的单位工时，公式如下。

$$所需产能（以小时数计）＝生产准备时间＋单位工时×计划订单数量$$

在实际中，能力不足时，还经常借助于库存来平衡产能与需求的矛盾。

3.5.2 产能决策

关键产能决策包含三个方面。首先要考虑产能是否可以提供新产品或新服务，并能够适应现有产品/服务变化的需求。其次要确定设备、设施或流程的产能有多大。最后还要决定何时扩充产能，何时调整产能，何时压缩产能。

产能决策通常会涉及短期决策和长期决策。短期产能决策一般包括人员数量和进度的调整。例如，增加节假日商店销售人员数量和安排赶制新促销产品的时间表；在排队系统中也涉及短期产能决策问题，往往通过短期产能决策来平衡服务能力与顾客等待时间，在排队过长时增加服务人员或服务窗口，没有排队时可适当关闭窗口。长期产能决策主要涉及投资，如企业预计几年后扩建原有设施、厂房等。

产能决策遵循系统化方法，可分为4个步骤。

① 估计未来产能需求及其变动性。

② 比较产能需求与可用产能，确定产能缺口。

③ 考虑多种场景，制订减少产能缺口的可选计划方案。

④ 定性与定量评估每一项可选计划方案，做出最终决策。定性的考虑是战略匹配及不确定性分析，定量分析可能关心现金流等多个量化指标。

1. 长期产能战略

长期产能战略必须与组织的营销战略、竞争战略相一致，针对何时、提供多少数量的何种产品/服务制定未来所要达到的产能。因此，长期产能战略需要考虑产能更新的时间、数量及形式。增加产能要考虑达到何等规模，是否可以形成规模经济效应，这是大量增加产能的经济性考虑。规模非经济效应不是管理者所期望的，应该加以避免。假设可以选择产能一次性增加或逐渐增加，并且需求稳定增长，则有4种基本的产能扩充策略：一次性增加大量产能；根据需求逐步增加产能；产能先于需求增加；产能迟于需求增加。

第一种扩充策略使组织只需投入一次固定成本，会带来规模效益，使成本得到了分摊；但也因此需要组织一次性筹集大量资金。由于需求是稳定增长的，这种策略还会使产能在一定时间内不能得到充分利用，造成浪费。另外，组织在更新产能后可能还会遇到其他诸如未预料到的产品和技术、政策等因素的出现，因此这种策略会面临巨大的风险。

产能先于需求增加的策略可以保证组织存在过量产能，能应对未预期的需求，但这同时也增加了运营成本。产能迟于需求增加的策略的投入少、产能利用率高，但组织总是在需求超过产能一定程度后再增加产能，因而导致了较低的顾客满意度，甚至会使组织永久失去某一市场。而第二种策略可以较好地平衡产能与需求的关系，但也可能会失去规模效益优势，增加交易成本。

2. 短期产能策略

组织通过投资设施设备实现长期的产能扩充。然而当短期内需求与产能不平衡时，组织可以通过以下方式调整产能。

① 从组织外部租赁设备，或将空闲设备出租、出售。

② 与合作组织共享设备设施，以能力分享，建立合作关系。

③ 通过加班、雇用临时工或外包等短期调整劳动力配置。

④ 招聘多技能工人，或对组织员工进行多技能培训、交叉培训，让组织能将员工分配至任一需求高峰的位置。

⑤ 在产品需求量低时储备库存，在服务需求低时处理其他工作，充分利用空闲时间。另外，组织也可以通过改变顾客需求实现产能与需求的平衡。改变产品/服务的价格，如在需求低迷时期进行价格促销，能够影响顾客需求的变动。一些服务场所会在设施忙碌时向顾客出示提示牌，建议顾客选择其他设施；繁忙的服务热线会为顾客播放其他自助服务的语音提示。预约是一种预先了解顾客需求的好方法，组织能够针对预约信息更好地安排设备和人员，实现与之匹配的产能。

⑥ 应用产出与约束分析方法。通过约束理论，发现能力约束，从解决"瓶颈"入手，调节产能。

3.5.3 约束理论

约束理论（theory of constraint，TOC）是缩短生产周期的方法，它聚焦于缩短周期以降低运营成本。约束理论不将资源耗费于提高制造全过程的效率和速度，而是将关注点集中于生产过程中的瓶颈或约束点。瓶颈限制了产品整个作业周期。提高瓶颈之前的作业效率是无用的，加快非约束性作业的速度和提高其效率会导致生产障碍和在制品滞压，而且会把关注点和资源从实际误工周期吸引过去。约束理论把关注点转向提高瓶颈因素的速度，以缩短生产周期。约束理论分析的步骤如表3-14所示。

表3-14 约束理论分析的步骤

第一步，确定约束因素
瓶颈是限制生产（低于市场需求量）的资源限量。利用生产流程图找出瓶颈。
第二步，在给定约束因素下寻找最盈利的产品组合
基于约束条件的允许空间，确定盈利最多的产品组合，进行产品组合决策。
第三步，通过约束因素分析，使生产流量最大化
① 通过约束因素分析，最大化生产流量。 ● 减少设备安装时间； ● 减少机器的调整次数； ● 关注完工效益而非效率。 ② 利用"鼓—缓冲区—绳"系统，维持适当数量的在制品（缓冲区），在给定提前订货点（绳）且仅当需要时（鼓）拉动原材料。 ③ 协调各种资源，在不引起产品积压的情况下，保持瓶颈生产的满负荷状态。
第四步，增加约束因素的产能
如果完工效益大于投入成本，则增加瓶颈的额外投资；相反，挖掘现存的生产能力，通过分析约束因素，使流程的生产率最大化。
第五步，重新设计制造流程，以缩短周期和增加柔性
考虑重新进行产品设计或制造流程设计，以提高产品产出量。

在瓶颈条件下，使生产流量最大化的方法有以下几种。
① 过程简化：
● 简化产品设计。
● 简化生产过程。
② 减少有碍生产流量的次品原材料对瓶颈的影响。
③ 机器安装时间的减少。
④ 预先未安排的、非增值作业等引起其他延误的减少。
⑤ 消除对运营功能无助的所有作业，以简化约束因素。

案 例

南方旅游汽车公司的选址决策

20世纪90年代的那年10月，密苏里州圣路易斯的南方旅游汽车公司的最高管理部门宣布，公司准备将其生产和装配业务移至密西西比州的瑞支克莱斯特。作为小吨位野营车和野营拖车的主要生产厂家，该公司由于急速上涨的生产成本，连续5年出现利润滑坡。劳动力和原材料费用涨幅惊人，行政管理费用直线上升，税收和交通运输费用也逐步上升。该公司尽管销售量在不断扩大，仍然遭受了自20世纪70年代投产以来的第一次净亏损。

当管理部门最初考虑迁厂时，曾仔细视察了几个地区。对迁厂至关重要的影响因素有以下这些：完备的交通设施，所在州、市的税收结构，充足的劳动力资源，积极的社会态度，合理的选址成本和金融吸引力。曾有几个地区提供了基本相同的优越条件，该公司的最高管理部门却被密西西比电力照明公司力图吸引"清洁、劳动密集型"工业的计划所吸引，也为州政府和地方政府官员的热情所打动。

直到正式公布两周前，南方旅游汽车的最高管理部门才将其迁厂计划确定下来。瑞支克莱斯特工业区的一座现有建筑被选作新厂址（该址原为一家活动房屋制造厂，因资金不足和管理不善而破产）。通过州政府的就业部开始招募工人，而公司出租或拍卖其在圣路易斯的产权的计划也已提出。密西西比州吸引南方旅游汽车公司在瑞支克莱斯特建厂的条件如下：免收5年的国家和市政税收；免费使用供水和排水系统；在工业区再建一个装货码头（免收成本费）；同意发行50万美元工业债券，以备未来扩展之用；由公共财政资助在地方工商学院培训工人。

除这些条件以外，还有许多其他关键因素。劳动力费用远低于圣路易斯，工会组织力量也比圣路易斯弱（密西西比州禁止强行要求工人加入工会）；公共设施费用和税率处于中等水平。总之，南方旅游汽车公司的管理部门认为自己的决策是明智的。

10月15日，每个员工的电子邮箱里出现了以下通知。
TO：南方旅游汽车公司雇员
FROM：格莱德·奥伯安（总裁）
南方旅游汽车公司遗憾地宣布，公司计划将在12月31日停止在圣路易斯的生产，由于生产费用的增加和工会提出的不合理要求，本公司已无法获利。我衷心地感谢各位在过去几年中为公司提供的优良服务，如果我能够帮助你们在其他公司找到合适的工作，请通知我，再次感谢你们的合作和过去的工作。

讨论题：
评价公司迁址的理由是否合理。公司迁址会面临什么困难及挑战？你会做出相同的决策吗？
（资料来源：张群.生产运作管理.2版.北京：机械工业出版社，2008：77.）

习题及思考题

1. 试述设施布置的一般决策过程。
2. 基本布置类型有哪些？调查某企业，说明它采用了哪些类型布置，分析其优缺点。
3. 如何进行工艺布置详细设计？说明系统化布置规划的方法。
4. 简述单元布置详细设计方法。
5. 如何进行生产线/装配线平衡？结合实际举例说明。
6. 某制造公司有一个自动控制的柔性生产系统，依靠5个机器人来组装产品。5个机器人必须完成下列作业，完成作业的时间及紧前作业如表3-15所示。
   (1) 画出作业网络图。
   (2) 如果在5个工作站的装配线上5个机器人全部充分投入使用，理论上的最小目标节拍是多少？
   (3) 如果将12个作业分派至5个工作站，如何分派使效率最高？
   (4) 计算平衡效率与损失。

表 3-15 完成作业的时间及紧前作业

作业	时间/s	紧前作业	作业	时间/s	紧前作业
A	10	无	G	27	B
B	24	无	H	9	E
C	17	A	I	20	F, G
D	49	A	J	23	D, H, I
E	12	C	K	36	I
F	14	C	L	18	J, K

7. 在 Excel 表格中制作重心法与线性规划法选址的计算模板。
8. 垂直整合战略与外包战略各有什么优缺点？你认为它们分别适合哪些类型的企业？
9. 以实例说明某企业选址所考虑的因素。
10. 思考如何运用盈亏平衡分析法进行外包决策与选址决策。
（1）外包决策问题。山东机器厂六分厂生产销往全球的汽车零部件，零部件包装箱选择自己制造还是外包给供应商呢？已知下列数据，请帮助其做出决策：外包成本每件 7.5 元，当年需求件数受国际经济状况的影响，对需求量的估计如表 3-16 所示。如果公司自己生产，每年的固定成本为 8 万元（厂房、模型机的购买等），可变成本估计是每件 6.2 元。

表 3-16 对需求量的估计

需求量/件	20 000	30 000	40 000	50 000	60 000
可能性/%	10	30	30	20	10

（2）选址问题。某公司新建工厂的选址经过各种考察认证后得到四个可选方案，其固定成本和可变成本如表 3-17 所示。试确定年产量为 8 万～10 万台及 14 万台以上时的最低成本选址方案。

表 3-17 固定成本和可变成本

方案	固定成本/万元	可变成本/(元/台)
A	250	11
B	100	30
C	150	20
D	200	35

11. 说明运用线性规划运输模型进行选址决策的步骤。
12. 运营经理进行选址规划的一般步骤有哪些？
13. 什么叫产能利用率？什么叫安全产能？
14. 在运营设施布置选址规划中是否要考虑生产能力问题？为什么？
15. 试对常见的产能扩张策略进行分析。
16. 短期运营能力决策与长期运营能力决策有何不同？
17. 就高速公路收费站的服务展开讨论，说明如何通过调整服务能力或调节需求来有效管理，提升服务质量。

第 4 章

工作设计

【本章要点】
- 工作设计的决策要素；
- 工作设计实践中的管理思想；
- 团队作业；
- 作业研究；
- 现代企业工作设计原则。

引 例

大润发的强悍执行力根基

有人说，大润发一流团队、一流市场运作、一流管理成就了零售传奇。这里重点说一下一流的团队与运作管理。因为这涉及运营中的人力资源问题。

任何事情要成功，没有一支出色的团队是无法办到的。在团队打造上，大润发可以说是极为出色：超强的学习力、超强的执行力、超强的培训力。

大润发在进军零售业的过程中，和业内知名的零售连锁巨头欧尚达成了合作。大润发内部员工多次去欧尚学习，甚至一度欧尚都感慨，多年沉淀的零售知识都被大润发学习光了，从此可以看出大润发学习劲头有多大。

一个曾在大润发担任过店长的业内资深人士表示，大润发的业绩考核极其严格，在大润发担任店长，如果年初承诺的目标在年底没有实现，将毫无条件地下课；对于制定的目标，要无条件地去实现。

像所有著名企业一样，大润发极其重视培训。无论是对于管培生，还是其他员工，都有着独特的培训体系。特别是其对管培生的培训，可谓下足了力气，对于进入企业储备人才团队的管培生，大润发有着超过9个月的系统培训。这个系统的培训体系也堪称企业队伍打造的超强"兵工厂"，能迅速实现员工战斗力的打造、优秀骨干的培养及能力提升。

标准化、规范化运作是最见企业功力的地方。经过多年的系统运作，大润发构建了一套完整的、超强的运作体系及运作手册。大润发最内核的"机密"是行业里流传的"葵花宝典"——标准作业程序（SOP），他们叫"营运人员规范手册"。这个规范手册在公司计算机里，时时更新。

营运规范是有保密权限的，员工用本部门的密码只能看到本部门的规范，而且公司也一直宣导营运规范要保密,不能打印只能看。单单卫生一项,就足以让人"抓狂"。卖场每天上万客流,但地板干净得没有一点污渍。这一切都源于:定期维护,深度保养,单单地面砖要打磨十几、二十几遍。卫生间门口贴着检查表,从7:30到22:30,每个小时都要对5项内容检查填表,保洁主管和顾客服务主管要分别打钩。

在管理方面,"响应速度快,不官僚,不以人的意志为核心,以系统为核心,系统大于一切。"这或许是大润发最难被复制的地方。

思考题:
1. 大润发的一流团队对大润发的管理模式有何贡献?
2. 大润发的标准化管理工作是如何设计的?你认为这对整体绩效有贡献吗?

(来源:于建民. 商业领军. 新财富商业模式微文,2017-04-03)

人力资源是企业最大的财富。运营职能部门是企业人力资源最为集中的地方。工作设计是运营系统人力资源活动的核心。本节首先讨论工作设计中的决策要素和工作设计实践中的重要管理思想,然后介绍科学管理时期的方法研究、作业测定,最后讨论现代企业工作设计的原则。

4.1 工作设计中的决策要素

工作设计(job design)是在组织设置中标明个体或群体的工作活动的功能,其目标是满足组织的需求,满足工作者自身特定的需求。工作设计中要考虑的决策要素,如图4-1所示。

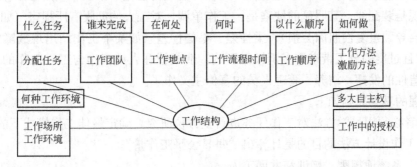

图4-1 工作设计中的决策要素

4.2 工作设计实践中的管理思想

图4-2简略地列示了工作设计实践中管理思想的发展史,代表了不同时期的主流设计思想与方法,但它们并不是相互取代的关系,在当今的工作设计实践中都不同程度地使用了这些方法。

1. 劳动分工与科学管理

1746年亚当·斯密在《国富论》中提出劳动分工原理,将整体工作分解为许多可以由一个人单独完成的更小的组成部分。1911年,泰勒在《科学管理》中阐述了"制度化管理理论",强调专业化分工,把企业的经营过程分解为最简单、最基本的工序,这样工人只需重复一种简单工

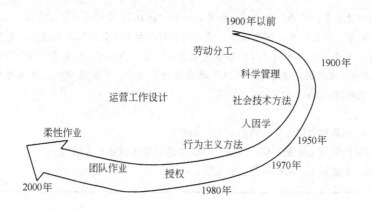

图 4-2 工作设计实践中管理思想的发展

作,熟练程度大大提高,同时对各个经营过程实施严格控制。专业化分工之所以能够提高劳动效率,在于通过分工使劳动者成为某一方面的专家,使处理某一问题的单位效率提高。为了能保持对专业化分工后的职能部门进行有效管理、协调和控制,企业的组织使用等级机制,其特点是多职能部门、多层次、严格的登记制度,从最高管理者到最基层的员工形成了一个等级森严的"金字塔"形的组织体系。劳动分工与科学管理理论在 20 世纪被两大汽车"巨人"发展,亨利·福特将其用于福特公司的汽车生产,形成了汽车流水作业线,使生产效率倍增;阿尔弗雷德·斯隆将其用于通用汽车公司的组织经营管理,形成了层层上报的金字塔式组织结构。

专业化分工能够加快员工的学习过程,更容易实现自动化,减少非生产性工作,在生产过程中的具体体现是装配线。其明显的缺陷是:工作单调、对工人的健康有所损害(如过度使用身体的某一部分会导致重复性肌肉劳损)、柔性差、稳健性差(如某个工作站出现故障时会影响整个运营系统),且过度的分工带来许多消极的影响,造成管理人员工作与工人工作的彻底分离,妨碍了工人创造性的发挥,培养了管理人员的官僚主义作风。

科学管理的基本原则如下。

① 管理者必须用科学方法对工作任务进行全方位研究,确定最佳工作模式下的规则、程序。
② 研究工作设计方法的目的是计算出"每日公平工作量"。
③ 科学、系统地招聘、培训和发展工人。
④ 管理者进行工作设计,工人按设计好的标准完成工作。
⑤ 管理部门和工人必须在双方共同达到最大成功的基础上进行密切合作。

科学管理的基本特征是详尽的分析和系统的考察。尽管没有特别的理论依据,得出的结论似乎过于琐碎,不足挂齿,但它有自己的一套系统的方法:工作必需的作业通过系统的分析得出。科学管理的工作设计仍然是现代运营工作设计的基础。

尽管泰勒的科学管理有极大的影响力,但却没有给人留下好的印象,泰勒的过错在于宣称在制造和搬运物料工作中没有"技术"。他指出,所有这类工作都是一样的,都可以分解成一系列无需技术的操作,然后再合起来组成一项工作。知识和服务性工作最终也会变成与制造和搬运物料工作一样,即"只是做工而已"。知识与服务性工作者的范围相当广泛,从科学家、外科医生、打字员到商店经理,周六快餐店打工者、洗碗工、守门人、数据录入人员也属于此。对于某些知识和服务性工作,绩效意味着质量。例如对于科学家来说,成果的数量远不及质量重要。绝大多数知识和服务性工作绩效体现了质量和数量的结合。此时,除了要问"工作是什么"之外,还需要对操作过程进行分析，定义标准并将其纳入工作程序。

当年泰勒研究铲沙动作时，唯一要考虑的问题只是"它是怎样完成的"。在研究提高知识和服务性工作生产率时的第一个问题却要变成"任务是什么""要达到什么目标""究竟为什么要做这项工作"。把任务定义好，尤其是清除那些不必要的工作，是提高生产率最简单同时也是最有效的途径。另外，管理人员应当同工人培养一种伙伴关系，才能做到泰勒所言的"聪明地工作"。工人对自己工作的了解是提高生产率、质量和绩效的基础。"聪明地工作"要求工人必须持续不断地学习，接受培训。培训的最大好处不是学习新的东西，而是怎样把已经做得很好的工作做得更好。当然，知识和服务性工作者在教会别人的过程中可以学到更多的东西。因此，提高生产率的工作设计并不仅仅是任务的专业化或者单纯的新技术运用。定义任务、专注于任务、定义绩效及管理者与工人的和谐的伙伴关系才是推动生产率增长的工作设计方法。

2. 社会技术理论

在工作设计中应该把技术因素与人的行为、心理因素结合起来考虑。心理学可以帮助了解人、人与环境及任何管理系统的互动。任何一个生产运营系统都包括两个子系统：技术子系统和社会子系统。只强调其中的一个而忽略另一个，就有可能导致整个系统效率低下，应该把生产运营组织看作一个社会技术系统，既具有社会复杂性，又具有技术复杂性。人与机器、人与技术等的结合不仅决定着系统的经济效益，还决定着人对工作的满意程度。这在现代运营工作设计中，仍具有重要的意义。工作设计中应强调整个工作系统的工作方式，强调人机系统的协调，强调人与技术的统一。上海通用汽车公司特别注重人与先进的柔性生产线的统一，公司制造总监认为："国内大的合资汽车企业都可以把国外先进的生产线拿到国内来。如何把这些硬件通过软性系统，特别是通过操作它们的人来发挥更高的效率，使员工从知识结构、思维方式和工作态度上能够适应这种现代化的生产，这是制造业需要面对的问题。"

作为管理者，应该认识到人具有参加社会交往的需要，有被爱和受尊重的需要，认识到学习是人类天生的特性，也是创新的源头。人与人之间存在差异，学习方式不同，性格、爱好不同。管理者应培养人的天生资质，使人的潜在能力得以发挥。

被尊称为"品质之神"的戴明告诫管理者，员工表现差异的主要原因是系统造成的，管理者应首先分辨出产生波动的系统原因，强行引入员工间的竞争只会导致冲突，系统不会得到改善。所以，面对复杂的社会技术系统，管理者不能采取过分简单的方法，应学会从不同的角度思考问题。

3. 人因工程学

人因工程学主要关心工作设计中生理学方面的内容，考虑工作场所及作业区的环境因素对员工的身心影响。

工作场所的设计，应考虑到人体测量因素、神经学因素等，应充分认识到工作场所可以影响工作绩效，应考虑工作场所如何使员工消除疲劳，避免受到身心损害。

工作环境设计应当符合各国政府制定的劳动场所工作条件的职业健康安全法规，主要考虑工作温度、照明水平、噪声水平、工作地各种粉尘等。要测定环境因素，采取相应的劳动保护措施。

近年来在写字楼中工作的人员越来越多，人因工程学的原则也应用到办公室类型的工作中，主要关注办公设备的辐射、噪声及办公设备与桌椅、照明的合理设计与布置。

在现代运营系统工作设计中，运用人因工程学的原则与方法，对于保护员工的身心健康，提高员工生活质量，激发创造力，提高工作效率，提高运营系统的获利能力等具有重要意义。

4. 行为主义方法

在工作设计中考虑人的工作动机，满足员工经济、社会及各种特殊的个人需要，为员工提供事业发展的舞台，提高生活质量，同时运用更多的激励方式，如目标激励、尊重激励、参与激励、关心激励等。工作设计的行为主义方法采用的主要方式有下述几种。

（1）工作的扩展

在原有工作的基础上适当扩展，使员工有更多的工作可做。通常扩展的工作同原先的工作具有很大的相似性，因此会产生较高的效率。因员工的工作内容得以增加，相应地就要求员工掌握更多的知识和技能，从而提高员工的工作兴趣，使工作具有更大的挑战性，提高了员工的工作满意度和工作质量。

（2）工作的轮换

为避免对工作的厌烦感而定期把员工从一个岗位换到另一个岗位。定期岗位轮换的好处是：使员工保持工作兴趣；为员工提供发展的前景，确定个人优势与特长；增加对个人及他人工作成果的认识，丰富个人经历；使员工成为多面手。这种方法使员工具有更强的适应能力，能够迎接更大的挑战。员工从事一个新的工作，往往具有新鲜感，从而激励员工做出更大的努力。同时，工作轮换可使员工体验其他部门的工作，便于理解其他部门的工作，更加主动地协作，也便于理解整个工作的系统过程。日本企业广泛实行工作轮换，对管理人员的培养发挥了很大的作用。华为公司实行职务轮换与专长培养制度，他们对中高级主管实行职务轮换政策，没有周边工作经验的人，不能担任部门主管；没有基层工作经验的人，不能担任科级以上干部。

（3）工作丰富化

将公司的使命与员工对工作的满意度联系起来，以员工为中心进行工作再设计，对工作内容和责任层次进行纵向深化。其理论基础是赫茨伯格（F. Herzberg）的内在激励-外在保健双因素理论：内在工作因素（如成就感、信任与赞赏、责任感、工作兴趣、发展前景、升迁机会等）是潜在的满意因素，外在工作因素（如企业政策、监督、人际关系、工资、工作条件、安全感）是潜在的不满意因素，满足感与不满足感不是对立面，而是两个范围。改进外在因素（如增加工资）可能降低不满足感，但不会产生满足感，唯一使员工感到满足的是工作本身的内在因素，因此可以通过鼓励员工参与对其工作的再设计，改善工作本身的内在因素，提高员工的满意度，进而提高生产率。

实现工作的丰富化需要赋予员工一定的工作自主权，增强其责任感；需要让员工及时了解工作目标及环境变化，了解团队成员的需求；需要为员工提供学习、培训的机会，满足员工成长和发展的需要。通过提高员工的责任心和决策的自主权，来提高其工作的成就感。注意外在的奖励应有助于内在激励，外在奖励如果使用不当，如将员工业绩排队、论功行赏，则会打击士气，产生冲突与不满，对团队造成损害，团队绩效并不能提高。

图4-3是一个典型的行为主义工作设计模型。为了获得工作的技能多样性、任务的同质性与重要性、工作的自主与反馈等核心特征，可以采取多种工作设计技术。

① 组合工作任务。尽可能把独立的和不同的工作组合成一个整体。

② 形成自然的工作单元。可以根据地理位置、产品、生产线、业务或目标顾客来划分工作单元。

③ 建立良好的客户关系。让员工与其内部顾客直接联系，而不是通过主管。这样可更好地了解顾客的需求与顾客的判定标准。

④ 纵向加载任务。将任务及附带的间接任务（如维修、工作进度计划与日常管理等）都分

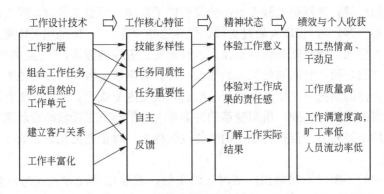

图4-3 一个典型的行为主义工作设计模型

配给同一员工,提高工作单元的计划与控制能力。

⑤ 增加信息反馈渠道。尽可能向员工提供绩效信息的反馈,如成本、产量、质量、顾客抱怨等。

5. 授权

授权是在行为主义工作设计的基础上发展起来的。授权的基础是工作自主,并赋予工人改变工作本身及完成工作的方式的权力。管理者要求员工参与工作,授予员工设计自己工作的权力,有时还要求员工参与到运营系统的战略决策中来,并承担相应的责任。

授权并不是不需要领导,不是放任自流,不是"让每个人都当老板"。相反,真正的授权需要目标明确、指导性强的强势领导,授权模式更多地依赖权力的影响,而不是靠直接的命令。授权模式基于相互的尊重,通过有效的沟通技巧加强领导,同时又兼顾了员工个人的追求与自由的天性。员工只有得到了充分的尊重与理解,积极性与创造性才能充分地发挥出来。

授权式工作设计可以提高决策的质量与速度,增强灵活性,适合差异化、定制化的运营战略,能够照顾到顾客的不同需要,有利于与顾客建立长期的关系。可通过授权模式解决动态商业环境中的复杂问题与非程序化的问题。通过授权,借助于员工的灵活性与智慧对持续变化的、难以预测的环境做出及时的反应。授权对员工的素质要求较高,要想实现有效授权,必须建设一支对工作高度负责、充满主动精神的高素质员工队伍。通过授权激励他们克服一切困难,发挥其全部潜能,实现组织目标。表4-1比较了授权式工作设计与非授权式工作设计。

表4-1 授权式工作设计与非授权式工作设计

影响因素	非授权式工作设计	授权式工作设计
基本经营战略	低成本,大批量	差异化,定制
与顾客间关系	交易关系,维持时间短	长期关系
技术	简单,程序化	复杂,非程序化
经营环境	可预测,意外情况少	难以预测,意外情况经常出现
员工类型	经理独裁专断;员工具有很低的发展要求、很差的社会交往能力	员工素质高,具有很高的发展要求、很强的社会交往能力

聪明的管理者通过合理分配决策权限,将授权作为一种自然而有效的方式来激励员工。员工参与到企业运营中就能产生无尽的创意,管理者就能够游刃有余地应对复杂局面。上海通用汽车公司制造运营系统实行了充分的授权,授权有利于员工不断地改进工作。在通用,员工能够体会

到不断改进工作的乐趣。管理很大程度上由他律变成了自律,即自主管理。线上的工人在某种意义上就是管理者的"客户"。管理者通过支持、指导这些"客户",使他们工作更安全,质量和效率更高,整体成本更低。授权就是给员工注入一种诱发创造性的激素,"这是激励创造性的体制,是一种不容易看到的东西。它能够使工人始终以一种充满热情的方式来重复他的工作,使他们能够在体力强度能支撑的情况下,依然愿意开动脑筋来改变这个流程,使工作更有创造性。"

普华永道的咨询顾问注意到:组织变革的许多重大举措与员工授权结合起来才会收到持久的效果。企业领导越是强有力,授权所取得的效益也就越大,对企业文化的影响也越深远。

6. 柔性作业

随着信息技术的不断发展和知识经济时代的来临,柔性化管理方式成为企业管理的重要趋势。柔性管理对立于刚性管理,刚性管理以规章制度为中心,凭借制度约束、纪律监督、奖惩规则等手段对企业员工进行管理,这是科学管理的泰勒管理模式。柔性管理则是以人为中心,依据企业的共同价值观和文化、精神氛围进行人格化管理,它是在研究人的心理和行为规律的基础上,采用非强制性方式,在员工心目中产生一种潜在的说服力,从而把组织意志变为个人的自觉行动。

柔性管理的最大特点:在于它主要不是依靠外力(如上级的发号施令),而是依靠人性解放、权利平等、民主管理,从内心深处激发每个员工的内在潜力、主动性和创造精神,使他们能心情舒畅、不遗余力地为企业不断开拓新的优良业绩,成为企业在全球市场竞争中取得竞争优势的力量源泉。

柔性管理思想用于工作设计,设计柔性作业,实现柔性运营。柔性作业的设计原则如下。

① 柔性作业的设计应有利于激发员工创造性,激发员工的隐性知识向显性知识转化。知识根据其存在形式,可分为显性知识和隐性知识,前者主要是指以专利、科学发明和特殊技术等形式存在的知识,后者则是员工的创造性知识、思想的体现。显性知识人所共知,而隐性知识只存在于员工的头脑中,难以掌握和控制。要让员工自觉、自愿地将自己的知识、思想奉献给企业,实现知识共享,需要靠柔性管理与柔性作业。

② 柔性作业的设计应有利于适应瞬息万变的外部经营环境。知识经济时代是信息爆炸的时代,外部环境的易变性与复杂性一方面要求运营经理必须整合各类专业人员的智慧,另一方面又要求运营决策快速做出,作业快速运行。柔性作业的设计能提高企业的反应能力,使企业能够迅速捕捉市场机会。

③ 柔性作业的设计应有利于满足柔性生产的需要。在知识经济时代,人们的消费观念、消费习惯和审美情趣也处在不断的变化之中,这就要求满足顾客个性化需求,针对柔性化生产的需求进行柔性的工作设计。

④ 柔性作业的设计应适应网络化组织及分布式网络化信息系统的需求。科学管理时代的金字塔形结构的层级组织层次过多,传递信息的渠道单一而且过长,反应迟缓;各职能部门间相互隔离,信息流动受边界的限制,上下级之间的信息传递常常扭曲、失真。按照这一组织架构,在某一组织机构中有固定位置的人只能在该位置上执行固定的职能,管理模式是刚性的,不能适应面向顾客的企业运营战略的需要,必须建立网络化的组织管理模式,进行相应的柔性作业的设计。

柔性作业有三个重要的方面,分别是技能柔性、时间柔性和地点柔性。

技能柔性是指员工队伍的多技能化有利于柔性化运营系统,要求企业重视知识管理,重视对员工的培训,建立学习型组织。相应地,企业薪酬系统应重视员工技能,而不是单纯地根据输出数量的多少来决定薪酬的高低，因为多技能的员工可根据企业环境变化的需要调换到其他岗位，多技能的员工适应这一岗位未来的智能化与信息化的需求，多技能的员工在生产过程出现瓶颈现象时可以被转到生产过程的其他环节工作，保证生产顺利进行。由此看来，多技能员工具有的价值是单一技能员工所无法比拟的。

时间柔性是指使员工的供应与工作的需求相互匹配。这类系统可能为每一位员工确定一个核心工作时间段，其他时间则由员工灵活支配。

地点柔性是指利用网络化信息系统提供的支持，许多工作可实行远程作业，建立"虚拟办公室"，在任何地点都可以工作。

4.3 团队作业

蚂蚁的世界一直为人类学与社会学学者所关注，有人发现：蚂蚁找到目标食物后，如果有两只蚂蚁，它们会分别走两条路线回到巢穴，边走边释放出一种它们自己才能识别的化学激素做记号，先回到巢穴者会释放更重的气味，这样同伴就会走最近的路线去搬运食物。蚂蚁搬食物往回走时，碰到下一只蚂蚁，会把食物交给它，自己再回头；碰到上游的蚂蚁时，将食物接过来，再交给下一只蚂蚁，形成连接紧密的过程链。它们在工作场合的自组织能力特别强，不需要监督就可以形成一个很好的团队而有条不紊地完成工作任务。一个弱势个体可以组成整体高效运作的团队，同时又具备快速灵活的团队运营能力。蚁群效应给我们研究团队作业带来了一些启示。

团队作业是指由一个小组集体完成一项确定的工作任务，并对完成该工作的具体方式具有很大的自主决定权。团队控制着许多与工作有关的活动：集成化产品设计与开发、任务分配、进度安排、质量测定与改善，甚至成员招募等。团队不同于群体性活动，如候车室里的顾客、旅行团等。团队作业模式日渐普及，如跨职能产品设计团队、质量改善团队、作业改善团队、项目团队、顾客（或供应商）团队等。

产品设计团队与质量改善团队都属于解决问题式的团队（problem solving teams），这种团队是一种非正式组织，成员可以来自跨职能的部门或一个部门内的不同班组。产品设计团队是为了快速响应顾客需求，实现最佳设计，不断推出新产品而组建的。质量改善团队成员定期会面，研究和解决运营系统的质量问题，提出具体建议，在部门内加以解决。日本的 QC 小组就是这种团队的雏形，小组成员自愿加入小组，定期研究生产中遇到的质量问题，提出质量改善建议，供管理部门决策实施。

项目团队具有明确的目的，如某项新产品的开发、某套生产线的引进、企业 ERP 的安装实施、某一投资项目的评估等。在这种团队中，其成员既有一般员工、各类技术人员，又有各部门的管理人员。团队按照项目进行组织、计划与管理，项目完成则团队解散。

团队工作制应该是自我管理式的。团队小组共同完成一项相对完整的工作，小组成员自己决定任务分配方式和任务轮换，自己承担管理责任，诸如制订工作进度计划（人员安排、轮休等）、采购计划，甚至临时工雇用计划，决定团队工作方式等。在团队工作中，应给予员工适度的授权，将决策的权力和责任一层层下放，直至每一个员工。

团队的重要组成因素如下。

① 合作共事的目的要明确。

② 相互依存。为达到目标，需要借鉴同事、上司的经验、能力、权限等。
③ 成员的合作意识。合作共事比独立工作更能有效地做出决策，每个人所做的工作是过程链上的一环。
④ 责任意识。团队成员愿意承担相应的责任。
⑤ 参与意识。团队成员不仅要具有技术技能，还要具有社会技能，要加强成员间非正式的、交互式的沟通，加强人际互动，培养积极主动的参与意识。

一个好的团队应具有：团队中充满创造精神与创新活动；尽管团队成员背景不同，但充满平等的气氛；时刻向优秀与高质量努力；不同性格的人的良好组合；鼓励团队成员参与等特征。

团队作业具有许多优点：可以提高生产率，做到群策群力；可以提高激励水平与柔性；可以提高质量水平并鼓励创新；可以建立良好的工作氛围，团队成员互相依靠，沟通得到加强；便于在工作场所实施技术革新；为员工提供发展机会，提高自身价值，增强员工对工作的满意度，使之做出更大的贡献。

有效的团队需要整合团队成员的努力。团队管理中容易出现一些问题，如果得不到解决就会降低团队的效能。较普遍的问题有：将适合个人完成的工作交给团队处理；团队成员不能清晰理解团队的绩效目标，不能做出充分的承诺，不愿意承担责任；团队中的培训不够充分；因为团队中存在不同的意见，而确定了折中的解决方案；因为团队达成共识需要时间，因而造成团队的决断力差，反应速度缓慢。

4.4 作业研究

作业研究是方法研究、作业测定等技术的统称。作业研究考察各种情境下的人工作业，系统地研究影响考察对象的工作效率和经济性的所有因素，从而揭示出改善途径。方法研究主要是确定工作中使用的操作方法与操作活动；作业测定通过一系列技术确定完成一项工作所需的时间。

1. 方法研究

方法研究是指对现行的和公认的工作方法进行系统的记录和批判性的考察，设计和实施更便捷、更有效、成本更低的新方法。下面说明方法研究的主要步骤。

（1）选择研究作业

运营管理人员每天遇到的问题多种多样，同时作业研究的范围也是极为广泛的，这就有一个如何选择合适的作业研究对象的问题。一般来说，研究对象主要集中在系统的关键环节、薄弱环节，或带有普遍性的问题，或从实施角度容易开展、见效的方面。因此，应该选择效率不高、成本耗费较大、急需改善的工作作为研究对象。研究对象可以是一个运营系统全部，或者是某一局部，如生产线中的某一工序、某些工作岗位，甚至某些操作人员的具体动作、时间标准等。

尽管作业研究的目标是提高劳动生产率或效率，但确定了研究对象之后还需规定具体的研究目标。这些目标包括：减少作业所需时间；节约生产中的物料消耗；提高产品质量的稳定性；增强职工的工作安全性，改善工作环境与条件；改善职工的操作，减少劳动疲劳；提高职工对工作的兴趣和积极性等。

（2）记录现行方法

将现在采用的工作方法或工作过程如实、详细地记录下来，可借助于各类专用表格技术，动作与时间研究还可借助于录像带或电影胶片。尽管方法各异，但都是作业研究的基础，而且记录的详尽、正确程度直接影响着下一步对原始记录资料的分析。现在有不少规范性很强的专用图表工具，它们能够帮助作业研究人员准确、迅速、方便地记录要研究的事实，为分析这些事实提供标准的表达形式和语言基础。

(3) 核查事实

核查事实的任务是对现行工作方法进行彻底深入的考察，详细分析现行工作方法中的每一个步骤和每一个动作是否必要，顺序是否合理，哪些可以去掉，哪些需要改变。这一工作往往通过"5W1H"询问技术来进行，找出现行工作方法背后的理由，进而发现工作中的弱点，开发新的替代方法。询问的问题主要涉及作业目的、发生地点、发生次序、作业人员、作业方法。

对作业流程的研究借助于作业流程图。通过对作业流程图的分析，可消除、合并某些步骤，缩短运输距离，确定延迟环节，进而设计出新的方案。

(4) 建立新方法，取消、组合部分作业，改变作业顺序，简化作业

这是作业研究的核心内容之一。建立新的改进方法可以在现有工作方法及现有作业流程分析的基础上，通过"取消-合并-重排-简化"四项技术形成对现有工作方法的改进。

① 取消所有不必要的工作、步骤或动作；减少工作中的随机性，如确定工件、工具的固定存放地，形成习惯性动作；取消工作中的一切怠工与闲置时间。

② 合并。如果工作不能取消，则考虑是否应与其他工作合并。将多个方向突变的动作合并，形成一个方向的连续动作；实现工具的合并、控制的合并与动作的合并。

③ 重排。重新排列工作的顺序。

④ 简化。简化工作内容、步骤和动作。

(5) 实施新方法并定期维护

作业研究成果的实施可能比对工作的研究本身要难得多，尤其是这种变化在一开始还不被人了解，而且改变了人们多年的习惯时，作业研究新方法的推广会更加困难。因此，实施过程要认真做好宣传、试点工作，做好各类人员的培训工作，对实施过程进行项目管理，并且重视对新方法实施效果的定期监测、维护与评价。

评价新方法的优劣可从经济价值、安全程度和管理方便程度等几个方面来考虑。

2. 作业测定

作业测定是要确定一个合格工人在标准绩效水平下完成一项特定工作所需的时间。它是一个为了设置时间标准，对工作进行分析的过程。除了提供基准外，进行作业测定的目的还包括：用于工作排程与分配人力，测量、评估工作绩效，将实际工作情况与标准作业时间进行对比，寻找改善的方向。

标准绩效水平是指正常情况下合格工人工作一天所能达到的输出水平。基本时间是指一个合格工人按照标准绩效水平完成某一特定工作所需的时间。标准时间是指特定环境下运营系统能够接受的完成工作的时间。

制定工作标准的关键是定义"正常"的工作速度、正常的技能发挥。例如，要建一条生产线，或者新开办一项事务性的业务，需要根据生产运营能力雇用适当数量的人员。假定一天的生产量需达到1 500个，则必须根据一个人一天能做多少个来决定人员数量。但是，一个人一天能做的数量是因人而异的，有人精力旺盛，动作敏捷，工作速度就快，还有一些人则相反。因此，必须寻找一个能够反映大多数人正常工作能力的标准。这种标准的建立，只凭观察一个人做一个产品的时间显然是不行的。必须观察若干人在一定的时间做出的产品数量和质量，然后用统计学

方法得出标准时间。此外，即使建立了工作标准，在实际工作开始之后也需不断地观察、统计，适时地进行修正。

(1) 时间研究

时间研究是用来记录某一特定工作时间的各个元素在特定环境下的工作时间和速度的作业测定技术。一项工作（通常是一人完成的）可以分解成多个活动。在时间研究中，研究人员用秒表观察和测量一个合格员工在正常发挥的条件下，进行各个活动所花费的时间，这通常需要对一活动观察多次，然后取其平均值。从观察、测量所得到的数据中，可以计算为了达到所需要的时间精度，样本数需要有多大。如果观察数目不够，则需进一步补充观察和测量。通过分析记录的数据，得到完成该活动的基本时间。一般通过以下4个步骤得到基本时间。

① 将工作分解为活动。
② 观察、测量各活动的实际时间。
③ 对观察到的时间进行调整。
④ 将调整后的时间进行平均化，得到活动的基本时间如下。

$$基本时间 = 观测时间 \times \left(\frac{观测分值}{标准分值}\right)$$

(2) 标准时间计算过程

考虑到正常发挥的程度和允许变动的幅度，确定标准时间如下。

$$标准时间 = 基本时间 + 宽放时间 = 基本时间 \times (1 + 宽放率)$$

表4-2是一个时间研究的实际例子（使用Excel表格完成）。该例对一包装作业进行了研究，这一包装作业的具体活动有准备箱子、包装、封装检查及外部安装，对每一活动的时间进行了秘密观测，调整观测时间的标准分值为100分，计算出每一活动每次观测的基本时间，求平均值得到活动的平均基本时间；给定宽放率，得到每一活动的标准时间；求和得到作业的初始标准时间；给定总体宽放率（如5%），得到作业标准时间。

表4-2 时间研究举例

作业：包装#73/2A　　位置：包装车间　　观测员：FWT

活动		观测记录										平均	宽放率	标准时间
		1	2	3	4	5	6	7	8	9	10			
准备箱子	观测时间	0.71	0.71	0.71	0.69	0.75	0.68	0.70	0.72	0.70	0.68			
	评分	90	90	90	90	80	90	90	90	90	90			
	基本时间	0.64	0.64	0.64	0.62	0.60	0.61	0.63	0.65	0.63	0.61	0.627 0	0.10	0.689 7
包装	观测时间	1.30	1.32	1.25	1.33	1.33	1.28	1.32	1.32	1.30	1.30			
	评分	90	90	100	90	90	90	90	90	90	90			
	基本时间	1.17	1.19	1.25	1.20	1.20	1.15	1.19	1.19	1.17	1.17	1.187 0	0.12	1.329 4
封装检查	观测时间	0.53	0.55	0.55	0.56	0.53	0.53	0.60	0.55	0.49	0.51			
	评分	90	90	90	90	90	90	85	90	100	100			
	基本时间	0.48	0.50	0.50	0.50	0.48	0.48	0.51	0.50	0.49	0.51	0.493 0	0.10	0.542 3

续表

活动		观测记录										平均	宽放率	标准时间
		1	2	3	4	5	6	7	8	9	10			
外部安装	观测时间	1.12	1.21	1.20	1.25	1.41	1.27	1.11	1.15	1.20	1.23			
	评分	100	90	90	90	90	90	100	100	90	90			
	基本时间	1.12	1.09	1.08	1.13	1.27	1.14	1.11	1.15	1.08	1.11	1.1273	0.12	1.2626

3.8240

增加总体宽放率 5% 4.0152

(3) 时间研究中的主观判断和评价

在某些工作单元的测量中可能会测到一些偶然性的、不规则的动作，它们实际上不反映真正的操作要求。例如，失手掉工具、机器失灵等，这些动作和所花费的时间有可能使测出的时间不正确，因此必须在时间研究中排除这样的动作时间。哪些动作是规则的，哪些是不规则的，需要研究人员主观判断。

宽放时间应该多大，需要进行主观判断。通常宽放时间的范围是正常时间的10%～20%，这主要是考虑到人员的疲劳、动作迟缓等不易测量的因素。

被观测人员的工作速度不一定正好代表大多数人的正常工作速度。这时，研究人员必须判断，通过对他们的观测所获得的数据是否代表正常速度；如果不是，应在多大程度上予以纠正（即确定合适总体宽放率）。还有这种可能性，即员工一旦注意到自己被观察，就会有意放慢工作速度。因此，研究人员在研究过程中，还需判断有无这样的情况发生。如果有，则需进一步判断其程度。

(4) 时间研究方法的局限性

时间研究方法是制定工作标准中使用最多的一种方法。训练有素并具有一定经验的研究人员使用这种方法可以制定出切合实际的工作标准。但是，这种方法也具有局限性。首先，这种方法主要适用于工作周期较短、重复性较强、动作比较规律的工作，对于某些思考性质的工作就不太适用，如数学家求解问题、大学教授准备讲义、寻找汽车故障的原因等。对于某些非重复性的工作也是不适用的，如非常规设备检修。其次，秒表的使用有一定的技巧性，一个没有任何使用经验的人测出的时间值有时误差可能很大，基于这样的数据很可能会制定出不正确的时间标准。最后，时间研究中所包含的一些主观判断因素有时会遭到被观测者的反对。

4.5 现代企业工作设计的原则

工作设计需要根据组织需要并兼顾个人需要，规定某个工作的任务、责任、权力及在组织中与其他职务的关系。工作设计的结果就是工作规范，其实质是对现有工作规范的认定、修改或对新设职务的完整描述。

科学管理的作业研究与工作设计方法已经不能适应现代企业发展的要求，这种工作设计方法、时间研究方法及以此为基础的奖惩系统容易对团队合作造成损害，管理者错误地认为员工之间表现出的差异完全是个人造成的，忽视了员工表现优劣的真正原因。实际上，员工表现出的差异往往是随机发生的。那么，管理者给员工确定这样一些工作标准是没有意义的，只能阻碍管理者与员工间的合作。

工作设计实践中的管理思想由重视管理层的控制到强调员工参与，企业员工由成本变成资源、资本（见图4-4）。现代运营的工作设计中特别强调员工的参与，关注员工的成长，将员工视作资源、资本，加强企业管理者与员工间的合作，重视团队作业模式，综合运用各类工作设计方法，吸取各种方法的精华。

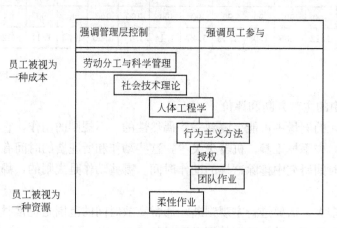

图4-4 工作设计方法

1. **工作设计的作用**
① 工作设计对员工的激励、员工满意度和生产率有较大的提高。
② 工作设计可以推动积极工作态度的产生。
③ 工作设计赋予工作新乐趣。
④ 工作设计有利于改善人际关系。
⑤ 工作设计使职责分明。

2. **工作设计需考虑的因素**
① 环境因素，包括经济状况、人力供应、社会期望、技术发展。
② 组织因素，包括发展战略、专业化、工作流程和工作习惯。
③ 行为因素，包括技能多样性、任务同质性、重要性、自主性和反馈。
④ 顾客与供应商因素。
⑤ 竞争者因素。
⑥ 信息通信技术因素。
⑦ 变革因素。

3. **工作设计的原则**
① 符合组织战略及运营战略。
② 考虑信息技术、CIMS与ERP的要求。
③ 考虑顾客与供应商的需求。
④ 关注员工发展，培养其职业责任感、对工作的热爱与忠诚等内在动机。
⑤ 建立管理者与员工间的合作关系，实现全赢。
⑥ 提高组织效率。
⑦ 必要的授权。
⑧ 团队协作。

⑨ 柔性作业。
⑩ 激发员工的创造力，努力消除妨碍员工产生工作乐趣的障碍。
⑪ 需要全方位激励，重在利用内在的自发动机。

4. 工作设计需要不断改善

现代企业也向员工提出了很高的要求，如要求员工具有创新意识、合作意识、适应性、价值观念、良好的沟通、礼仪、知识、思想、热情、追求等。

美国著名人力资源专家詹姆斯·希尔曼多年潜心研究世界 500 强企业的用人之道，发现有 13 种人是世界 500 强最讨厌也坚决不用的，分别是："没有创意的鹦鹉，无法与人合作的荒野之狼，缺乏适应力的恐龙，浪费金钱的流水，不愿沟通的贝类，不注重资讯汇集的白纸，没有礼貌的海盗，只会妒忌的狐猿，没有知识的小孩，重视健康的幽灵，过于慎重、消极的岩石，摇摆不定的墙头草，自我设限的家畜。"

> **案例**
>
> #### 工作中的"顶层设计"
>
> 记得刚入职那会儿，和老板一起讨论如何做好大数据平台，我们讨论了 3 个多小时都没有达成共识。老板一直问我，这个系统上线之后现存问题是如何解决、具体要怎么做、详细的计划是什么。而我却一直在描述架构、技术是如何先进等。实际上，这是一次业务上、技术上、方法论等多层面的交流，老板是在培养你的顶层设计思维，让你拥有成功主导工作的能力。
>
> 顶层设计是一种思维模式。时刻提醒自己要站在最顶层的位置去思考"工作"，也叫"一眼看到底"的能力，"从上往下看方案，从下往上看价值"。顶层设计是一套能解决管理者常问的 3 个问题的工作框架：第一个问题是搞明白要解决什么问题；第二个问题是制订怎样的专业方案及措施；第三个问题是结合组织实际情况，如何确定可操作的工作路径图。方案与措施直接决定了问题能不能得到有效解决，体现了业务能力和技术专业能力，呈现时要屏蔽复杂的实现细节，让管理者一听就懂。工作路径图要有具体时间点，可量化、好理解，是方案措施展开的具体实现，是向上支撑目标实现的一系列阶段性成果，也是向下分解详细执行计划的纲领。
>
> 梳理工作顶层设计框架有利于：向上沟通——管理者可自行通过方案和关键路径图判断项目风险。工作清晰化，老板才会放心投入资源；项目推进——全员在一张统一的"作战图"上协作，目标一致，推进节奏也公开透明；交流材料与工作汇报；个人成长——构建框架本身就是一个思考过程，训练你去思考最顶层的目标，是对目标分解落地的提前演练，是一种解决问题的架构能力，实践中慢慢会成为习惯。
>
> 思考题：
> 1. 你认为工作顶层设计框架是必须的吗？工作顶层设计是由管理者做还是由员工做？
> 2. 你认为员工应该如何提升工作顶层设计的能力？
>
> （来源：微信号"jeff 平民大数据"．工作中的"顶层设计"，有删改。）

习题及思考题

1. 工作设计中的决策要素有哪些？
2. 试述工作设计实践中的管理思想。
3. 试述作业研究方法。
4. 结合企业工作设计，谈一下现代企业的工作设计原则。

第 5 章

动态质量管理

【本章要点】
- 质量管理理论体系;
- 质量计划与控制;
- 统计工序控制(SPC);
- 全面质量管理(TQM);
- 6σ 管理法;
- 质量奖项;
- 故障模式影响分析。

引例

收益提升了,服务质量呢?

一位已经登机入座的乘客被美联航以超订的名义要求改乘次日航班,该乘客不同意,航空公司叫来机场警察强制将该乘客拖出机舱,乘客受伤、流血。视频被传到网上后引起轩然大波,民众对美联航的粗暴处理方式极为不满。难到美联航采纳了新的竞争策略——"If we cannot beat our competitors, we beat our customers"?

航空公司存在许多共性。第一,对每个航班而言,提供的座位数量是固定的。第二,需求是复杂多变的,乘坐航班的人数取决于很多不确定因素,比如天气、重大活动、经济景气等;每个乘客支付意愿不同,偏好和需求可能随时变化。第三,航空公司提供的服务差异化不大,价格战难免。"宁可亏钱也不空位",常常存在超低价机票。为什么呢?一趟航班的固定成本有燃油费、人员费用等,而多服务一位乘客的边际成本仅是"一杯可乐"而已。所以理论上讲一旦飞机航班达到了收支平衡,航空公司可以把票价降到很低来多吸引乘客。

不少人可能注意到每一个航班的票价是随时间变化的,如果在飞机上发现同样的座位和同样条款,自己的票价高出很多,会有怎样的感觉?实际上航空公司为了获得最大收益,常常根据销售情况和信息的更新来改变票价。在每一时间节点,到底应该出售多少座位或者保留多少座位到下一个节点,需要快速有效的算法和强大的计算机来给出最优决策。

超订是收益最大化的一种做法，直接原因是消费者临时取消行程或者到时未能赶上飞机。飞机起飞后的空座位是纯粹的浪费，浪费掉的空座位是一种机会损失，因为完全有可能把该座位卖给另一位消费者。据统计，美国航空业这类空座可以达到15%~20%。为了避免和最小化这种损失，航空公司都会超订，也就是卖出比座位数更多的票。

超订最理想的结果是不出现的乘客数正好等于超售的数量，这样飞机刚好坐满，皆大欢喜。如果不出现的乘客数大于超售的数量，那么飞机上会有空位被浪费掉，航空公司承受机会损失。但如果不出现的乘客数小于超售的数量，也就是飞机上的座位少于要上飞机的乘客，那么肯定会有人上不了飞机。这时航空公司会怎么做呢？

美国联邦航空管理局虽然允许超订，但对如何处理超订带来的后果有规定。首先，航空公司必须先寻求志愿者。这次美联航也是先通过提供补偿来寻找自愿换到下个航班的旅客，当然不同公司补偿的条款可能不同，根据美国航空管制法，这次最大的补偿可以达到$1350，但是美联航加价到了$800就不提升了。如果到了很高补偿数额还是没有足够多的志愿者，那么航空公司就要以满员为由对一部分客人下逐客令（bump the customers，不幸被挑中的乘客被称作bumpee）。一般公司根据客人等级（是否是忠诚会员）、订票价格（是否折扣价）、值机时间来挑选。注意头等舱、商务舱一般不会超售，所以这些乘客不存在被拒绝的问题。与此相反，如果商务舱有空位，航空公司可能会把部分经济舱乘客升级到商务舱，但一般是先考虑有忠诚会员等级的乘客。

通过超订，航空公司的收益提升了，但以消费者为中心的服务理念不能被抛到脑后。

思考题：
你认为航空公司在考虑自身收益的同时如何考虑消费者的利益，进而使服务质量不降低？

卓越的质量运营是顾客优先、面向过程的运营。质量是制造业成功的法宝、服务业成功的基石。对日本和美国制造业都产生过重大影响的爱德华·戴明认为：质量能以最经济的手段，制造出市场上最有用的产品。本章将介绍质量管理的现代理念与方法。

以下是传统公司的管理理念：
- 质量是昂贵的；
- 检验是质量的关键；
- 质量管理与质检专家可以保证质量；
- 产品/服务的缺陷是由员工造成的；
- 生产或服务过程可以由外部专家来进行一次最优化，形成制度就行了；
- 使用工作标准、定额、目标可以改进生产能力；
- 恐惧和奖赏是激发动机的途径；
- 员工可视作商品，需要时引进，需求少时裁员；
- 奖赏表现最好的人员，惩罚最差的，就可提升生产能力与创造力；
- 维持高收入、低成本就保证了利润的来源；
- 利润是企业最重要的指标；
- 用最低成本买入；
- 用一个供应商来牵制另一个；
- 一切以价格为准，频繁更换供应厂商。

现代卓越质量企业的管理理念与上截然不同。本章中我们将改变上述传统公司的理念，介绍现代企业的质量理念。质量是五大运营绩效目标之一，质量管理涉及整个组织，组织内各部门、组织间必须相互协作，密切关注质量管理和控制。虽然质量管理是交叉职能执行的活动，但运营系统在为顾客生产高质量产品/服务的过程中有特殊的职责。提高质量可减少因返工、废品和退货产生的成本，优质的产品/服务可以提高顾客满意度，获得更大的市场份额，因而提高质量将对公司的收入和成本产生积极的影响，并能够为公司带来巨大的竞争优势。本章首先介绍质量管理的发展与理论体系的形成，然后介绍质量管理的内涵，质量计划、控制和改进及质量控制的现代方法与工具，重点介绍统计过程控制、全面质量管理和 6σ 管理法。

5.1 质量管理理论体系

5.1.1 质量管理的发展

质量管理的发展大致经历了质量检验与控制、统计质量与控制、质量保证与预防、质量管理等时期。

1. 质量检验与控制

工业革命以前，产品是由个体制造者为个体消费者生产的。如果出现质量问题，消费者可直接带着问题找生产者。那时的产品真正是"按指定规格制造，并且每一个产品都是独一无二的。"整个过程，包括材料采购、生产、检验、销售和客户支持等都是由工匠或其学徒完成的。工业革命极大地提高了日用品、工具和其他物品的生产效率和供应量，并大幅度降低了产品的零售价格。例如在美国，当埃里·惠特尼（Eli Whitney）答应为美国新政府生产毛瑟枪的时候，他采用了一种与手工方式完全不同的方法来制造。他使用特制设备生产零件，这些零件在某种程度上来说是完全相同的，因而可以互换。该方法的优越性是显而易见的，如果武器需要更换零件，可以从备品库中获得，而不必按定制规格重新制作。这种方法也不需要传统工匠那样熟练的技巧，因而降低了劳动成本。此外，它还直接导致生产率的极大提高。这种全新方法得到了迅速的传播，很快超出了军事用途而进入消费品领域。辛格（Singer）的缝纫机和麦克科米克（Mccormick）的收割机就是这种方法的产物。当人们欣喜若狂地享用大批量生产方式的成果的时候，突然发现工业化所制造的产品，其质量远不能与手工产品相提并论。人们意识到大批量生产方式需要能实现互换，因而同一产品的同一部分的零件必须尽可能地相同。为实现这一目标，人们付出了巨大的努力。在设计过程中，人们竭尽全力设计出功能良好的样品。在制造过程中采用工具、夹具和固定装置等努力用最小的偏差复制这一样品。材料的质量也被严格地控制。过程的每一个重要步骤都使用高精度的测量手段实施严格的检验。20世纪初，以泰勒为代表的"科学管理运动"的倡导者提出了科学管理理论，要求按职能的不同进行合理的分工，首次将质量检验作为一种管理职能从生产过程中分离出来，建立了专职检查部门和专职检验制度。同时，大量生产条件下的互换性理论和规格公差的概念也为质量检验奠定了理论基础。根据这些理论，工厂规定了产品技术标准和适宜的加工精度，质量检验人员根据技术标准，利用各种测试手段，对零部件和成品进行检查，做出合格或不合格的判断，不允许不合格品进入下道工序或出厂，起到了把关的作用。

2. 统计质量与控制

20世纪20年代英国数学家费歇尔（R. A. Fisher）结合农业实验提出方差分析与实验设计等理论，为近代数理统计学奠定了基础。与此同时，美国贝尔实验室成立了两个课题研究组：一个是过程控制组,学术负责人是休哈特(W. A. Shewhart);另一个是产品控制组,学术负责人是道奇(H. F. Dodge)。休哈特出于对西方电气公司所制造的产品变异或波动的关注和对抽样结果的研究,提出统计过程控制(SPC)理论,在1924年首创过程控制的工具——控制图。统计过程控制是一种利用数理统计方法进行过程控制的工具,它对生产过程中检测的数据进行分析,监控影响质量的各种因素,反馈异常波动数据信息,进而对生产过程进行控制和改善。

1931年,休哈特发表了里程碑式的著作《制造产品质量的经济控制》(*Economic Control of Quality of Manufactured Product*),把质量管理带进了一个新时代。休哈特认为,可以通过对制造过程的控制,减少出现不合格品的机会,从而改善产品的质量状况。他运用数理统计原理建立制造过程波动的数学期望值,并对过程数据进行统计和分析,以便发现非正常波动(变异)的迹象并找出原因加以调整或改进。例如,机器的磨损呈现有规律的偏差偏移,可以通过过程数据监测,在机器磨损导致超出允许偏差之前对机器进行调整或更换部件,避免出现不合格品。

休哈特的同事道奇(Harold Dodge)和罗米格(Harry Romig)则在同一时期着重研究产品的抽样检验问题,他们应用数理统计理论研究如何使用样本来代替全部的产品,从而减少投入在检验工作中的人力、物力和时间。

1928年,戴明在耶鲁大学读博士时到芝加哥的西方电器公司的霍桑工厂兼工,接触到休哈特等一批科学家。1933年戴明担任美国农业附属研究所的数学与统计系主任,进行了关于抽样与现代统计学其他层面的基础研究工作。休哈特到农业部做了多次演讲,在休哈特出版的第二本书《品管观点出发的统计方法》中,戴明撰写了前言。戴明1939年成为美国联邦统计局的首席数学家兼取样顾问,开始将质量管理方法应用于非制造环境。以休哈特的研究为基础,他用统计学方法研究质量与可靠性。联邦统计局是美国政府机构中比较成功的一个例子,以低成本方式提供大量可靠的情报与信息。

第二次世界大战期间,美国国防部为了解决超大量军用物资生产的质量问题,聘请休哈特等人制定了《战时管理制度》,广泛推广统计质量控制方法。以抽样检验方法为主,美国军方利用改进的抽样方法处理来自众多供应商的军需品供应问题。20世纪40年代,美国军方、贝尔实验室和主要的院校都在培养管理工程师,以便在其他工业领域推广应用统计抽样方法。几乎同时,专业质量管理组织在全国范围内出现,其中之一便是美国质量控制协会(ASQC,即后来的ASQ)。"质量"这一术语融入了统计学的含义。统计控制图和其他统计学方法用在工序随机波动的控制中,保持工序处于统计控制状态,因而减少了需要检查的工作量。

第二次世界大战后,为了帮助日本恢复经济,应日本科技联盟(JUSE)邀请,戴明于1950年赴日讲学,担任日本工业界的讲师和顾问,对日本工程师和企业经理就管理层的任务与责任发表系列演讲,在日本掀起了"品管热"。戴明在日本的讲学影响着日本的企业界与领导层,也因此把日本经济带入了一个高速发展的时期。质量成为日本企业的核心理念,日本成为靠产品质量崛起的成功实例。20世纪60年代,日本产品悄然进入外国市场,70年代在电视、录像机、手表、音响等普通消费品方面显示出实力,80年代扩大到汽车、计算机外设、精细化工等。

菲利浦·克罗斯比在20世纪50年代至60年代在美国克劳斯莱公司担任质量工程师,在马丁·玛瑞埃塔公司担任质量经理。他在《质量革命运动的兴衰》一文中讲到,20世纪50年代主要是基于现状的科学检测、可接受的质量水平(3σ)及补救措施的质量控制,其结果是公司容忍有最少量的不符合要求的产品及服务。重点放在对不符合规格的产品及服务的评估,以保证把绝大多数合格产品推给客户。补救措施成为处理不合格产品和服务的必需品和家常便饭。

可以说,统计质量控制时代提供了完备的质量控制工具包,把质量管理的技术手段发挥到了几乎尽善尽美的程度。当质量管理在工具层面上日益完善的时候，人们发现大量的质量问题仍然存在。戴明运用帕雷托（Pareto）图分析得出结论：80%的质量问题是管理问题，而真正属于技术原因的质量问题不超过20%。

3. 质量保证与预防

20世纪60年代，英国在质量标准中首先提出质量保证（quality assurance）概念，美国则发展了《战时管理制度》，使质量保证制度化、体系化，质量保证体系由此正式产生。

菲利浦·克罗斯比在《质量革命运动的兴衰》一文中说：20世纪60年代，质量保证（QA）得到发展，其主要原因是美国的质量保证规格文件《Mil-Q-9858》。质量保证是以文件的形式操作的，其结果是程序手册及对检测和质量控制结果的评估。产品和服务符合要求方面虽未有改进，但企业却能够更好地了解事情从哪里出错，主要的补救措施通常是重写程序。几乎没有任何形式的培训，也没有在教育上下功夫，新雇员对环境的了解不包括任何与质量及其需要有关的内容。

克罗斯比提出"第一次就把事情做对"和"零缺陷"概念，强调质量就是符合要求及树立预防观念。他认为传统的质量控制、可接受质量水平和不合格产品都属于失败，而并非成功的保证。由于很多组织各自的政策和系统允许与实际要求有偏差，组织会由于做错事情而损失大部分收入。他估计这种损失占制造企业收入的20%，在服务组织中上升至35%。克罗斯比的零缺陷概念开始时在专业领域内被视为一种天真幼稚，甚乃至罗曼蒂克的想法。

质量保证体系被西方大多数国家确认为选择供应商的一个基本标准（最低标准），并通过国际标准化组织（ISO）发布了一个妥协的国际标准：ISO 9000，并推荐采用第三方认证方式来解决客户对供应商评审的极大不便，因而导致在全球范围内出现了一个质量认证产业。

4. 全面质量管理

20世纪60年代以来，随着科学技术和工业生产的发展，对质量的要求越来越高，这就需要人们运用"系统工程"的概念，把质量问题作为一个有机整体加以综合分析研究，实施全员、全过程、全企业的管理。20世纪60年代在管理理论中出现了"行为科学"学派，主张调动人的积极性，注意人在管理中的作用。1956年，美国通用电气公司的费根堡姆首先提出了全面质量管理（TQC）的概念。1961年，他在《全面质量管理》一书中指出："全面质量管理是为了能够在最经济的水平上并考虑到充分满足顾客需求的条件下进行市场研究、设计、生产和服务，把企业各部门的研制质量、维持质量和提高质量的活动构成一体的有效体系。"

日本在20世纪50年代引进了美国的质量管理方法，将源于美国的统计质量管理发展为全面质量管理。同时，对其进行了发展创新，提出了全公司质量管理（CWQC），建立了QC小组团队质量改进方法、田口质量工程学、5S现场管理、TPM全面生产维护、QFD质量机能展开和JIT丰田生产方式等，归纳了"老七种""新七种"工具并普遍用于质量改进和质量控制，使全面质量管理涵盖了大量新的内容。质量管理的手段不再局限于数理统计，而是全面地运用各种管理技术和方法。

20世纪70年代，美国的制造业在与生产可靠产品的日本企业的竞争中很快失去了市场份额。在日本，"质量管理"术语得到延伸，质量管理成为整个组织的共同目标，所有职能、所有员工都助力于设计质量和产品质量的提高。质量不仅仅被看作是一种生产运动，而是整个组织都应该努力为顾客提供高质量的产品/服务。戴明在日本企业的崛起中贡献巨大。1980年美国NBC电视公司播出《日本能，我们为什么不能?》的纪录片，记录了戴明在日本经济转型中的作用，美国企业界开始注意到这位促使日本拥有世界一流产品品质的学者。戴明对丰田公司的影响巨大，这也许是福特聘用戴明作为品质咨询专家的原因。戴明首先在福特管理阶层宣讲他的管理理念，使福特公司开始建立品质文化。戴明每年在美国给企业界经理提供大约20次的"四日研讨会"课程。著名管理大师彼得·德鲁克说："戴明对日本和美国都产生了难以估量的影响。"

20世纪70年代菲利浦·克罗斯比在国际电报电话公司（ITT）任公司副总裁兼质量总监，开展了ITT的质量改进活动。1979年克罗斯比创立了菲利浦·克罗斯比学院（PCA），培育了数千名经理人员和数十万名知识及技能工人。《质量免费》一书成为管理层的畅销书。企业管理者、工人对质量管理及其改进技巧有了一种共同语言，抛弃了AQL（"可接受的质量水平"）政策，并着手学习如何第一次就把事情做对，思想上产生了较大转变。

在全面质量管理时期，质量已经不只是质量部门的事情，不仅仅意味着检验与控制。质量成为重要的竞争优势要素。质量与管理密不可分，"管理上不同则一切皆不同"。质量具有面向顾客的动态特征。质量管理需要组织变革，需要建立质量文化，需要持续的改进。在20世纪末期，现代质量管理问题的探讨和实践可谓百花齐放，管理思潮、管理理论与方法不断涌现，层出不穷。在这样的环境和氛围中，质量管理也不断发展，不断与其他管理思想相融合。质量管理的理论体系由三个层次构成：质量管理理念与哲学、质量管理方法和质量管理工具，质量管理理念与哲学是质量变革成功的根本。

5.1.2 著名质量理论

1. 戴明的管理思想与知识体系

1）戴明的《十四项原则》

爱德华·戴明，被称为质量控制之父。他十分强调管理部门在质量改进方面的作用，把质量定义为对一个稳定系统的连续改进。所有的系统（管理、设计、生产和销售）在统计意义上必须是稳定的，这就要求在整个公司的范围内对质量特性进行测定和实时监控。如果这些测定值在一个平均值范围内稳定地变化，那么这个系统就是稳定的。要对多个不同的系统持续地改进，以减少质量的变异和更好地满足客户要求。他强调企业的最高层管理者应着眼于企业的长远利益，不要为了追求短期利润而牺牲质量，将质量作为一种战略性活动。企业应该通过对全体员工进行培训和有效的监督，以及采用统计方法来达到预防缺陷的目的。20世纪50年代他在日本企业开展了系列讲座，成功地将他的思想传授给日本人，他和朱兰（Juran）为日本工业改进质量做出了杰出的贡献。他提出的质量改善的《十四项原则》，强调了统计控制方法、参与、培训、开放性及改善计划的重要性。戴明的十四条原则是戴明一生思考的结晶，是美国企业转型的基石，适合任何规模的企业和任何企业类型（不论是服务业还是制造业），也适合制造部门和事业部门。下面简单介绍14条原则的内涵。

（1）改善产品和服务的长期目标

要有一个改善产品和服务的恒久一致的目的：具有竞争力，持续经营，以及提供就业机会，而不是只顾眼前利益。为此，要投入和挖掘各种资源，且从以下几方面着手。

① 业务流程始于顾客，顾客是价值链中最重要的部分。
② 以顾客为主导、团队为动力，整体平稳运行是持久的业务方式。
③ 了解顾客需求，通过定义业务流程来界定顾客需求。
④ 平衡团队合作与竞争。经济学家将人们导向歧途，他们告诉人们激烈的竞争是解决之道，

使企业管理者忧心于增加市场占有率,试图铲除同业,却忽略了要创造更好的产品。竞争导致损失,凡事如果采取拔河态度处理,只能是徒耗体力而已,最终将一事无成。强行引入员工间的竞争也只会导致员工冲突。

(2) 采用新的管理哲学

采用新的管理哲学,不能继续忍受过去的质量水准(交货延迟或差错、有缺陷的产品)。未来企业必须迎合越来越苛刻的顾客需求。管理者必须迎接挑战,了解自己责任,并领导转型。其主要内涵如下。

① 缺点要付出代价的。任何企业都不能允许错误、瑕疵、技术欠佳、原料粗劣,员工恐惧、畏缩、培训不足、对顾客漫不经心等。

② 顾客不会抱怨,只会流失。

③ 管理阶层必须拆除重组,管理架构应当转型。

(3) 停止依赖大量的检验

仍然需要检验,但不能完全依赖检验。有些产品检验是重要的,但误用检验会造成重大损失,主要内容如下。

① 不靠检验求质量。检验其实是准备有次品,检验出来已经是太迟,且成本高而效益低。

② 质量不是来自检验,而是来源于不断的改善流程。

③ 某些情况下,百分百的检验是为了避免出错。

(4) 持续不断地改善生产与服务系统

管理者的职责是要创造一个令人愉悦的工作环境,改善现有产品与服务,改善现有流程,主要内容如下。

① 救火行为不是流程的改善。

② 要有一个识别系统原因和非系统原因的措施。85%的质量问题和浪费现象是系统原因,15%的质量问题是非系统原因。

(5) 建立领导体系

要有一个新的领导方式,不只是管理,更重要的是帮助,领导个人也要有新风格。

(6) 排除员工的恐惧

排除恐惧感,使人人都能有效地为公司工作。在组织内形成一个新风气,消除员工不敢提问题、提建议的恐惧心理。

(7) 破除部门之间的障碍

破除部门与部门之间的障碍;研发、设计、销售与生产人员必须团结合作,并事先发觉产品及服务可能碰到的潜在问题;部门间应有一个协作的态度;帮助研制开发、销售人员多了解制造部门的问题。

(8) 取消针对工作人员的标语、训示及目标

消除那些要求工作人员做到零缺点、高生产率而提出的标语、训示及目标。要有一个激励、教导员工提高质量和生产率的好办法。

(9) 废除为员工设立的数量定额

以领导替代、废除工作标准量,以领导替代、废除目标管理和数量目标。要有一个随时检查工时定额和工作标准有效性的程序,并且要看其是真正帮助员工干好工作,还是妨碍员工提高劳动生产率。

(10) 消除那些不能让人们以技术为荣的障碍

排除那些不能让工人以其工作艺术、技术为荣的障碍。管理者的职责应由重视数量改为重视质量,这意味着必须取消年度考绩制度及目标管理。

(11) 建立在职培训制度

建立全面、有效的在职培训系统。管理层必须接受培训,全面了解从原料进货到顾客的所有环节。中心问题是要了解"波动"。

(12) 建立教育及再培训计划

建立有效的、强有力的自我训练与完善计划,使员工能够跟上原材料、产品设计、加工工艺和机器设备的变化,主要原因如下。

① 企业需要优秀的人才,优秀人才必须能够进行自我训练与完善,人们有责任重建知识结构。

② 针对眼前需要设定的课程,不一定是明智的。

③ 获得竞争优势必须基于知识,知识是无可取代的。

④ 我们需要新的教育。通过教育与培训,让员工承担新的工作,肩负新的重担。

(13) 废除最低价格标准制度

在商界常以最低价格标准来决定交易,但是企业无法承担由此造成的损失。采购部门往往只注意采购时的价格,却忽视了总成本。应考虑最小总成本,与供应商建立长期关系。

(14) 采取行动完成转型

让企业中的每个人都致力于管理转型工作,转型是每个人的工作。要在领导层内建立一种结构,推动全体员工参加经营管理的转型变革,主要内容如下。

① 管理层团队推动前面的13条。

② 使用戴明循环PDCA改善方法与流程。

2) 戴明知识体系的组成

戴明知识体系由相互关联的4大部分组成:确立系统的观点、有关变异的理论、知识的理论和心理学。

公司的管理者、产业界或政府机构竭尽全力制定政策,却因没有渊博知识的引导而误入歧途。戴明认为,现在的管理方式一定要转型。由于系统本身难以了解自己,转型就必须依赖外部的观点。渊博知识体系就相当于从外部看系统的一副放大镜,它提供了一组理论框架,帮助我们了解自己工作的组织。戴明的管理十四条就是这一知识体系的自然应用,它可以将西方现行管理方式转型为对整个系统最为有利的模式。管理十四条适用于产业界、教育界及政府机构。

渊博知识体系的任何一个部分都不宜单独分开,因为它们彼此相关。例如,如果缺乏变异的知识,心理学的知识也就不完整。人事管理者应该了解所有人都是不同的,但这并不等于说将人划分等级。他也需要了解任何人的绩效,大部分是受他所工作的系统所支配。

戴明说,知识理论有助于我们了解:任何形式的管理工作都是预测。最简单的计划——今晚如何回家——都需要基于一些预测:汽车可以发动,或者巴士或火车会正常行驶。理性的预测依赖于理论,同时把实际观察的情况与预测相比,可以对理论进行系统的修正与扩充,进而形成知识。如果扩大应用范围,会暴露理论的不足,而有必要修订或发展新的理论。如果没有理论,就没有修订的基础;如果没有理论,经验就没有意义。理论引领人们做出预测。没有预测,经验与范例也不能教导什么。未经理论的帮助与深入理解而抄袭一个成功的范例,有可能会造成重大损失。

戴明将 PDSA（计划—执行—研究—行动）循环视作一种知识理论。理论可理解为连接人、物、方法、设备、环境的具体概念解说。理论会影响到个人以后的经验。具备相应的理论才能提出问题。每人具有的理论不同，提问会不同。通过提出问题可以搜集数据，以便进行预测。预测能够增进知识，知识是行动所必需的。预测与行动相吻合时，智慧会有所增加。知识（其要素包括实际感觉、概念、情感）是理论在时间上的应用，智慧是知识的运用，知识需要时间传播。

转型的领导及相关的管理者，必须学习个人心理、群体心理、社会心理及变革心理。戴明说，心理学有助于了解人、人与环境、顾客与供应商、教师与学生、管理者与下属及任何管理系统的互动。人人都各不相同，作为一个管理者必须体察到这种差异，并且利用这种差异让每个人的潜能发挥出来，个性得到充分的表现，但这不是将人员划分等级。

动机有内在动机和外在动机，也可能有矫枉过正的现象。外在动机有可能间接带来正面的结果。例如，人们因工作而有金钱收入——外在奖励。他准时上班，穿着整洁的服装，并且发掘出自己的某些能力，所有这一切都有助于提升自尊。虽然某些外在动机有助于建立自尊，但是完全顺从外在动机会导致个人的毁灭。外在动机发展到极端，将会粉碎内在动机。一些管理方式（如排等级）甚至会彻底摧毁内在动机。现行的奖励制度其实十分矫枉过正。对于原本纯粹为乐趣和自我满足的行动或行为，发给金钱奖励或奖品，可视为矫枉过正。在这种情形之下，金钱奖励毫无意义，甚至令人有受挫之感。

人类与生俱来有与人交往的需要，有被爱与受尊重的需要。学习是人类生而有之的自然倾向，也是创新的源头。人人有享受工作乐趣的权利。良好的管理，有助于培养和维护人类这些先天的正面特质。

2. 零缺陷

菲利浦·克罗斯比主张企业应该追求产品生产零缺陷或努力做到"一次成功"。克罗斯比指出，有一些普遍的说法如"错误是在所难免的""每个人都会犯错误""没有人是完美的"，都是为自己在工作中的错误进行辩解。在一些事情上，人们愿意接受不完美的情况，而在另一些事情上，缺陷数必须为零。他认为，错误由两个因素造成：一是缺乏知识，二是缺乏关注。通过一些可靠而真实的方法，知识可以被测定，缺陷也可以被改正。但缺乏关注则只能靠人自身来修正。加工检验员的工作就是要发现工人在加工产品时的缺陷与错误，这就使问题复杂化了。克罗斯比认为使产品一次成功比纠正缺陷或者对不合格品进行返修或者处理售后出现的故障要经济合算。预防而不是检验，质量就是符合需要。

克罗斯比的零缺陷管理哲学的一个鲜明之处就在于他的理论假设。零缺陷管理的理论假设告诉我们，错误是不能发生的，只要我们第一次就把事情做对，错误是可以避免的。如果容忍错误发生，就会真的导致错误发生，而且还会得出错误难以避免的"结论"。正如墨菲法则所说的：凡事如果能出错，就一定会出错。

错误为什么会发生？至少有两个前提，一是如果它的发生与人们的切身利益没有太大关系，人们容忍它的发生；二是虽然不能容忍它的发生，但默认错误不可避免，因而不采取必要的措施加以防范和规避，听任它的发生。

为什么家长不能容忍一个护士接生婴儿时有差错，允许她每接生一百个婴儿可以摔到地上一个？为什么乘客不能容忍一个司机每行驶多少公里可以发生一次车祸？因为这与自己的切身利益（生命是最高的利益）紧密挂钩，责任与权利十分清晰、明了、具体。在日常生活中，没有一个人愿意接受吃饭时被鱼刺卡着的"差错率"。只有当产品与自己切身利益变得遥远而模糊的时候，我们才可以高谈阔论差错率。据说第二次世界大战期间，一家生产降落伞的公司刚开始也是允许产品出现一定的差错率,结果导致了伞兵的死亡。后来当巴顿将军命令每一个生产者乘自己制作的降落伞试跳时,结果令人意外,再也没有什么"差错率"了。在现代社会,生产者与自己的产品关系越来越远,当然没有必要让每个生产者一一品味自己产品的质量,亲自试跳,但这绝不等于证明"差错率"是无法改变的客观事实,也不等于零缺陷管理是天方夜谭。

减少差错率,做到零缺陷,第一步就是建立科学合理的理论假设,不承认错误是不可避免的。离开了这一点,一切都无从谈起。第二步就是把自己的产品与自己的切身利益挂钩,像对待生活一样对待工作,而不是采用两种标准,在生活中"斤斤计较",在工作中"大大咧咧"。第三步就是采取一切必要的措施和手段加以防范,预防重于一切。如能这样,错误又会从何而来呢?

菲利浦·克罗斯比投身美国工商界时,一言中的:只有质量控制,没有质量哲学。克罗斯比提出"第一次就以正确的方式做正确",领导者要致力于创建有效益、高生产率、受顾客、员工和供应商信赖的以品质文化为核心的组织。他提出了质量四原则:一是"质量=符合规格(POC)",完全了解任务的全部要求;二是"系统=预防",在所有的工作场所采取预防活动;三是"工作准则=零缺陷(ZD)",从来不认为错误是不可避免的,即使是微不足道的错误;四是"测量=不符合规格付出的代价(PONC)",知道这是做错事时支付的费用。

克罗斯比还提出了质量过程改进的14个步骤:管理承诺、质量改进团队、质量衡量、质量成本、质量意识、改正行动、零缺陷计划、主管教育、零缺陷日、目标设定、消除错误成因、赞赏、质量委员会、从头再来。

在制造业,由于没有第一次做对而造成的损失为销售额的20%~25%;服务业则高居营运成本的30%~40%!零缺陷对服务业更为重要。

美国竞争力协会(American Society for Competitiveness)专设"克罗斯比奖",用于奖励全球范围内在质量和竞争力方面具有杰出成就的企业和个人,如IBM、GE、SCI、宝马(美国)、惠普、可口可乐、吉列、丰田、福特等公司。

5.1.3 质量的内涵

1. 质量的定义

海尔冰箱的质量是一流的,这双皮鞋的质量不错,某酒店的服务质量一流,电信的服务质量不尽如人意,公共服务事业的服务质量尚需改善,这些教材的质量一般,这些录像带的质量不错等。在这里,质量指什么?什么是质量?质量如何度量?谁关心质量?质量是动态的,还是一成不变?

讨论一下皮鞋的质量。男鞋的质量可能意味着耐穿、皮亮、舒适、时尚、透气、防水、低价格,而女鞋则会注重脚跟的设计、款式的新潮等。不同年龄、不同性格的人会有不同的选择。一本教材的质量呢?作者或读者可能认为质量意味着教材内容的清晰程度、内容的重要性、内容的适用性等,印刷厂认为质量意味着好的纸质、合适的字体大小、装订正确等,出版社认为质量意味着适合读者口味、具有经济性、有更多的读者买书。印刷厂认为质量好的书,作者可能认为质量差;作者认为质量好的书,读者可能认为质量差,而且不同的读者看法不尽相同;作者认为质量好的书,出版社可能认为差。质量的定义因人而异,谁是质量的裁判?如何定义质量?

D. Garvin 将现有的质量定义方法归结为5种导向。

① 卓越导向。质量是内在卓越性的代名词,可定义为产品/服务规范的某个绝对高水平。

② 制造导向。公司生产的产品/服务必须与其设计规范完全相符，且追求零缺陷。

③ 顾客导向。公司生产的产品/服务必须适合使用，产品/服务必须符合设计规范，更重要的是这些规范是否符合顾客的需求。

④ 产品导向。质量是满足顾客需求所必需的一组明确且可以测量的特性。

⑤ 价值导向。主张用成本和价格来定义质量，向顾客提供价值。产品/服务的质量按照绝对水平来讲不是很好，但是其成本与价格较低，有的顾客也会欣然接受。

从运营系统的角度给出质量的定义：质量是对顾客期望的系统体现，满足或者超过顾客现在及将来的需求。

顾客有时无法描述未来对他们有用的产品/服务，但可以对产品/服务进行评价。产品/服务应适合顾客的使用目的。适用性与顾客得到的使用价值和顾客满意度有关，应该由顾客来评价。定义质量的难点在于顾客需求的不断变化，竞争者的不断涌入，以及新材料、新技术的不断出现。要将顾客的未来需求转化为质量特性，以便设计产品，确定顾客可接受的价格。公司应该深刻理解顾客期望，并能采用先进技术，实现对产品质量的持续改进。产品/服务的质量应保持一致性质量，即顾客对产品/服务的期望与顾客通过考察质量形成的实际感知的一致程度。一致性质量决定了顾客的满意程度，当顾客对产品/服务的感知超过顾客期望时，顾客就非常满意；当感知与期望基本一致时，顾客也是满意的；但当感知比期望差许多时，顾客就会感到不满。顾客期望与顾客感知都会受到许多因素的影响。

顾客期望与顾客感知的差距根源如图 5-1 所示。公司应该从顾客需求出发，努力缩小这些差距，最终让顾客满意。

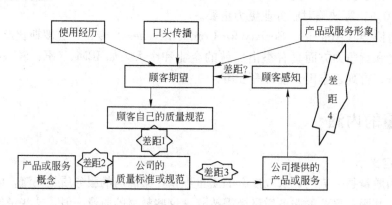

图 5-1 顾客期望与顾客感知的差距根源

差距 1：公司内部质量规范与顾客所期望的质量规范不一致。例如目前我国的电信、电力、铁路等垄断行业的服务规范就存在许多"霸王条款"，与顾客的期望相差甚远，造成顾客的抱怨。

差距 2：产品/服务的概念与内部质量规范不一致，这是由公司内部造成的。产品/服务的概念可能符合顾客期望，但公司运营部门没有将这一概念贯彻下去。公司的营销部门、运作部门与产品开发部门应密切协作，共同保持内部质量规范与产品/服务概念的一致性。

差距 3：公司的质量规范与实际提供的产品/服务质量存在差距，这可能是由于员工技能不足、公司采用的技术落后、管理疏忽或者是质量规范本身不现实。公司运营部门应确保产品/服务符合公司内部质量规范。

差距 4：产品/服务的实际质量与其对外宣传的形象存在差距。公司需要进行恰如其分的宣传与推广，不宜过分夸大，承诺过度，也不要不注重产品/服务的形象宣传。营销部门应确保对顾客的承诺在公司能力范围内。

描述顾客满意度是一件很难的事情。顾客满意度不易描述主要是由于下面几个原因：顾客满意的标准是变化的，顾客会认为优质服务是理所当然的，顾客总是希望以更低的价格买到高质量的服务，顾客对质量的感觉在服务过程的不同阶段受不同因素的影响。引用市场营销大师菲利普·科特勒对顾客满意度的定义："顾客满意度是指顾客通过对一个产品/服务绩效的感知与其期望值相比较后形成的感觉状态。"在市场营销学中，顾客满意度是顾客感知和顾客期望之间的不确认性（即差异）的函数。

企业需按照预定设计规范来生产产品或提供服务。企业开发新产品/服务时，管理者需对新产品/服务进行规划与决策，确定生产产品或提供服务所需的原材料、零部件，确定产品性能或所提供的服务的质量特性，并确保符合规格。

要注意区分产品的设计质量与产品质量。设计质量是在产品被生产出来之前就确定的。确定产品设计质量通常是交叉职能产品设计小组的主要责任，该小组包括来自市场营销、工程、业务和其他部门的人员。由市场调研评估顾客需求、形成设计概念、确定设计规格后，设计质量就确定了。产品质量是指生产出满足规格要求的合格产品。只要产品符合规格要求，不论产品的设计规格如何，都可认为是质量合格的产品。

但产品质量能否为顾客所接受，并不是产品本身在制造或实验室中的测试所能保证的。戴明认为，产品质量由3方面的互动来决定：产品本身；最终顾客（产品的使用者）及培训、广告等引导产生的顾客期望；最终顾客使用方法、安装方法、维护保养方法、售后服务及备件提供，顾客使用后的评价。

2. 质量特性

质量特性是产品、过程、系统中与需求有关的固有特性。产品的质量特性即质量的维度，主要有性能、耐用性、可靠性、可维护性、美观性等。

① 性能。产品/服务的主要特性。
② 耐用性。产品/服务的使用寿命。
③ 可靠性。可采用故障时间均值、可持续工作时间、故障出现的概率等来衡量。
④ 可维护性。维护的难易程度。
⑤ 美观性。感知特征（感觉、视觉、声音等）。

服务的质量特性主要有功能性、经济性、安全性、时间性、舒适性及文明性等。表5-1是产品/服务的质量特性举例。

表5-1 产品/服务的质量特性举例

质量特性	汽车（产品）	航空旅行（服务）
性能	速度、加速性能、油耗率、行驶平稳性、内部设计	航班省时、平稳、舒适、安全、机上食品、旅馆预订服务
安全性	刹车性能	无故障
美观性	款式、装饰等	候机厅装饰和机组人员仪表及卫生情况
可靠性	平均无故障时间	遵守起降时间表
耐用性	使用寿命、越野、少维修	不断改进服务
可维护性	易于维护、易于维修	更改旅游路线容易
售后服务	定期专业保养、检修	服务调查，提供旅游信息

哪些质量特性对顾客来说是重要的？哪些对未来的顾客是重要的？哪些对所有顾客来说都是必备的？顾客需要的质量特性在过去、现在、未来都可能不同。

这是面向顾客的质量所面临的挑战，也表明了质量的动态性。

3. 顾客研究

管理者要知道哪一种质量特性对顾客最重要？哪一种质量问题会引起顾客的不满？这就需要对顾客进行研究。Oliver说，不满意的顾客不会抱怨，只会向其他人购买。研究顾客喜好的目的在于改善产品来适应大众，而不是改变大众来适应产品。了解顾客需求与期望，进行产品与服务的设计，向顾客提供高质量的生活品质。

企业只有倾听顾客的心声，才能有效地改进产品/服务质量。顾客接受企业提供的产品/服务，感受到质量并形成自己的意见。对于接受过竞争者的产品/服务但对竞争者还不忠诚的顾客而言，他们形成了对该项产品/服务的评价，如果企业能提供比竞争者更好的产品/服务，他们就会成为企业的未来顾客。

（1）倾听顾客的抱怨、问题与要求

"顾客的抱怨是来自上帝的恩赐"。抱怨的顾客还算是勉强满意的顾客，应该赶快改善，让他们满意，满意了还不够，还要让他们忠诚。对顾客提出的质保期内的维修要求、一般的维修要求等要迅速处理。

（2）主动接触顾客，倾听顾客的体验反馈

对特定顾客群拜访、调查、面谈，整理顾客的体验时要明白：顾客不想要却得到的有哪些？顾客需要而不能得到的有哪些？倾听顾客心声，不仅只倾听满意的顾客，更重要的还应承诺去倾听不满意的顾客。要接触那些原来曾经是我们的顾客，但现已失去的顾客，要接触那些开始就没有选择我们的顾客，要接触竞争者的顾客，要接触那些既不与我们打交道，也不与我们的竞争者打交道，而是采用其他方式的顾客。

目前顾客研究也借助于顾客关系管理（customer relationship management，CRM）系统进行信息收集与分析。例如，当读者在亚马逊书店购买图书时，书店会记录读者购买和浏览过的图书。亚马逊书店的顾客关系管理系统将这些信息收集起来，根据读者的喜好推荐有关书目，从而更好地为读者服务。面对迅速变化的市场和越来越个性化的顾客需求，如何获得和留住顾客将直接关系到企业的生存和发展。

最早提出顾客关系管理的Gattner Group认为，顾客关系管理的目的是赢得新顾客，留住老顾客，获得利润。顾客关系管理使企业可以同顾客保持持续和广泛的沟通，以获得这些宝贵信息。顾客关系管理系统包含有先进的通信设施和应用软件，顾客可以通过Internet、E-mail、电话、传真、呼叫中心等手段同企业联系，企业也同时获得顾客信息。经过智能化软件的分析可以识别顾客及他们的需求，及时提供周到的服务。顾客关系管理系统可以整合从不同顾客接触点获得的信息，形成统一的顾客数据库，供企业内部员工共享，以根据需要检索信息。通过顾客关系管理了解顾客需求，按照企业的能力向顾客提供一对一服务；对信息的深入挖掘还可以发现顾客的潜在需求，并通过营销等手段激发潜在需求，从而获得市场先机。

4. 卡诺模型

受行为科学家赫茨伯格的双因素理论的启发，狩野纪昭和他的同事于1979年10月发表了《质量的保健因素和激励因素》（Motivator and Hygiene Factor in Quality）一文，第一次将满意与不满意标准引入质量管理领域，并在1982年的日本质量管理大会第12届年会上宣读了《魅力质量与必备质量》（Attractive Quality and Must-be Quality）的研究报告。卡诺模型定义了三个层次的顾客需求：基本型需求、期望型需求和兴奋型需求。这三种需求根据质量特性分类就是基本因素、绩效因素和激励因素。

基本型需求是顾客认为产品"必须有"的属性或功能。当其特性不充足（不满足顾客需求）时，顾客很不满意；当其特性充足（满足顾客需求）时，无所谓满意或不满意，顾客充其量是满意。

期望型需求要求提供的产品/服务比较优秀，但并不是"必须"的产品属性或服务行为。有些期望型需求连顾客都不太清楚，但是是他们希望得到的。在市场调查中，顾客谈论的通常是期望型需求，期望型需求在产品中实现的越多，顾客就越满意；当没有满足这些需求时，顾客就不满意。

兴奋型需求要求提供给顾客一些完全出乎意料的产品属性或服务行为，使顾客产生惊喜。当其特性不充足并且是无关紧要的特性时，顾客就会无所谓；当产品提供了这类需求中的服务时，顾客就会对产品非常满意，从而提高顾客的忠诚度。

顾客需要什么样的质量特性？
- 令人兴奋的质量特性：直达顾客内心的创造点，强有力的竞争因素。没有也不会降低顾客满意度。
- 期望的质量特性（一维质量）：质量程度和满意度成正相关，追求完美的设计质量。多一些期望的质量特性，顾客会更满意。
- 必备的质量特性：产品基本要求。若达不到，顾客就会不满意；若达到了顾客也不会很满意，顾客认为是理所当然的。
- 无关紧要的质量特性：有没有这些功能，顾客都不关心，但会增加成本与风险。

只有辨别清楚顾客需要的质量特性，才能产生差异化的质量，从而避免将过多的精力投入到无差异化的设计质量中。因此，确定选择不同的设计质量策略需要建立在对顾客的深入研究基础上，发掘顾客潜在需求，获得愉悦的质量特性，设计魅力质量，吸引顾客。同时也需要重新思考设计构架层面来拓展更大的空间，获得期望质量特性，进而设计超越顾客期望的质量。

狩野纪昭开发了一个结构型用户问卷来帮助确认不同功能的质量特性，以消除用户调查中的模糊性，这个方法比较直观，基本步骤如下。

① 顾客角度认识产品/服务需要。
② 设计问卷调查表，了解顾客潜在需要。
③ 实施有效的问卷调查。
④ 将调查结果分类汇总，建立质量原型。
⑤ 分析质量原型，寻找差距，提出改进措施。
⑥ 调整与验证。

卡诺模型可用于评估顾客需求、细分市场或产品/服务特性的重要度；可用于产品/服务质量的改进，确定质量特性的重要度；可用于产品/服务设计的改进，确定产品/服务功能的重要度；可用于产品或系统的质量功能部署，找到提升质量的关键因素；可用于绩效评价；可用于员工管理，如任务分派、员工激励。

5.1.4 服务质量

与有形产品相比，服务质量有很多独特之处。因此，可以从服务的特点来分析服务质量的特殊性。

① 服务的无形性使得服务质量难以像有形产品那样用精确的数量来描述和定义。服务质量

的好坏取决于顾客所期待的服务与实际感受到的服务的一致性。

② 生产与消费的同时性使得服务质量不可能像制造业那样预先"把关",也无法对质量问题"返修",因此企业在服务过程中必须"第一次就把事情做好"。

③ 服务的可变性导致其质量的评价方法有很大不同。对于服务质量来说,只有一部分由服务提供者评定,其余的只能通过顾客的体验、感受来评价;而同一服务,不同的顾客会有不同的评价;顾客对服务质量的评价也无法通过"试用"等方式来确定,更不完全取决于一次体验,而往往在接受竞争对手的服务之后才能体验到。

④ 在很多服务过程中,顾客始终参与其中,不仅对最终服务进行评价,还对服务的"生产"过程进行评价,甚至在排队等待过程中,还对所观察到的服务进行评价。此外,顾客个人的偏好变化多,使服务质量的标准难以设定,也给服务质量监管人员采集质量数据、制定有效的质量控制措施带来了一定困难。

服务企业运营活动的目标之一就是使顾客满意,而顾客满意的基础就是对接受服务的感知与对服务期望相比较的感受状态。因此,顾客对服务质量的评价具有一定的主观成分。在传统的营销模型里没有质量概念和质量管理模型,质量概念被引入服务领域始于 20 世纪 80 年代初,格罗鲁斯等一批学者撰文对服务质量的内涵和性质等进行了开拓性的研究。与此同时,美国营销科学研究院从 20 世纪 80 年代初开始资助一项为期 10 年的对服务质量的专项研究。

A.Parasuraman 等学者于 1985 年通过对机械修理、零售业、银行业、电信服务、证券经纪人及信用卡公司等几类不同的服务行业的充分研究,总结提出了顾客感知服务质量定性模型。在这个模型中,从 5 个方面来考查服务质量:交付可靠性(在第一时间恰当的服务,并实现其承诺)、响应性(服务的及时性)、可信度(诚实、可信赖,时刻将顾客利益放心中)、需求理解程度(尽力理解、体谅、尊重顾客需求,对顾客需求心领神会)和有形性(服务的设施)。顾客感知服务质量则包括 3 个层次:超出顾客期望,给顾客带来惊喜;满足顾客期望,产生满意的质量;低于顾客期望,导致不可接受的服务质量。

服务能力即服务交付系统单位时间内服务顾客的数量,也会对服务质量产生影响。如服务能力不足时会导致排队现象。多数公司希望以最佳能力水平运营管理柔性能力,这对公司来说是一个挑战。

5.2 质量计划、控制和改进

5.2.1 质量提升循环

朱兰提出了质量三部曲的思想:质量计划、控制和改进。在计划过程中,公司应该识别主要的经营目标、顾客和所需产品,强调产品/服务的适用性,强调人的作用。许多质量改进都要求进行详细的计划,以保证首先解决最为重要的质量问题。朱兰建议要进行突破性改进和流程的连续改进,他认为这可以通过把系统纳入统计控制状态来完成。对全体员工进行培训和提高是必要的,可以保证连续的质量改进。

质量计划、控制和改进的过程要求顾客与营销部门、研发设计部门与运作部门相互协作。图 5-2 是部门协作与质量循环的关系。营销部门确定顾客期望,并对顾客期望做出解释。设计部门在其他部门的协作下定义设计的概念,准备设计说明书,定义质量特性,建立设计规范,满足顾客期望。设计部门鼓励顾客参与设计，设计规范与标准制定以后，设计质量就确定了。运营部门要按照预定的设计规范与质量标准来生产产品或提供服务，同时运营部门还要进行质量的计划与控制，保持对员工的适当培训、对设备的维护、对生产过程的监督与控制，实现对产品质量的持续改进。顾客的反馈信息是产品持续改进的根本标准。质量循环保证对质量的各个方面的计划、控制与持续改进。

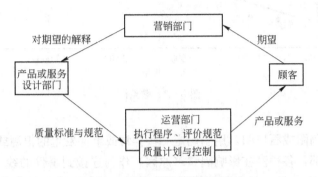

图 5-2 部门协作与质量循环

在质量循环中，实施质量计划与控制需要按以下步骤进行。
① 确定产品/服务的质量特性。
② 选择各个质量特性的度量指标。存在计数值与计量值两种指标：计数值指标有两种状态，即正确或错误、正常或故障等；计量值指标可在连续、可变范围内取值。
③ 设定各个质量特性的质量标准，即特定的质量水平，是划分质量合格与不合格的依据。
④ 根据这些标准对质量进行控制，如在哪里进行检验、全检或抽检、检验如何进行。
⑤ 发现质量缺陷的原因。
⑥ 进行质量的持续改进。

5.2.2 质量工具

质量工具有"老七种"工具和"新七种"工具之分。"老七种"工具通常指的是质量控制工具，即流程图、散点图、因果图、帕累托图、检查表、直方图、控制图。"老七种"工具主要用来发现实际生产过程中的质量问题，以及估计这些问题的原因的关联性。"新七种"工具通常指的是质量管理工具，即亲和图、树图、过程决策程序图、矩阵图、关联图、优先顺序矩阵图和活动网络图。与"老七种"工具适用于数量型资料分析有所区别，"新七种"工具适用于质量型资料分析，主要用于管理和策划质量改进活动。

质量管理需要测量相关参数，以便分析总结，发现问题。质量经理的职责之一是确保及时、有效地对有意义的指标进行分析总结和报告。质量测量报告有多种形式，这里介绍的几种经典的质量工具，有助于监控和报告特定质量参数状态，提高解决质量问题的能力。

1. 散点图

通过散点图来发现过程的运行趋势与规律。

图 5-3 是一个散点图，显示了不合规部件（缺陷）数量和供应商提供物料批量之间的关系。这张图显示了两者之间存在高度的正相关关系。随着批量的增加，缺陷的数量也会增加。与供应商共享这些信息将有助于减少每个批次的缺陷数量。

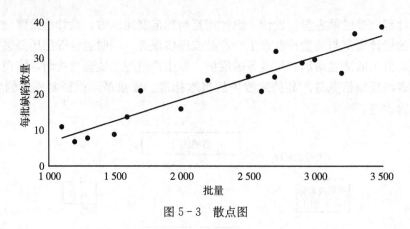

图 5-3 散点图

2. 因果图

因果图,也称鱼刺图或石川图,用于确定一些异常或事件发生的根源或可能原因。异常或事件(效果)是图的头部,各种潜在影响因素(原因)作为连接到事件的线(主干)。在使用因果图时,组织经常利用 5M(人、机、料、法和环)方法。使用这个工具常常会确定一个根源或可能原因。

从一个特定的过程问题开始,将问题的所有可能的原因加以分解,分成主要的几类,在每一类下确定、识别引起问题原因的细节项目。在多数情况下,人、物料、机器、方法与绩效评测五类原因是相关的,如图 5-4 所示。因果图适用于检查过程,通过因果图可以寻找隐藏在过程内部的问题。图 5-5 是一个例子。

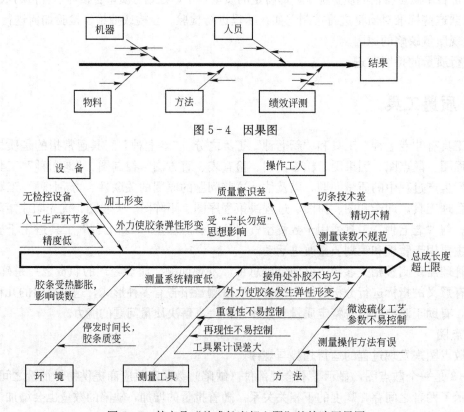

图 5-4 因果图

图 5-5 某产品"总成长度超上限"的故障因果图

3. 帕累托图（频率图）

帕累托图是对 80/20 规则的图形描述。维弗雷多·帕累托和约瑟夫·朱兰证明了大约 80% 的问题是由大约 20% 的因素造成的。

图中可进一步分析不同供应商进货的检验结果，以便发现不同供应商出现的问题，进而制定相关的纠正措施。

通过帕累托图可以发现过程中的主要问题，可以对问题进行重要度的分类，以确定首先要解决的问题或故障。如图 5-6 所示，对引起问题的 7 种原因进行分析，做出其频率图与频率累计图，以确定主要的原因。

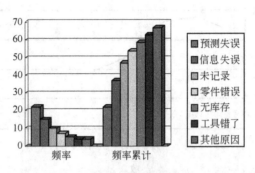

图 5-6　帕累托图

4. 问题树

采用问题树对问题的原因进行归因分析，分析树根处问题的原因，列出主要原因作为下一层，再对每一个子原因进行分析，直到找到问题发生的原因，如图 5-7 所示。

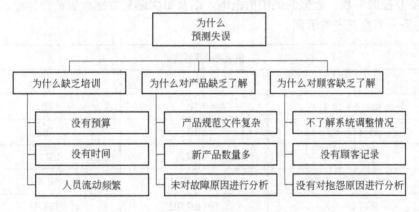

图 5-7　问题树举例

5. 流程图

流程图是一个过程中各个步骤的图形化描述。它可以作为一个团队的优秀起点，因为它有助于团队成员对于流程有一个共同的理解。除了展示流程中的基本步骤之外，流程图也可以包含其他相关信息，比如到期日期、工具和责任人。

6. 控制图

控制图用于确定过程中发生变异的特殊的原因，还可演示过程在特定的时间内是如何进行的。除了这两个主要功能外，控制图还可以报告有关参数。选择合适的控制图来监控或显示指定的参数与参数本身的状态同样重要。如果使用不恰当的控制图，那些解决质量问题的重要数据就会被过程的利益相关方和供应商误解,从而导致错误的结论。

控制图有计量型和计数型两种基本类型。当需要监控具有连续值的参数时,比如一个人的体重、一个接力棒的长度或者一个试剂的 pH 值等,就使用计量型控制图。常用的计量控制图有 X 图、R 图、X-s 图的图表。当需要监控具有离散值的参数时,就使用计数型控制图,有 c 图、u 图、p 图和 np 图。图 5-8 是一个计量型 X 图(图中的 R 部分没有显示)。

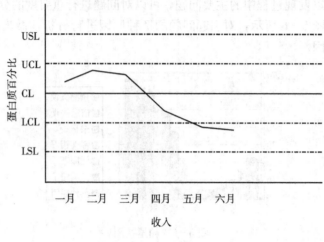

图 5-8 控制图

7. 检查表

检查表(有时也称为计数表)是一种快速、简单地获得参数频率分布图形化描述的方法。它只需要识别要监控的参数、近似的期望值范围,以及每次遇到数据点后进行标记。

图 5-9 是一个检查表的示例。

供应商的准时交货		
	1月	2月
提前 8~10 天	II	III
提前 5~7 天	IIII	HH
提前 2~4 天	HH	HH III
预定日期前后两天	HH HH III	HH HH
延迟 2~4 天	HH HH IIII	HH II
延迟 5~7 天	HH HH II	IIII
延迟 8~10 天	HH II	II

图 5-9 检查表

8. 直方图

直方图是频率分布图,显示了一个特定参数值的分布。它可以用来监控从供应商处收到货物所等待的天数分布、食品原料批次中样本的微生物孢子数量分布、汽车制造商从供应商处收到的 12 V 电池的重量分布等。

图 5-10 显示了一家医疗设备制造商从其最可靠的供应商那里收到的大量注射器样品的长度分布图。如果注射器长度的规格是(5±0.1)英寸,那么所有的样品都在规格范围内。如果注射

器长度的规格是（4.95±0.05）英寸，那么供应商制造的注射器就太长，其中近一半样品的长度都超出了规格。与供应商分享这个分布图很有意义。

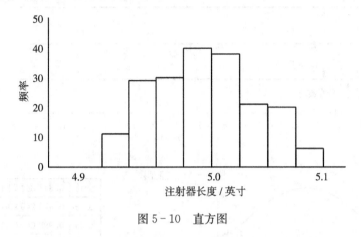

图 5-10　直方图

5.3　统计工序控制

5.3.1　随机波动与异常波动

工序（过程）是指商业事务、制造、提供服务的环境中任何重复性的活动，用公式可以表示为

$$Y = f(x)$$

其中，x 表示输入（系统中上游部分发生的变化与产生的绩效）；Y 表示工序的输出结果。

统计工序控制是在产品/服务的生产过程中对其进行检验，如果检查结果表明某个生产过程波动异常，生产就必须停顿下来，以便查明产生异常波动的系统因素。

工序控制以两个假设为基础。一个是随机波动是任何生产过程都会产生的，不论生产工艺设计得多么完美，总会存在随机波动。随机波动是指由无数随机因素引起的自然波动。工序控制的目的就在于要寻找生产过程随机波动的范围，然后保证生产过程在这一范围内变化。另一个假设是生产过程并不总是处于统计控制状态，由于操作程序、操作者、设备维护不当等因素的影响，产品质量的波动会比预期大得多。这属于异常波动，是由可识别、可管理的系统或设备因素引起的波动。生产过程管理者的首要任务就是要找出异常波动的原因，使生产过程处于统计控制状态。

采用控制图来对生产过程进行控制，使之处于统计控制状态。图 5-11 是一个示例，纵轴表示受控的质量特性值，横轴表示时间或样本，控制图的中心线表示被测量的质量特性值的期望值，上、下控制线（UCL 和 LCL）表示可接受的正常随机波动的最大范围，超出该范围的波动就属于异常波动了。一般来说，上、下控制线设在期望值的正、负 3 倍的标准差处。如果质量特性值服从正态分布，那么所有观测值的 99.73% 将落在控制界限范围内，如图 5-12 所示。

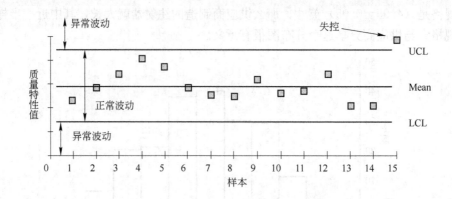

图 5-11 控制图

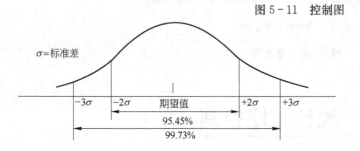

±1σ	0.841 344 74	68.27%
±2σ	0.977 249 938	95.45%
±3σ	0.998 650 033	99.73%
±4σ	0.999 968 314	99.993 662 8%
±5σ	0.999 999 713	99.999 942 6%
±6σ	0.999 999 999	99.999 999 8%

图 5-12 正态分布概率分布图

生产过程进入稳定状态后,对其进行周期性抽样,将各样本的质量特性值标在控制图上。如果该点落在控制界限范围内,生产过程可以继续进行;如果落在控制界限范围之外,就必须中止生产过程,寻找产生异常波动的系统因素。当点虽然落在控制线内,但出现如下异常点时也需要查明原因。

- 5 点连续出现在中心线一侧,如图 5-13(a) 所示;
- 两点连续接近控制线,如图 5-13(a) 所示;
- 明显的单向走势,如图 5-13(a) 所示;
- 取值水平突然变化,如图 5-13(b) 所示;
- 交替振荡,如图 5-13(c) 所示。

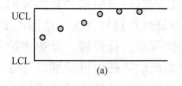
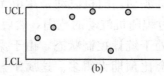
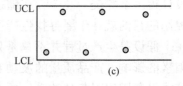

图 5-13 控制图中的异常点

通过控制图方法可以使生产过程保持在统计控制状态。用于控制生产过程的原理也可用来控制其他管理过程。

下面介绍田口玄一关于波动的观点。

统计控制方法实际上隐含了一个假设,即所有落在控制界限之内的工序质量特征值都具有同等程度的可接受性,反之亦然。然而一个接近期望值的质量特征值显然要比接近控制线的取值(尽管它也落在界限内)更为理想。全面质量管理者也指出,将质量特征值保持在控制线之内,对工序的改善没有什么帮助,应该通过对工序的持续改善来缩小控制界限的范围。

田口玄一指出单靠控制界限无法充分反映与期望值偏差的全部结果,为此他提出了质量损失函数,将质量缺陷产生的所有成本均计算在内。这些成本包括废品成本、维修成本、检验成本、服务成本等都纳入社会损失总成本。质量损失函数为

$$L = D^2 \cdot C$$

其中,L——社会损失总成本;

D——实际值与期望值的偏差;

C——常数。

图 5-14 表示了传统观点与田口玄一的观点在工序波动方面存在的差异。传统的工序控制方法认为控制界限内所有的质量特征值都具有同等程度的可接受性,波动成本都为零。田口玄一则认为,即使在控制界限内,波动成本是不同的,只有在期望目标值时才为零,与期望目标值的偏差越大,成本也越大,且随着与期望目标值偏差的增大,成本将以平方倍率递增,因此公司应该积极想办法减少工序波动,缩小波动的可接受范围。这是田口玄一提出的目标导向质量观点。

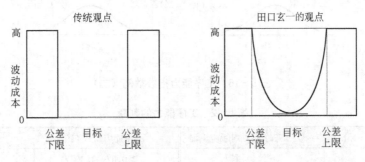

图 5-14 传统观点与田口玄一的观点在工序波动方面存在的差异

5.3.2 工序能力

工序能力(process capability)是一个用来衡量生产工序波动的可接受性的指标。生产过程中需要提高工序满足或超过规格要求的能力,因此定义工序能力指数(process capability index)C_P 为工序规格要求范围(允许的公差范围)与所测工序数据的波动范围的比值。在实际应用中,工序规格要求范围等于该工序的公差上限(UTL)与公差下限(LTL)的差,所测工序数据的波动范围一般等于数据分布的 6 倍标准差(绝大部分数据落在期望值的 $\pm 3\sigma$ 范围内),因此得到如下公式。

$$C_P = \left(\frac{\text{UTL} - \text{LTL}}{6\sigma}\right)$$

所测工序数据的波动在质量标准规格限内时 $C_P \geq 1$,工序波动超出规格限时 $C_P < 1$,如图 5-15 所示。C_P 指标假设工序波动的期望值正好落在规格限范围的中点,称为工序波动无偏。

工序波动的期望值偏于公差限范围中点,即有偏时,工序能力指数 C_P 可表示为

$$C_P = \min\left\{\frac{\bar{x} - \text{LTL}}{3\sigma}, \frac{\text{UTL} - \bar{x}}{3\sigma}\right\}$$

在两个单侧指数中最小的那个才能描述该工序的实际能力,如图 5-16 所示。

根据工序能力指数的大小可对工序能力做出判断,如表 5-2 所示。

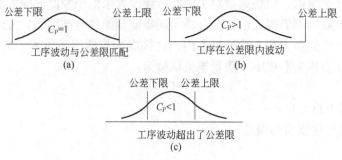

图 5-15 工序能力指数举例（一）

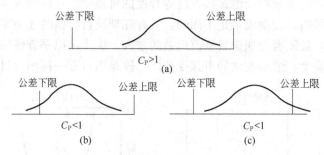

图 5-16 工序能力指数举例（二）

表 5-2 工序能力的判断

工序能力指数 C_P	工序能力判断	工序能力指数 C_P	工序能力判断
>1.67	过剩	>0.67~1.00	不足
>1.33~1.67	充足	≤0.67	严重不足
>1.00~1.33	正常		

5.3.3 统计工序控制图

统计工序控制图的原理是：正态性假定，即生产过程处于统计控制状态；3σ 准则；小概率原理，即小概率事件一般不会发生；反证法思想，即一旦小概率事件发生，则认为过程失检。

统计工序控制图按用途分类，可分为分析用控制图和控制用控制图；按质量特性分类，可分为计数值控制图（如 p 图、c 图等）和计量值控制图（如 $\bar{x}$-R 图等）。

1. p 图

计数值指标有两种状态：合格和不合格。选用不合格率（r）作为统计量，统计量服从二项分布，其期望与标准差的估计值为

$$\bar{p} = \frac{\text{不合格品数目总计}}{\text{观察值数目总计}}$$

$$\sigma_p = \sqrt{\frac{\bar{p}(1-\bar{p})}{n}}$$

使用不合格率作为统计量的控制图，称为 p 图。p 图的上、下控制限为

$$UCL = \bar{p} + z\sigma_p$$
$$LCL = \bar{p} - z\sigma_p$$

LCL 不能为负值,当计算结果出现负值时,LCL 取零。

不合格品也称缺陷,是一个描述工序产出的可量化的质量特征,指产品或者服务不在顾客可以接受的范围内,即不符合规格。

【例 5-1】 假设以两小时为间隔,从数据记录中依次取出 15 个含有 100 个记录的样本,检查结果如表 5-3 所示,画出控制图。

表 5-3 样本的数据误差百分比(不合格率)

样本号	n	不合格数	不合格率 p	样本号	n	不合格数	不合格率 p
1	100	4	0.04	9	100	1	0.01
2	100	2	0.02	10	100	2	0.02
3	100	5	0.05	11	100	3	0.03
4	100	3	0.03	12	100	2	0.02
5	100	6	0.06	13	100	2	0.02
6	100	4	0.04	14	100	8	0.08
7	100	3	0.03	15	100	3	0.03
8	100	7	0.07				

解 由题意知

$$\bar{p} = \frac{55}{1\,500} \approx 0.036$$

$$\sigma_p = \sqrt{\frac{\bar{p}(1-\bar{p})}{n}} = \sqrt{\frac{0.036(1-0.036)}{100}} \approx 0.018\,8$$

计算控制上、下限,有

$$UCL = \bar{p} + z\sigma_p, \quad LCL = \bar{p} - z\sigma_p$$

从而得

$$UCL = 0.092\,4, \quad LCL = -0.020\,4 \text{(取 0)}$$

作出控制图,如图 5-17 所示,15 个样本点基本处于控制状态之中。

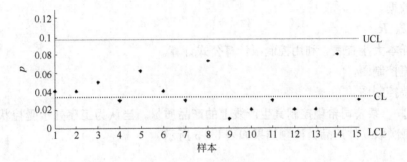

图 5-17 控制图举例

有时候,计算不合格品数(c)比计算不合格率更方便,以不合格品数为统计量的控制图称为 c 图。它与 p 图非常相似,但是要求样本容量必须恒定不变,其控制限公式为

$$控制限 = \bar{c} \pm 3\sqrt{c}$$

其中,中心线

$$\bar{c} = \frac{1}{m}\sum_{i=1}^{m} c_i \quad (m \text{ 为样本数})$$

2. $\bar{x}$-R 图

在控制计量值型的质量指标时,最常使用的控制图是均值-极差控制图($\bar{x}$-R 图)。它是由均值控制图与极差控制图两个图组成的。均值控制图可以显示工序输出平均值的变化,通过对均值的监控可以发现工序是否发生了偏离。极差是样本内最大值与最小值之间的差值。极差的计算比标准差更简便。极差控制图显示了各个样本的极差,通过对极差的监控可以及时发现工序波动范围的异常变化。

选取 m 个容量为 n 的样本,总体均值 $\bar{\bar{x}}$ 等于所有样本均值的平均数,极差平均值 $\bar{R}$ 等于所有样本的极差的平均数。两种控制图的控制上、下限分别如下。

均值控制图控制限为

$$\text{UCL} = \bar{\bar{x}} + A_2\bar{R}, \quad \text{LCL} = \bar{\bar{x}} - A_2\bar{R}$$

极差控制图控制限为

$$\text{UCL} = D_4\bar{R}, \quad \text{LCL} = D_3\bar{R}$$

其中,A_2,D_3,D_4 是随样本容量大小变化的因子,如表 5-4 所示。

表 5-4 均值-极差控制限中使用的因子

n	A_2	D_3	D_4	n	A_2	D_3	D_4
2	1.88	0	3.27	7	0.42	0.08	1.92
3	1.02	0	2.57	8	0.37	0.14	1.86
4	0.73	0	2.28	9	0.34	0.18	1.82
5	0.58	0	2.11	10	0.31	0.22	1.78
6	0.48	0	2.00	11	0.29	0.26	1.74

建立这类控制图的步骤如下。
① 收集数据。
② 计算 $\bar{\bar{x}}$,$\bar{R}$。
③ 根据样本大小查表,利用控制限计算公式计算。
④ 画均值控制图。
⑤ 画极差控制图。

【例 5-2】 某公司希望控制其生产线上的产品质量,当认为工序处于受控状态时,抽取了 15 个样本,每次取 5 件产品,检测结果如表 5-5 所示。

表5-5 某公司样本数据及表格计算

样 本	第一件	第二件	第三件	第四件	第五件	平均值	极 差
1	10.68	10.689	10.776	10.798	10.714	10.732	0.116
2	10.79	10.86	10.601	10.746	10.779	10.755	0.259
3	10.78	10.667	10.838	10.785	10.723	10.759	0.171
4	10.59	10.727	10.812	10.775	10.73	10.727	0.221
5	10.69	10.708	10.79	10.758	10.671	10.724	0.119
6	10.75	10.714	10.738	10.719	10.606	10.705	0.143
7	10.79	10.713	10.689	10.877	10.603	10.735	0.274
8	10.74	10.779	10.11	10.737	10.75	10.624	0.669
9	10.77	10.773	10.641	10.644	10.725	10.710	0.132
10	10.72	10.671	10.708	10.85	10.712	10.732	0.179
11	10.79	10.821	10.764	10.658	10.708	10.748	0.163
12	10.62	10.802	10.818	10.872	10.727	10.768	0.250
13	10.66	10.822	10.893	10.544	10.75	10.733	0.349
14	10.81	10.749	10.859	10.801	10.701	10.783	0.158
15	10.66	10.681	10.644	10.747	10.728	10.692	0.103
					总平均值	10.728	0.220 400

解 利用 Excel 表格计算每个样本的均值与极差,进而计算总体均值与极差平均值,如表5-5所示。

样本大小为5,查表5-4得到 $A_2=0.58$, $D_3=0$, $D_4=2.11$。计算控制限,画出控制图,如图5-18和图5-19所示。

$$\text{UCL}=\bar{\bar{x}}+A_2\bar{R}=10.728-0.58\times0.220\ 4\approx10.856$$
$$\text{LCL}=\bar{\bar{x}}-A_2\bar{R}=10.728-0.58\times0.220\ 4\approx10.601$$

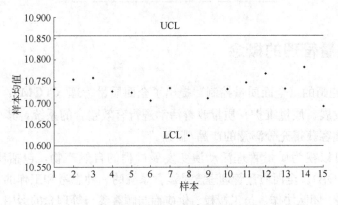

图5-18 均值控制图

$$\text{UCL}=D_4\bar{R}=2.11\times0.220\ 4=0.465\ 04$$
$$\text{LCL}=D_3\bar{R}=0\times0.220\ 4=0$$

从图5-18可以看出,所有样本的均值没有超出控制限;从图5-19可以看出,第8个样本的极差超出控制限,所以应该中止生产过程,找出原因。

统计工序控制用于生产过程,而对于生产系统而言,生产过程的输入与输出需要进行抽样检

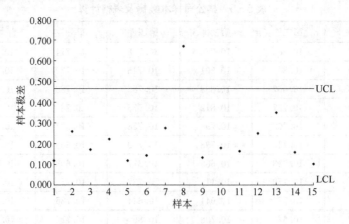

图 5-19　极差控制图

验，如图 5-20 所示。抽样检验是用于某一工序前或后的检验，根据抽取的样本来决定接收或拒收整批产品/服务。进行抽样检验需要制订抽样方案。抽样方案规定批量规模、样本规模、样本数目及接收或拒绝准则。有关统计抽样的知识请参考有关书籍。

图 5-20　抽样检验、工序控制与生产系统

5.4　全面质量管理

5.4.1　全面质量管理的概念

1957 年，费根鲍姆的《全面质量控制》提出了全面质量管理（TQM）："一种可以对公司内部不同群体的质量发展、质量维护、质量改善活动进行有效整合的系统，其目的是使公司以最低的成本提供能够让顾客获得充分满意的产品/服务。"

全面质量管理可以视为质量管理活动演变发展过程的自然产物，包括质量检验、质量控制（QC）和质量保证（QA）。全面质量管理理念是运营系统的一种思考和工作的方式，强调运营系统全面参与、质量战略、团队协作、员工授权、供应商与顾客参与等理念的运用。

实施全面质量管理的运营系统应重视如下问题：
- 满足顾客的需求和期望；
- 公司每个部分、所有部门全面参与；
- 全员参与；
- 监控所有与质量相关的成本；
- 将事情"一次做好"，采用设计式而非检验式的质量管理方法；

- 建立可以为质量和改善活动提供支持的体系和程序；
- 实行持续改善。

全面质量管理要求运营系统从顾客角度看问题，认识到顾客对于公司成功及生存的极端重要的核心地位。顾客被视为公司的重要组成部分，而不是外部个体。同时，全面质量管理要求公司每个部分、所有部门全面参与。公司内部微观运营部分之间是顾客与供应商关系，公司的微观运营部分在满足自己内部顾客的同时，也就是在为满足外部顾客做贡献。微观运营构建"无缺陷"服务，尽早纠正错误，并清晰界定各微观运营部分与其内部顾客的需求，鼓励微观运营部分相互之间签订服务水平协议（SLA）。服务水平协议是对服务内容及双方关系所做出的正式界定，涉及反应时间、服务范围、服务供应的可靠性等。

全面质量管理要求全员参与，每位员工都能够对质量产生影响。员工要想保证不犯错误，就得积极改善自己的工作方式，并帮助其他人改善工作方式。

全面质量管理要求监控所有与质量相关的成本，具体有以下4种。

① 预防成本。预先防范活动（如处理隐患、完善产品设计、培训员工、统计工序控制等）所发生的成本。

② 鉴定成本。鉴定活动（如制订统计抽样检验方案、检验、调查质量问题、质量评估等）所发生的成本。

③ 内部故障成本。运营系统内部得到处理的缺陷所产生的成本，如废品、废料成本、返工成本、处理故障造成的缺陷等。

④ 外部故障成本。影响到运营系统之外的顾客所产生的成本，如信誉损失成本、处理顾客抱怨成本、保修成本等。

故障成本或低质量的成本是指生产工序产生的产品/服务不符合规格或者与顾客期望不符时，所花费的人力、材料和制造费用的总额，包括检查、返工、重复工作、报废的残料、更换产品和退款、顾客的抱怨、顾客的流失及声誉的丧失。低质量而花费的成本通常与人有一定的关系。质量有问题，在其中工作的人可能在许多方面受到影响：士气低落、矛盾、劳动生产率降低、缺勤人数增加、与压力有关的健康问题、人们感到精疲力竭、人员的流动性大。这样带来的后果又会增加低质量的成本。

传统的质量成本模型中，当用于鉴定和预防的费用增加时，故障成本就会相应减少，而且存在一个最优的质量活动水平，可以使总成本实现最小化。这种观点意味着缺陷与故障是可以接受的、不可避免的。最优质量活动水平是对缺陷与故障的妥协，不能很好地激励员工不断寻找改善质量的新途径。

全面质量管理质量成本模型则对上述观点进行了质疑：故障与缺陷是不能接受的，是可以避免的；质量成本难以从生产过程中众多的成本项目中分离出来，会计体系不是为了计算质量成本而设计的，质量成本难以计算；故障成本会很高，不仅包括返工成本、报废成本、信誉损失成本、保修成本，而且也包括故障对正常运作干扰所产生的费用等；通过全员参与，每一位员工都将事情一次做好，从源头防止缺陷的发生，会发生一些预防成本，但不会增长得那么快。全面质量管理质量成本模型认为没有最优的质量活动水平，即使存在，也在坐标轴右边很远的地方，公司必须在质量活动中投入更大的精力，而成本无须增加多少。全面质量管理质量成本模型力争通过预防缺陷和故障的发生来减少一切已知和未知的故障成本；通过质量管理活动控制预防成本与鉴定成本，全面质量管理重视预防，从源头阻止缺陷，而不是鉴定，这将降低故障成本。

全面质量管理要求将事情"一次做好"。质量成本观念的变化，促成了检验式（鉴定导向）

质量管理向设计式（一次做好）质量管理的转变。

5.4.2 质量管理体系和程序

质量管理体系是为实施质量管理而配置的组织结构、职责分工、程序、方法和资源。Dale 教授指出：质量管理体系应该界定和覆盖一个公司运营过程的所有方面，从发现顾客需求到需求分析、设计、计划、采购、制造，一直到包装、存储、交付和服务，以及这些职能部门内部所有与质量相关的活动，它要解决组织、责任、程序和方法的问题。简单地说，一个质量管理体系就是一个完善的质量管理系统。

ISO 9000 系列是公司建立质量管理体系的国际标准。国际标准化组织（ISO）认可的标准系列于 1987 年被采纳，1994 年、2000 年、2008 年进行了修订。许多国家都有与其等价的质量体系标准，如澳大利亚 AS 390、比利时 NBC X50、英国 BS 5750、瑞典 SS－ISO 9000、马来西亚 MS 985、荷兰 NEN－9000、南非 SABS 0157、德国 DIN ISO 9000、丹麦 DS/EN 29000。

设计质量不包括在 ISO 9000 中，ISO 9000 是一种条目式的质量方法，保证质量和产品合格是其首要目标。ISO 9000 向公司提供了保证质量的准则。ISO 9000 还适用于服务业和软件开发。

ISO 9000 详细说明了公司应有的质量保证体系，包括程序、政策和培训。一般要有一本质量手册，作为质量文件的一部分。ISO 9000 要求的文件很广泛，包括公司业务流程图、作业指导、检查和测试方法、工作描述、组织机构图等，要求对员工按这些程序进行培训，并在实践中切实履行，以保证遵循质量标准。

ISO 9000 认证有 3 种形式：第一方，公司按照 ISO 9000 标准自我评审；第二方，客户评审其供应商；第三方，由具备国家标准或国际标准资格的认证机构评估。

必须通过第三方评审的公司才能获得认证，达到 ISO 9000 标准而进入认证公司档案记录。ISO 9000 登记过程是首先请求预评估，然后才能最终审计。最终审计通常由信任的注册员或第三方审计组从评审公司质量手册开始，确认公司是否有良好的质量体系文档，是否完成了培训，应用中的实际系统是否符合正式的系统描述。如果注册员对审计组的推荐感到满意，则准予登记，提供登记文件。产品本身并不需要认证，只是要对生产产品的过程进行认证。ISO 9000 认证必须定期复审和更新注册。

ISO 9000 体系的应用领域如图 5-21 所示，ISO 9000 与 ISO 9004 是行为指南，ISO 9001～ISO 9002、ISO 9003 是标准。

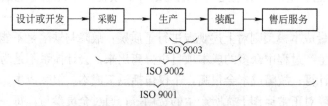

图 5-21 ISO 9000 体系的应用领域

ISO 14000 是控制企业活动与排放物对环境的影响的一系列标准，包括三大标准领域：管理系统（保护环境职责与业务计划集成）；运营（自然资源与能源的消耗）；环境系统（废气、污水等废物排出的评估与管理）。

ISO 9001 标准适用于需要证实其具有稳定提供满足顾客要求及适用法律法规要求的产品和服务的能力的组织，以及期望通过质量管理体系的有效运用，包括体系的改进，并保证符合顾客和适用法律法规要求，旨在增强顾客满意的组织。ISO 9001 标准规定的所有要求都是通用的，适用于各种类型、不同规模和提供不同产品和服务的组织。2015 年发布的第五版 ISO 9001 标准的主要内容包括：组织环境、领导作用、策划、支持、运行、绩效评价和改进。

ISO 9004：2009 标准为处于复杂、严峻和不断变化环境中的组织提供了质量管理体系的整体视角，通过质量管理方法，为组织实现持续成功提供指南。组织的持续成功需要组织最高管理者具有长期的战略视野，通过对组织环境分析，在整个组织中建立起关注所有相关方需求与期望的共识，以及共同为之奋斗的组织行为；利用过程方法建立有效和高效的组织框架；以事实为基础充分利用各种质量工具开展组织活动，并与供方和合作伙伴建立双赢的关系。组织应主动地管理所有过程，包括外包过程，以确保所有过程有效和高效地运行。管理过程需要识别过程、过程的相互依存关系、过程的约束及资源的共享，明确过程管理者职责和权限，加强过程监控、绩效测量与改进，进而实现组织目标。

ISO 9004 标准强调了改进、创新和学习是组织实现持续成功极为重要的基础。改进活动涉及当前要素的改变，如组织结构的局部调整、过程能力的提高、现有技术的完善、资源的充分利用、人员能力的提高和产品性能的提高等。组织在实施改进活动后将会产生渐进性的改变或显著性的改变，甚至是"突破性"改进。创新活动往往涉及新的要素，如组织结构从部门结构改为项目部结构，开发或引入新的产品、过程、技术和资源等，从而使原有要素需要做重大调整。例如，设备的机械控制系统改为电子控制后，原有机械控制系统的制造、质量控制、售后服务的概念都要进行全新的考虑。学习是指对组织内外知识、技能和经验进行学习和分享的活动。让学习成为组织文化，从组织内外各类事件和各种来源收集数据，包括成功案例和失败案例，从数据分析中获得知识。只有采取个人能力和组织能力相结合的学习方法，才能有效促进组织的改进和创新活动，提升组织整体能力。

5.4.3 全面质量管理实施

对于有些公司而言，全面质量管理实施的确带来了明显的利润增长，而对于另外一些公司却是收效甚微或无效。问题出在全面质量管理的实施过程。一些全面质量管理计划的发展轨迹往往是全面质量管理成功推出后，效果逐渐减弱，缺乏有效的计划与控制是其原因之一。公司应实施持续改进的计划，用全面质量管理改变公司的价值观和管理理念。

有些管理者过分关心短期的财务结果，而忽视系统的改进。有些管理者将全面质量管理作为一项速战速决的时尚计划来执行。当质量得不到提高时，有些管理者总爱责备员工，而不去思考隐含的问题。有些管理者错误地认为，质量改进的成功一定要以成本为代价。有些管理者妨碍团队工作，不是给团队包办政策，就是使个人的行为凌驾于团队之上，他们并没有关心、奖赏做出成绩的团队。有些管理者认识不到混乱的业务流程对产品质量的危害，他们不从顾客的角度去重组流程。所有这些都会导致全面质量管理实施达不到应有的效果。

全面质量管理实施的成功因素主要有：质量战略，最高管理层支持，指导小组，以团队为基础的改善，成绩得到认可，培训是质量改善的"心脏"，基于流程、面向顾客的实施方法。

质量方针是由最高管理者正式发布的组织质量方面的宗旨和方向，通常与组织的使命和愿景相一致，并为制定质量战略及质量目标提供方向，是全体员工开展质量管理工作的行动准则。最高管理者在支持质量管理体系和全员积极参与时，要能够提供充分的人力和其他资源，监视过程和结果，确定、评估风险和机遇，采取适当的措施。最高管理负责获取、分配、维护、提升和处置资源，支持组织实现其目标。各级领导建立统一的宗旨和方向，并创造全员积极参与实现组织的质量目标的条件，使组织将质量战略、方针、过程和资源协调一致，以实现其目标。

质量管理的首要关注点是满足顾客要求并且努力超越顾客期望。按照顾客要求，将过程中相互关联的活动联结起来，并不断改进、优化，这样才能更有效地得到可预知的过程绩效结果。

组织可遵循过程方法和风险思维，将戴明的 PDCA 循环应用于所有过程及整个质量管理体系的建立和实施中。见图 5-22，构建 PDCA 循环的简要描述如下。

① 策划（plan）。根据顾客需求和组织方针、目标，建立质量管理体系目标及其过程，确定实现结果所需的资源，并识别和应对风险和机遇。

② 实施（do）。实施所做的策划。

③ 检查（check）。根据方针、目标、要求和经策划的活动，对产品/服务及其过程进行监控和测量，并报告结果。

④ 措施（act）。根据检查结果，采取相应的措施，改进绩效。

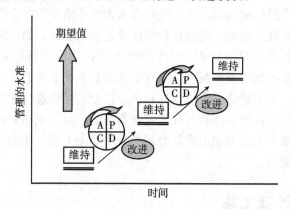

图 5-22 质量水平的维持和改进循环

在贯彻质量管理体系的基础上，通过 PDCA 循环持续改进过程中的"短板"或顾客抱怨，不断提升质量水平和整体管理水准，具体包括以下活动：分析和评价现状，以识别改进领域或问题；确定改进目标；寻找可能的解决办法，以实现这些目标；评价这些解决办法并做出选择；实施选定的解决办法；测量、验证、分析和评价实施的结果，以确定这些目标实现。

5.5 6σ 管理法

采用 6σ 管理法的公司获得了显著的财务成果，并且开发出了一套能够改善企业业绩，促进企业发展，经受过严格检验的计划方案。通用电气开始实行 6σ 管理法时韦尔奇说："这是通用电气所采用的最重要的创举。"他还指出，6σ 管理法是"我们未来进行领导管理的遗传代码的一部分"。

6σ 管理法不仅在制造业得到应用，而且也进入了服务业。6σ 管理法在通用电气金融服务公司的成功实施，造就了 GE 金融服务这家全球最大的非银行型金融服务集团。众多的服务型企业相继开始学习和实施 6σ 管理法，如美国万国宝通银行、花旗银行、摩根大通集团、美洲银行、新加坡银行、汇丰银行、微软公司、亚马逊等。

6σ管理法在健康护理、金融、法律、工程、市场开拓和其他领域受到越来越多的关注。

5.5.1 6σ管理法的概念

6σ管理法要求工序波动在公差上下限——±6σ（产品标准差）之内，又假设工序受干扰，允许工序期望值偏移目标1.5σ，如图5-23所示，此时产品合格率达到99.999 66%，百万件中次品数为3.4，工序能力指数$C_P=1.5$，相当于工序无偏时±4.5σ的质量水平，如表5-6所示。

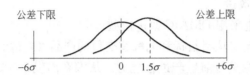

图5-23 6σ管理法允许偏移目标1.5σ

表5-6 对应zσ的值

设计公差限	z	$P(x \leqslant \mu+z\sigma)$	产品合格率	DPMO（百万件中次品数）
工序无偏时				
±1σ	1	0.841 344 746	68.27%	317 310.507 9
±2σ	2	0.977 249 868	95.45%	45 500.263 9
±3σ	3	0.998 650 102	99.73%	2 699.796 063
±4σ	4	0.999 968 329	99.993 665 8%	63.342 483 67
±5σ	5	0.999 999 713	99.999 942 7%	0.573 303 308
±6σ	6	0.999 999 999	99.999 999 8%	0.001 973 175
工序期望值偏移1.5σ				
±2σ	0.5	0.691 462 461	69.146 25%	308 537.54
±3σ	1.5	0.933 192 799	93.319 28%	66 807.20
±4σ	2.5	0.993 790 335	99.379 03%	6 209.67
±5σ	3.5	0.999 767 371	99.976 74%	232.63
±6σ	4.5	0.999 996 602	99.999 66%	3.40

6σ管理法通过缺陷程度来度量生产工序（流程），100万个机会只允许有3.4个机会出现次品。这一目标远远超出了正常的质量水平，是相当严格的目标（但不像零缺陷）。6σ管理法是一种管理哲学，强调基于对整个生产流程的理解、度量、分析和改善，通过实际操作与控制来消除工序中的缺陷，提高运营水平。6σ管理法是全面质量管理的一个延伸，核心观点就是测量出生产流程中的缺陷，找到系统的方法消除这些缺陷，从而接近"零缺陷"的质量水平。

Kevin Linderman等人给出了一个6σ管理法的定义：基于顾客需求而不是基于企业或部门的内部考虑来设立目标，进行战略流程改善的有组织的、系统的方法，是利用统计方法进行新产品/服务的设计开发，大幅度减少顾客定义的缺陷率的科学方法。

5.5.2　6σ方法论

6σ方法论分为 DMAIC 和 DFSS 两种。DMAIC 常用于对企业现有流程的改善；而 DFSS 则主要用于企业新产品/服务流程的设计，以及旧流程的再造等工作。在 DMAIC（定义→度量→分析→改进→控制）和 DFSS 中的每个阶段，6σ 都有一整套系统科学和经过企业成功实践的工具和方法。6σ 正是通过这些科学、有效的量化工具和方法来分析企业业务流程中的关键因素，通过对最关键因素的改进而实现突破，进而获得产品质量与客户满意度提高的效果。

1. 6σ管理法用于过程改进

6σ 管理法用于过程改进采用 DMAIC 改进模型。

① 定义。确认机会，定义项目目标和向顾客交付的产品（内部和外部的）。

② 度量。收集数据，测量目前生产过程能力。从顾客出发，考虑对于过程产出影响重大的因素，确定其关键质量特性，设定当前过程的缺陷率，绘制流程图，作出当前的控制图，了解当前运行状况。

关键质量特性是反映顾客心声的产品/服务或过程的关键的、可测量的质量特性。关键质量特性的绩效标准或规格限范围必须能满足顾客的需求，改进计划与顾客需求应保持一致。关键质量特性对于过程（工序）的产出有重大的影响，识别关键质量特性对于如何改进、大幅度地降低成本、提高质量至关重要。关键质量特性通常必须由顾客的定性描述转换为可操作的、定量的业务规范或技术特性，可以借助于质量功能展开（quality function deployment，QFD）工具。

③ 分析。解释数据，分析、确定造成缺陷的根本原因，确认对于工序改进起关键作用的几个因素。

④ 改进。针对确定的原因与改进因素，开发详细的流程改进解决方案，并付诸实施，以消除流程中的缺陷。

⑤ 控制。制订控制计划，监控改进绩效，确保改进得以持续，执行工序控制系统。

2. 6σ管理法用于设计

6σ 设计是在产品/服务或过程需要开发与设计时，或者产品/服务或过程已经存在，但不能达到顾客所要求的水平或 6σ 水平需要重新设计时，以分析工具为基础，以事实数据为驱动，使缺陷率达到 6σ 质量水平的方法。

6σ 设计关注高水平的创新或优化设计，其过程是用 6σ 驱动、以顾客为导向的设计过程，这一方法开始时就需要预测设计质量，需要上下配合，需求自顶向下，功能自底向上，并结合跨功能设计方法。该方法在早期设计阶段就注重质量，监控过程变异，保证顾客需求得到满足。6σ 设计可采用 DMADV 方法论。

① 定义。定义项目目标与顾客（内部或外部）、可交付的产品。定义阶段通过建立目标、规则和组织结构来确定整个设计项目的基调。工作由管理者和项目设计团队共同承担。项目的选择要与整体业务战略相一致且对战略所发挥的作用最理想。

② 度量。度量过程，确定当前绩效。度量阶段要识别关键顾客，并且确定顾客的关键需求和可度量的关键质量特性，这在成功设计产品、服务和过程中是必不可少的。

③ 分析。分析过程方案，满足顾客需求。在分析阶段，要从多个可选设计方案中选出一个；根据设计要求对细化的设计进行改进、优化；设计团队可开发一些可选设计，选择"最适合"的设计。

④ 设计。设计（详细设计）过程，满足顾客需求。设计阶段在分析阶段所产生细化设计的基础上建立，产生一个最优化的功能设计，符合生产或服务的要求。通过实验、风险分析等，产生符合具体运营能力的最终设计。最后，利用仿真、建模和排障测试证明设计的正确性。

⑤ 核实。校验设计性能与满足顾客的能力。在 DMADV 过程中，校验阶段的目的是：在要求的质量、可靠性和成本限制条件下保证新设计可以在这个领域实施并获得支持；从后向前全面审视产品，提出产品中的所有潜在问题；通过测试，揭示产品潜在生命期或服务能力中存在的问题。

5.5.3　6σ 管理法的实施

6σ 管理法是否起作用取决于最高管理者是否积极参与。朱兰博士说，成功取决于当一个组织在主要项目或整个企业以任何形式采用 6σ 管理法时，最高管理者是否为以下这些无法授权的任务承担责任：建立 6σ 管理委员会并为其服务；确定目标；领导资源有效利用的过程；分配所需资源；倡导员工认知仪式；激活公司的奖励体系。

实施任何形式的 6σ 管理法都要求观念上的突破。管理者必须认识到，连续的改进已经不足以快速地达到战略、财务和运营目标。

实施 6σ 项目的直接结果是：优化设备利用，减少错误，缩短对客户查询的反应时间，降低检查、维护及供应链上的成本，缩短提前期，改进质量，改进过程的有效性和效率等。

1. 6σ 改进项目中的角色

6σ 改进项目中的角色包括以下几种。

① 倡导者。从战略上为改进团队确定重要项目并提供资源，通常不必接受详细的培训，认识、了解 6σ 管理法即可。

② 黑带。负责执行改进项目，全职工作，通常接受 4 周的培训。

③ 黑带大师。充当指导者或内部顾问，接受更多的培训。

④ 绿带。兼职改进专家，充当支持角色，接受较少的培训。

采用柔道上的术语是因为黑带的唯一职能就是关注严格解决问题的办法，练习特定的技能，利用一套既定的工具击败敌人。这里的敌人是指生产残次产品的生产流程。

2. 6σ 管理法的再认识

① 6σ 管理法不是新的、另外的质量计划，质量计划的价值在于能够创造质量观和企业文化。

② 6σ 管理法确认了那些直接影响企业经营成果、可以识别的长期存在的问题。

③ 6σ 管理法不是理论，是发现关系重大的几个关键工序因素的实践活动。

④ 6σ 管理法不是培训项目，是企业战略，它能促进企业各个层次上企业文化的变化。

⑤ 6σ 管理法不仅只适用于制造业，而且对服务业更为重要。

⑥ 6σ 管理法以满足顾客的需求为出发点。

⑦ 6σ 管理法不是全面质量管理的再包装。

⑧ 6σ 管理法成效显著，将人、生产流程和绩效积极联系在一起，以一种非常严格的、人们可以适应的方式实现企业所追求的目标。

5.6 质量奖项

日趋激烈的全球竞争使人们对质量加倍关注,许多商业和非商业组织就如何改进质量而寻求管理咨询的帮助。这些组织以前主要是制造业企业,近年来多为服务业企业,如教育机构和医疗卫生机构等。这种需求催生了全球各种各样的质量奖。从日本到美国、从美国到欧洲,再到我国和印度,质量奖项成为企业卓越运营的基准标杆,在企业追求卓越的过程中起了重要作用。

在世界范围内比较著名的质量奖有:日本戴明奖、美国波多里奇国家质量奖(MBNQA)、欧洲质量奖(EQA)、英国质量奖(UKQA)、新加坡质量奖(SQA)、加拿大杰出奖(CAE)等。另外,还有很多授予个人的奖项,如费根鲍姆奖章、石川奖章等。在这些质量奖中最具有影响力和代表性的就是世界三大质量奖:日本戴明奖、美国波多里奇国家质量奖和EFQM优胜奖。

1. 戴明奖

1951年,日本科学家与工程师协会(JUSE)设立戴明奖,用来奖励在质量控制和提高生产率方面做出最大贡献的公司和个人。戴明奖分为3个类别:戴明个人资金、戴明应用奖金和工厂质量控制奖。戴明奖与后来的波多里奇奖的最大区别是:它们的目的不尽相同,即戴明奖是"授予那些成功应用了以统计质量控制为基础的全员质量控制并可能在以后继续保持应用的公司",所以戴明奖的评选注重统计技术的应用。戴明奖主要评价10个项目:战略与目标、组织及其运营、教育及培训、信息的收集与传播、分析、标准化、控制、质量保证、实施效果和未来计划。申报单位必须提交一份公司质量活动的详细报告。

2. 波多里奇国家质量奖

20世纪80年代,美国在产品质量和过程质量方面的领导地位受到了国外竞争对手的严重挑战,劳动生产率的增长也落后于日本等竞争对手。许多有远见的美国工商界人士和一些政府领导认识到美国企业必须重新强调质量,当时担任商务部长的马尔科姆·波多里奇(Malcolm Baldrige)为提高美国产品的质量和质量管理水平做出了很大的努力。为了表彰他的杰出贡献,1987年美国国会决定设立质量奖时就将该奖命名为马尔科姆·波多里奇国家质量奖(Malcolm Baldrige National Quality Award,MBNQA),1987年该奖项正式生效。图5-24是波多里奇国家质量奖标准框架图。

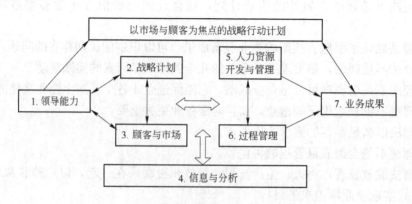

图5-24 波多里奇国家质量奖标准框架图

波多里奇国家质量奖标准框架按 7 个部分来记分，即领导能力（110 分）、战略计划（80 分）、顾客与市场（80 分）、信息与分析（80 分）、人力资源开发与管理（100 分）、过程管理（100 分）、业务成果（450 分），共计 1 000 分。

① 领导能力。它的分数基于以下几个方面的情况：高层管理者对质量管理的认同情况，所有管理者的积极参与，以及整个企业中的质量意识。它还包括社会责任和团体的参与。

② 战略质量计划。它是质量工作的凝聚力所在。成功的申请者都制订了高水平的、具体的目标和质量计划，并得到了贯彻和实施。通常这些质量管理的战略计划在公司的战略计划指导下进行。

③ 以顾客与市场为中心。获奖的公司从各种各样的渠道搜集顾客数据，包括与顾客交流、市场调研调查和一对一的接触访问。所获得的信息应该能够指导公司运营，使顾客满意。波多里奇国家质量奖获得者都努力让顾客满意，不仅仅是最低限度地满足顾客的需求，他们常常超越顾客的期望并预测顾客的未来需求。

④ 信息与分析。这一类包括基于实际数据进行决策分析。公司的数据库应该方便员工使用，要有关于供应商、内部流程和顾客的综合信息。信息系统必须进行集成，用于公司的决策支持。

⑤ 人力资源开发与管理。这是一个范围很广泛的领域。人力资源管理包括雇员参与、连续教育、培训、团队合作，以及由工作进行决策。以往的波多里奇国家质量奖获得者都强烈主张把人力资源作为一切质量改进行动的基础。

⑥ 过程管理。它包括许多 ISO 9000 认证及申请方面的方法。这些方法包括流程定义、文件、统计工序控制和质量改进工具。

⑦ 业务成果。这一类包括顾客满意（125 分）、财务和市场效果（125 分）、公司特别效果（125 分）和供应商与人力资源效果（75 分）。标准质量要衡量缺陷产品百分比、顾客回报、及时配送，以及利润率、投资回报和市场份额。成功的公司都有随时进行质量改进的能力，而不是等到以后再改进。

这 7 个方面代表了质量管理的框架。获得波多里奇国家质量奖并不是说公司都要按一个标准的方法，每个公司都可以自由选择适合自己的具体技术和方法，只要符合总体目标和在上述标准之内。波多里奇国家质量奖不要求某种教条的方法，允许根据公司的实际情况灵活定义"卓越质量管理"的范畴。从标准框架来看，波多里奇国家质量奖的标准已经超出了单独质量保证的范畴，考虑公司管理的综合系统。实际上，质量不可能从管理中分离出来，为了生产真正满足现在和将来客户需求的产品/服务，质量管理工作要不断改进和创新。

波多里奇国家质量奖适合的企业类别：制造公司及其子公司，生产农业、矿业、建筑业产品，提供服务的服务业公司或其子公司，小型商业企业，卫生保健组织和教育机构。

波多里奇国家质量奖获得者的基本特征是：系统阐述质量远景规划与实现策略；高级主管主动积极参与；仔细认真地规划和组织质量计划项目，确保其有效启动；精神高涨、强有力地控制整个过程。

波多里奇国家质量奖评奖活动对美国经济发展的促进作用相当大。1999 年 11 月 23 日，美国总统克林顿在 1999 年度波多里奇国家质量奖颁奖大会上指出："波多里奇国家质量奖在使美国恢复经济活力及在提高美国国家竞争力和生活质量等方面起到了主导作用。"波多里奇国家质量奖的评选促使企业提高管理绩效，成就有目共睹。

3. EFQM 优胜奖

1998年14个欧洲著名品牌创建了欧洲质量管理基金会（European Foundation for Quatity Management，EFQM），它的使命是通过加强质量是全球竞争优势来源的观念，推动质量改进运动，从而提高欧洲公司在世界市场上的地位。1999年欧洲质量管理基金会将1992年设立的欧洲质量奖更名为EFQM优胜奖，它不仅是对欧洲质量卓越企业的奖励，也是对一个组织全面质量工作的系统回顾和评价。它的标准把全面质量管理的概念扩展到了组织基础管理的许多方面，具有更广阔的视角。EFQM优胜奖的标准框架如图5-25所示。

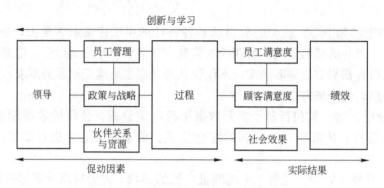

图5-25　EFQM优胜奖的标准框架

EFQM优胜奖的基本思想是质量改善的效果，即员工满意度、顾客满意度、社会效果及关键绩效成果。它们通过5个方面的促动因素实现，这些促动因素包括：领导和目标的连续性、政策与战略、公司对员工的培训、伙伴关系与资源，以及公司对生产过程的组织模式。员工满意度包括员工的积极性、满足感、绩效及公司为员工提供的服务；顾客满意度包括顾客对公司的忠诚度，以及顾客对公司形象、产品与服务、售中及售后服务的印象；社会效果主要是指公司所表现出来的社会责任感，包括对所在社区各项事业的参与程度及外部对公司的评价；关键绩效成果主要是指公司预定绩效目标的实现情况，绩效目标既有财务性的，也有非财务性的，如现金流量、利润、预算执行情况、成功率及知识产权的价值等。

公司可以根据业务评价模型对公司的各项活动及其效果进行全面、系统的定期检查，帮助公司了解自己在运营改善方面取得的成绩及各项目标的实现程度，从而使公司在应用具体的模型时可根据自身环境建立合理的权重分配方法。

4. 我国的全国质量管理奖

我国也有自己的质量管理奖，它的使命是激励和引导企业追求卓越绩效。我国的全国质量管理奖的评奖标准充分借鉴了以上三大国际质量奖的先进理念，并充分考虑了我国企业的文化特征，对我国企业的质量战略具有很大的指导作用。全国质量管理奖的核心内容被中国质量协会（CAQ）归纳为11条，是组织提高质量竞争力的经验总结，具体如下：

① 领导者作用。
② 以顾客为导向。
③ 培育学习型组织和个人。
④ 建立组织内部与外部的合作伙伴关系。
⑤ 灵活性和快速反应。
⑥ 关注未来，追求持续稳定发展。
⑦ 管理创新。

⑧ 基于事实的管理。
⑨ 社会责任与公民义务。
⑩ 重在结果和创造价值。
⑪ 系统的观点。

5.7 故障模式影响分析

5.7.1 故障模式影响分析的概念和发展

故障模式影响分析（failure mode and effects analysis，FMEA）是分析系统中每一产品所有可能产生的故障模式及其对系统造成的所有可能影响，并按每一个故障模式的严重程度、检测难易程度及发生频度予以分类的一种归纳分析方法。故障模式影响及危害性分析（failure mode, effects and criticality analysis，FMECA）是故障模式影响分析和危害性分析（criticality analysis，CA）的组合分析方法。在本书中，除特别指定外，将故障模式影响分析和故障模式影响及危害性分析统称为故障模式影响分析。故障模式影响分析使用系统分析方法对产品的设计、开发、生产等过程进行有效的分析，找出过程中潜在的质量问题（或称为故障模式或模式），分析评价这些潜在的质量问题发生的可能性及其带来的影响和严重程度，及时采取有效的预防措施，以避免或减少这些质量问题的发生。故障模式影响分析强调的是"事前预防"，而非"事后纠正"，这样可以避免在质量问题发生后消耗大量的人力、物力，在提高产品质量的同时降低生产和开发成本，最大限度地避免或减少损失，提高效率。这与 ISO 9000 标准所体现的"预防为主"的基本思想是一致的。

故障模式影响分析的应用、发展相当迅速。20 世纪 50 年代初，美国第一次将故障模式影响分析思想用于一种战斗机操作系统的设计分析。60 年代中期，故障模式影响分析正式用于美国航天工业。1976 年，美国国防部发布了故障模式影响分析军用标准，但仅限于设计方面。70 年代末，故障模式影响分析开始进入汽车工业和医疗设备工业。80 年代初，故障模式影响分析进入微电子工业。80 年代中期，汽车工业开始应用故障模式影响分析。到了 1988 年，美国联邦航空局发布咨询通报，要求所有航空系统的设计及分析都必须使用故障模式影响分析。1991 年，ISO 9000 推荐使用故障模式影响分析，以提高产品和过程的设计。至今，故障模式影响分析已在工程实践中形成了一套科学而完整的分析方法，并成为传统工业及高科技行业质量持续改进的必备方法。

5.7.2 故障模式影响分析的类型

任何产品（包括硬件、软件、服务）在其实现过程中都可能存在故障问题。因此，故障模式影响分析不仅可用于硬件产品制造业，同时也可用于软件业及服务业。质量是设计出来的，是制造出来的，所以在产品实现的各个过程中，如设计过程、采购过程、制造过程、使用及服务过程等，都可以运用故障模式影响分析进行分析和控制。

故障模式影响分析可分为多种类型，包括：系统故障模式影响分析，专注于整个系统研究；设计故障模式影响分析，专注系统组成部分和子系统的研究；过程故障模式影响分析，专注于生产和装配过程；服务故障模式影响分析，专注于服务功能；软件故障模式影响分析，专注于软件功能。其中，设计故障模式影响分析和过程故障模式影响分析最为常用，而且发展也最为成熟。故障模式影响分析在产品设计阶段和过程设计阶段，对构成产品的元件、零件、系统，对构成过程的各个程序进行逐一的分析，从而预先发现潜在故障模式并采取有效措施加以改进，以提高产品质量可靠性。设计故障模式影响分析的内容主要包括产品的材料、外形尺寸、可靠性、功能性、加工经济性、可检验性和可维护性等方面。过程故障模式影响分析的内容主要包括加工方法的经济性、合理性、安全性，工序能力指数，质量保证能力，工序自检能力和设备维修等方面。设计故障模式影响分析应在一个设计概念形成之时或之前开始，在产品加工图样完成之前结束，并在产品开发的各个设计阶段更改时及时进行修改。过程故障模式影响分析则应在生产工装准备之前开始，在正式批量投产前完成，并要充分考虑从单个零件到总成的所有制造工艺。作为一种管理工具，故障模式影响分析的整个活动过程和所有文件记录都必须处于文件控制之下，并最终以故障模式影响分析报告的形式反映出来。故障模式影响分析报告可用表所示。

通过故障模式影响分析，可以了解一个产品的设计理念和制造工艺关键控制项的来源。例如，这个产品为什么在这里增加一个看似无用的孔，故障模式影响分析会告诉你这是个非常重要的过程定位孔；为什么装配顺序是 1—2—3—4 而不是 3—2—1—4？虽然后者从理论上来说更为合理，但企业在该产品的长期装配实践中发现，前者装配的效果更好。所以说，故障模式影响分析是一种技术沉淀，它清晰地记载了产品不断改进的历程，是一个企业几代人努力的结晶，是秘中之秘。目前，国内的一些著名企业已经意识到故障模式影响分析对本企业长远发展的重要性，也逐步开始尝试运用故障模式影响分析。

严重度、发生率、难测度和风险优先级数值是应用故障模式影响分析时使用的最为重要的参数。

严重度是指某种潜在故障模式发生时对产品质量及顾客产生影响的严重程度的评价指标，可分为 10 级，对应 1~10 分，1 分表示不严重，10 分表示非常严重。

发生率是指某项潜在故障模式发生的频率。发生的可能性越大，其发生率数值越大。发生率共分为 10 级，对应 1~10 分，1 分表示不可能发生，10 分表示发生的可能非常大。

难测度是指当某个潜在故障发生时，根据现有的控制手段及检测方法，能将其准确检出的概率的评价指标，分为 10 级，对应 1~10 分，1 分表示可能检测到故障模式，10 分表示根本不可能检测到故障。检测包括两个方面：检测产生故障模式的原因、检测产生影响的故障模式。

风险优先级数值（RPN）是严重度（S）、发生率（O）和难测度（D）的乘积，即 RPN=$S \cdot O \cdot D$，取值在 1 到 1 000 之间。风险优先级数值是某项潜在失效模式发生的风险性及其危害的综合性评价指标，RPN 值高的项目应作为预防控制的重点。

故障模式影响分析是一组系列化的活动，包括找出产品或过程中潜在的故障模式，评估各故障模式可能造成的影响及严重程度，分析故障发生的原因及发生的可能性，评估故障发生时的难测度，根据风险优先级数值综合分析，确定应重点预防和控制的项目；制定预防和改进措施，明确措施实施的相关职责；跟踪和验证。图 5-26 是运用故障模式影响分析进行过程改进的流程图。应设计专用表格（见表 5-7）来记录故障模式影响分析的情况。

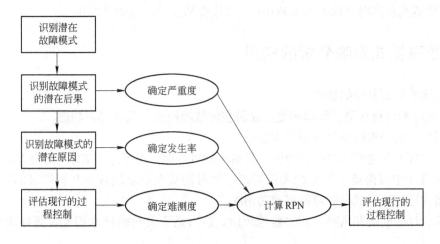

图 5-26 运用故障模式影响分析进行过程改进的流程图

表 5-7 故障模式影响分析记录表

_____系统   FMEA 编号：_____
_____子系统   页码：_____
_____零组件：_____   设计责任：_____   编制者：_____
车型年度/车辆类型：_____   关键日期：_____   FMEA 日期：_____
核心小组：_____

项目功能	潜在失效模式	潜在失效后果	严重度(S)	分类	潜在失效原因	发生率(O)	现行预防设计控制	现行探测设计控制	难测度(D)	风险优先级数值RPN	建议措施	责任和目标完成日	措施执行结果			
													采取的措施	严重度	发生率	难测度	RPN
1	2	3	4	5	6	7	8	9	10	11	12	13	14	15			

在故障模式影响分析中，应注意以下几个问题。

① 在确定某产品或过程可能发生的失效模式时，应召集相关人员召开会议，鼓励大家尽可能将潜在的故障一一找出，同时也要参考以往类似产品或过程的记录及经验。

② 要根据顾客可能发现或经历的情况来描述失效的影响效应，要记住顾客可能是内部的顾客，也可能是外部的最终顾客，同时必须考虑相关法律法规的要求。

③ 各组织可根据自身产品或过程的特点，制定合适的 S、O、D 等参数的评定标准。

④ 制定预防和改进措施的目标是最大限度地降低 RPN 值，也就是说减小发生率、严重度、难测度中的任何一个或全部。

⑤ 一般应将 RPN 值高的故障模式作为控制重点，但在实践中，不管 RPN 大小如何，当某

种故障模式严重度很高时（取值为 9 或 10），就应特别注意，预防其发生。

5.7.3 故障模式影响分析的使用

1. 故障模式影响分析的功能
故障模式影响分析帮助工程师确定产品潜在的故障模式，具有以下功能。
① 提高生产的要求以减少故障的可能性。
② 评估顾客或其他影响设计过程的人员需求的可行性，保证这些需求不会增加故障的风险。
③ 确定设计中可能造成故障的关键特点，尽可能最大限度地减少其所带来的影响。
④ 提出改进方法，确定故障能够成功消除。
⑤ 跟踪设计中的潜在风险，实时监控风险，这有助于公司的技术积累，更好地为将来的产品服务。
⑥ 保证任何可能发生的故障不会伤害或严重影响使用产品的顾客。

2. 故障模式影响分析的优点
故障模式影响分析用来协助工程师改善设计的质量和可靠性。正确地运用故障模式影响分析能给工程师带来许多便利，具体优点如下。
① 改善过程的可靠性和质量。
② 增加顾客的满意度。
③ 能够减少潜在故障模式。
④ 区分产品或过程中缺点的优先级。
⑤ 掌握工艺的特点和知识。
⑥ 重点问题重点防御。
⑦ 证明风险存在并采取行动减少风险。
⑧ 提供持续不断的监控测试和改进。
⑨ 减少产品生产结束时产生的变动。
⑩ 促进团队合作和各个不同功能部门的交流。

3. 故障模式影响分析需注意的问题
故障模式影响分析记录文档是一个实时变化的文档，贯穿于产品生产的所有环节并且随着产品生产过程实时更新。产品过程变化会引入新的潜在故障模式，所以当下列情况发生时重新评估和更新故障模式影响分析记录文档是十分重要的。
① 生产周期开始时，一种新产品和生产工艺重新引进。
② 生产产品的流水线或过程的操作条件改变。
③ 产品和它的生产过程密切相连，当产品设计改变时，生产过程必然受到影响，反之亦然。
④ 实施新的规章制度。
⑤ 顾客反馈产品质量或生产过程出现问题。

案 例

"黑天鹅"飞起来

瓯冉公司虽然很小，没有品牌，名气不大，产量也不高，但对质量的要求很高，因而在客户中的口碑非常好，瓯冉公司的高质量源于它对工艺、材料严格的筛选，对供应商的严格要求，来自于每一位员工对工作的认真负责的态度。所有的问题都基本解决在生产线上，而在客户那里的"一次开箱合格率"这些年来几乎都保持在100%。也就是说，这么多年以来，瓯冉公司在客户那里从来就没有出过问题，做到了客户零投诉。瓯冉公司也为自己的高质量产品而感到无比自豪。

瓯冉公司的一个紧固件来自某个供应商，这个供应商的表现一直也非常好，没有出过任何问题，有一次，这家供应商在淬火中突然停电了，好在几分钟后立刻恢复了供电，虽然炉子的温度有些下降，但没有造成影响，在供应商的操作流程中没有对停电处理做规定，炉子的温度不够，对紧固件的硬度有些影响。操作工人并没有把这几个温度低的紧固件挑出来。这几个紧固件的其中一个随着批量送到了瓯冉公司，并装上了瓯冉公司的产品，这个产品是一个启动控制器，当工件移动碰到这个启动件，控制开关打开，工件再往回运动，周而复始，这个工件需要通过最终的压力测试才能合格出厂。这一天当班检验员正在认真地做着最终的产品检测，有一个员工递给他一个报表，他起身时没有注意碰到的刻度把手把压力调下一个挡次，正好这个带病的启动控制器通过了检验台，顺利地通过了测试。他坐下时又碰到刻度把手，把压力调了回来，一切恢复了正常，他还是没有注意到。这只启动控制器出厂来到另一家工厂，装上了设备，到了最终的客户，这个工厂正在为军方开发一个新式产品，遇到高级管理人员约瑟夫到厂里调研。这台机器在关键时刻就是不争气，生产的产品怎么调也还是超差，约瑟夫非常生气，认为是操作工人有问题，大发雷霆，立即现场办公，马上解决问题，全厂上下齐动员，围着机器找问题，几天下来，终于发现这个启动控制器的紧固件有点软，在工件不断碰撞下，一点一点弯曲，造成了误差。这似乎不是大事，但在约瑟夫现场办公监督下，就根本没有小事，于是立刻把机器生产厂的厂长找来。这个厂长遭到训斥，自然没有好气，全部愤怒转嫁到瓯冉公司，但瓯冉公司的老板在外面出差开会呢，不让开手机。厂长怒火更旺，不但要求瓯冉公司连赔带罚，还硬把瓯冉公司的供应商资格取消了，并将其拉入黑名单。

随后发生的事情一发不可收拾，这个圈子很小，客户们一传十、十传百（本来就没多少客户），"好事不出门，坏事传千里"，许多客户都要求退货，取消订单，不退货的也要求瓯冉公司每一批都要附上第三方的检测报告。这小小的启动控制器，本来就没有多少利润，一份检测报告要花费上万元，一个产品还不过几十元，批量又小，开始瓯冉公司还硬撑着，但客户对报告的要求已经成为常态，瓯冉公司终于支撑不住倒闭破产。而这些客户也不得不高价向外国采购。而那家工厂，虽然试制成功，但因为没有后续产品而不得不推迟交付。当然那个约瑟夫对此是浑然不知，其实知道了，他也不会有任何愧疚，还会认为他的现场办公是非常有效的。然而，工厂却不得不自己开模，自己制造这个启动控制器，产品没有赶上一次重要训练，工厂管理层受到通报批评，几位主要人员被降职处分，故障皆因一次几分钟的断电。

长尾效应还在不断地发酵着……

瓯冉公司老板回顾所有发生的一切，泣不成声："这只紧固件就像一只黑天鹅，在所有的偶然中，只要有一个没有发生，都不会有今天的下场！过去所有对质量的努力都付之一炬，显得毫无意义，谋事在人成事在天，人之命天注定呀。"

讨论题：
黑天鹅现象是命运的捉弄吗？该公司能够避免黑天鹅现象吗？如何避免出现这类黑天鹅现象？

习题及思考题

1. 企业经理如何定义质量？应该重点关注哪些问题？以具体产品/服务为例加以说明。
2. 解释一致性质量。
3. 如何理解零缺陷思想？如何应用？

4. 你同意戴明的十四条原则吗？为什么？
5. 设计一个评价企业运营的指标体系。
6. 质量成本是如何产生的？以实例说明。
7. 用 Excel 表格制作画控制图的模板（本书中讲过的几种）。
8. 下列情况采用何种统计管理工具？
(1) 找出质量问题的关键原因。
(2) 寻找产品发生故障的各种可能的原因，并分析主要原因。
(3) 寻找引起质量波动的系统原因。
(4) 确定生产过程或服务过程是否处于统计控制状态。
9. 以实例说明故障模式影响分析的应用。
10. 简述航空公司等服务企业如何实施 6σ 管理法。
11. 试分析 A 航空公司如何提高航班的准时到达率。(1) 画出控制航班延误的控制图（按置信度 95%，$z=1.96$）。(2) 假设航空行业延误航班的控制上限和下限分别是 0.100 0 和 0.040 0。在控制图上标绘出控制上限和下限。在控制图上标出每一个样本的延误率，并进行分析。当延误率超出控制限时，公司应该采取什么措施？(3) 帮助公司提出改善服务质量的报告。

A 航空公司第一位的竞争优势是准时到达，公司将"准时"定义为每一航班都须在飞行时刻表规定到达时间的 20 分钟内到达。公司决定对航班飞行情况进行监控。在过去 30 周的每一周，汉纳都抽取 100 次航班到达作为样本，对准时到达情况进行检查。下表是不符合公司的准时定义的航班次数：

样本（周）	航班延误次数	样本（周）	航班延误次数
1	2	16	2
2	4	17	3
3	10	18	7
4	4	19	3
5	1	20	2
6	1	21	3
7	13	22	7
8	9	23	4
9	11	24	3
10	0	25	2
11	3	26	2
12	4	27	0
13	2	28	1
14	2	29	3
15	8	30	4

第 6 章

运营主干 ERP

【本章要点】
- ERP 及 ERP 系统；
- 基于 MRP 的生产计划与控制系统；
- 综合计划（AP）；
- 主生产计划（MPS）；
- 资源需求计划；
- 物料需求计划（MRP）；
- 制造资源计划（MRP Ⅱ）；
- 网络计划。
- 生产调度。

引 例

家电制造企业的生产计划策略

在全球竞争激烈的大市场中，无论是流程式的制造业还是离散式的制造业，无论是单件生产、多品种小批量生产、少品种重复生产还是标准产品大规模生产的制造，制造业内部管理都会遇到以下问题：企业可能拥有卓越的销售人员推销产品，但是生产线上的工人却没有办法如期交货，车间管理人员则抱怨说采购部门没有及时供应他们所需要的原料；实际上，采购部门的效率过高，仓库里囤积的某些材料10年都用不完，仓库库位饱和，资金周转很慢；许多公司要用6～13个星期的时间，才能计算出所需要的物料数量，所以订货周期只能为6～13个星期；订货单和采购单上的日期和缺料清单上的日期都不相同，没有一个是确定的；财务部门不信赖仓库部门的数据，不会根据它来计算制造成本。不能否认，以上这些情况正是大多数企业目前所面临的严峻的问题，然而针对这一现象，又能有什么有效的办法来解决呢？

我国是家电制造大国，国内有众多的家电厂，产品不仅在国内销售，还有很多企业的产品出口到国外，并承接国外的制造订单。家电产品制造有共同的特点，那就是产品的各组成配件需要经由各分厂/车间进行生产，另有部分配件要由外部采购，最后再组装为成品。下面以一个大型空调制造企业为例进行说明。首先要由几个分厂生产空调的配件，主要包括注塑成型、控制电路板生产、钣金加工等，另外，压缩机和电机要从外部采购。工厂的需求需要考虑市场预测和外部订单。市场预测的需求以月为单位,客户订单则具体到日期,出口的订单因为要考虑交货船期因素,不能延迟。每个分厂负责自己的生产排程,配件厂的生产计划需根据总装厂计划,而总装厂的排程也要考虑分厂的生产排程。

需求计划不等于生产计划。家电销售和制造是有淡季和旺季的,空调夏天是销售旺季,电视可能春节前是销售旺季,在销售旺季来临之前的几个月是生产的旺季,旺季和淡季的产量会相差数倍。在旺季,全部生产线开动、日夜加班都不能满足要求,而淡季可能需要停掉部分生产线、工人部分时间休假或需要裁减员工。

过多的休假和加班对企业和员工都非常不利,企业的生产应该尽量连续而均匀。要达到这个目的,就需要对需求进行很好的规划,将需求转换为生产计划,确定什么时间应该生产什么产品,生产的产量与工作时间如何安排。同时,也要考虑库存成本,避免库存过大,使生产与库存取得平衡,企业才能得到最大的收益。

将市场预测转换为生产计划,要考虑以下几个方面的问题。

① 员工的工作时间,在淡季要保证基本工作时间,旺季不超过最大允许加班时间。

② 主要资源(生产线、机器设备)的最大生产能力,瓶颈资源是什么,使用瓶颈资源的产品配件要优先提前生产。

③ 模具、贵重的测试仪器限制,这些虽是辅助资源,但采购的成本比较高且需要较长的时间,因此要考虑这些资源的限制;资源比较紧张的配件要提前较长时间生产。例如,注塑厂对于模具数量有限的配件要提前生产。

④ 配件生产与总装的配合。总装厂要生产订单产品,也要生产一定的库存产品。各配件厂在淡季既要配合总装厂的装配计划,又要生产出一些库存的配件,用于旺季组装。

⑤ 物料采购要按实际的生产计划,要具体到天或周,不要以月为单位,以降低物料库存。

很多大型企业产品种类繁多,有的达到数百种,配件有几千种之多。各种产品交叉共用配件,不同产品的部分配件又会共用模具等资源。对于这种企业,将长期需求转换为实际的生产任务,协调各分厂的生产计划和外购物料的采购计划,是一个至关重要而又复杂艰巨的工作。

思考题:
1. 什么样的资源计划能够帮助企业解决开始提出的问题?
2. 什么样的资源计划体系能够满足家电制造业的需求?
3. 家电制造业的生产计划该如何制订?

(来源:郑云. 家电制造企业生产计划策略. e-works,2007-10-26,有删节)

6.1 ERP 及 ERP 系统

企业资源计划(enterprise resource planning,ERP)最初起源于制造业物料需求计划(material requirement planning,MRP)与制造资源计划(manufacturing resource planning,MRP Ⅱ)。ERP 作为新一代 MRP Ⅱ,其概念由美国 Gartner Group 于 20 世纪 90 年代初首先提出。Gartner Group 通过一系列的功能标准来界定 ERP 系统。ERP 具备的功能标准应包括 4 个方面。

① 超越 MRP Ⅱ 范围的集成功能。

② 支持混合方式的制造环境,包括既可支持离散又可支持连续的制造环境,按照面向对象的业务模型组合业务过程的能力和全球范围内的应用。

③ 支持能动的监控能力,提高业务绩效,包括在整个企业内采用控制和工程方法、模拟功能、决策支持和用于生产及分析的绘图能力。

④ 支持开放的客户-服务器计算环境，包括客户-服务器体系结构、图形用户界面（GUI）、计算机辅助设计工程（CASE）、面向对象技术、使用 SQL 语言对关系数据库查询，以及内部集成的工程系统、业务系统、数据采集和外部集成（如 EDI）。

上述 4 个方面分别是从软件功能范围、软件应用环境、软件功能增强和软件支持技术上对 ERP 进行了评价。

如今，ERP 已经成为全球各个行业企业的主流信息系统，已成为企业主要的运营管理基础，几乎所有的企业都需要借助 ERP 进行企业的信息管理与业务运营。ERP 已经大大超出了其原有的含义，成为企业经营的主干。

ERP 概念形成的背景存在于多个方面：第一，企业运营全球化，多场所、多工厂要求协同作战，统一部署；第二，信息时代 IT 技术的迅速发展；第三，企业信息管理的范畴要求扩大到对企业的整个资源进行集成管理，甚至要求扩大到对整个供应链进行管理；第四，市场竞争要素的变化，顾客需求的个性化，新的管理理念与管理模式的形成与发展。本书并不从 ERP 的起源来定义其概念，而是给出一个现代的概念。

ERP 是建立在信息技术基础上，利用现代企业的先进管理技术与思想，全面集成企业所有资源、信息，为企业提供决策、计划、控制与经营业绩评估的全方位和系统化的管理平台。ERP 试图从整体上有效使用和管理企业资源，改进企业运营，它蕴含着完整的企业管理技术与理念。

ERP 软件包通过各种业务管理应用软件来支持、实现上述 ERP 的概念。ERP 软件包覆盖了企业所有业务功能，实现了企业业务的集成，具有相当的灵活性和较强的分析与计算能力，支持多语言、多币值及多种会计标准。起初 ERP 的目标市场主要是制造业，包括有关企业计划与管理的各种功能，如分销管理、生产管理、财务管理等。现在 ERP 的应用范围更加广泛，从制造业扩展到其他领域。越来越多的企业安装了 ERP 软件。ERP 软件已经形成了一个巨大的产业，当前 ERP 已经与人工智能、互联网、云计算、物联网、大数据结合起来越来越多的 ERP 供应商提供云 ERP 产品。经典 ERP 的代表是 SAP R/3 系统。

SAP R/3 系统包括了企业管理标准组件（如图 6-1 所示）。SAP 公司提供一套全面的高质量服务，以帮助客户实施 R/3 系统，这些服务包括产品信息、培训、安装、升级、咨询等。SAP 通过互联网提供在线服务。SAP 将 R/3 参考模型作为业务工程的基础，采用事件驱动的过程链（EPC）方法描述现有业务过程，同时加入了组织单元、功能、数据和信息流的描述，帮助加速实施 R/3 项目，支持业务过程工程，促进用户、管理人员和系统顾问与 SAP 顾问的沟通。

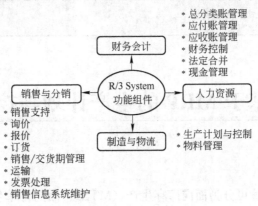

图 6-1　SAP R/3 系统功能组件

> **运营实践**
>
> ### 河钢与金蝶、华为共建工业互联网平台
>
> 12月19日,河钢集团、华为、金蝶集团在深圳正式签署共建工业互联网平台合作框架协议。三方将借助自身优势,共同搭建钢铁行业工业互联网平台,助力钢铁行业数字化转型升级。河钢集团有限公司党委书记、董事长于勇,华为公司轮值董事长徐直军,金蝶集团创始人、董事会主席徐少春等在现场见证了签约仪式。此次战略签约将充分利用三方在数字钢铁行业解决方案、智能装备通信技术、信息技术应用服务等方面的优质资源与核心能力,合力构建基于工业互联网的竞争新优势。同时,三方还将充分发挥各自技术优势,共同推进河钢信息化平台逐步上云,提高河钢集团的信息化资源集约利用水平。
>
> 据了解,河钢集团是世界最大的钢铁材料制造和综合服务商之一,2017年营业收入突破3 000亿元,位列世界企业500强第239位,在中国钢铁企业竞争力排名中获"竞争力极强"最高评级。河钢集团董事长于勇表示,"任何一种产品的竞争力已不再是产品本身,而是包括了背后的数据和资源能力。河钢应该积极共享华为、金蝶等企业的先进理念和技术,共同带动钢铁产业的数字变革。"
>
> 华为是全球领先的ICT(信息与通信技术)基础设施和智能终端提供商,2017年营业收入为6 036亿元,在最新的全球500强中排名第72位。目前,在全球财富500强中有211家、全球财富100强中有48家领先企业,选择了华为作为数字化转型的合作伙伴。华为公司轮值董事长徐直军认为,钢铁行业应用人工智能、自动化、数字化等技术,首先是为了提升质量,其次是控制成本和提高效率,华为要成为河钢的"黑土地",与金蝶一起助力河钢实现数字化转型。
>
> 作为中国领先的云服务厂商,金蝶积极投身于冶金行业数字化研究,沉淀了国内平台最稳定、集成度最高、可扩展性最强、最贴近行业需求的冶金行业信息化一站式解决方案。国际数据机构IDC报告显示,金蝶连续2年在企业SaaS云服务领域获得市场占有率第一。2018年全新打造的"金蝶云·苍穹"是国内首款自主可控及云原生架构大企业云服务平台,能够帮助企业快速搭建数字化平台,加速集团企业数字化转型和业务创新。目前,金蝶已为江铜集团、青山控股、德龙钢铁、天津荣程、敬业钢铁、马钢等众多国内大型冶金企业提供数字化解决方案,并积极投身于钢铁行业工业互联网研究及行业解决方案落地。
>
> 近年来,金蝶与河钢集团已经达成紧密合作伙伴关系,与河钢集团及下属公司在财务共享、人力资源、物资管理、移动平台、海外业务监管等众多领域展开了广泛而深入的探讨与合作,并携手集团下属公司——河钢新材,基于金蝶云率先探索钢铁新材料领域数字化转型,以及"产线到客户"的创新服务模式。金蝶集团创始人、董事会主席徐少春表示:"河钢集团对客户体验、全球化、个性化业务有极高追求,这与'金蝶云·苍穹'平台致力于帮助中国大型企业数字化转型的目标高度一致。河钢的数字化对钢铁行业的数字化有重大典范意义。河钢、华为、金蝶此次战略合作,将利用云计算、大数据、人工智能、物联网通信等现代信息技术与钢铁产业进行深度融合,推动产业互联网升级。三方一起,真正以用户为中心,打造开放、共生共赢的生态,共建工业互联网平台。"

6.2 基于MRP的生产计划与控制系统

1. 生产方式

生产方式依据制造环境可分为面向库存生产(MTS)、面向订单生产(MTO)、面向订单工程(ETO)、面向订单设计(DTO)和面向订单装配(ATO)。针对制造业或服务业不同的生产方式,ERP软件包建立了相应的参考模型。

(1) 面向库存生产

面向库存生产的企业在接到订单之前就已经开始生产，生产计划依赖于对市场的分析与预测。客户订单抵达时直接从仓库出货。这种产品往往是大众化的产品，顾客可以从零售商或分销商处购买相应的产品。图6-2是面向库存生产企业的参考模型。

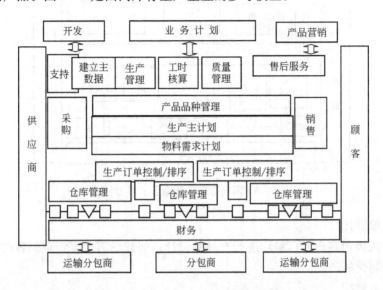

图6-2　面向库存生产企业的参考模型

(2) 面向订单生产

这类企业只有在接收到客户订单时才开始制订生产计划，安排物料采购，按照订单的设计要求进行生产准备。生产计划依赖于客户的订单。提供定制化产品的企业往往采用面向订单生产方式。面向订单生产有利于降低产品库存。图6-3是面向订单生产企业的参考模型。

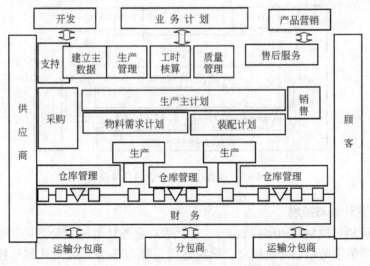

图6-3　面向订单生产企业的参考模型

(3) 面向订单工程

以工程项目来组织生产，适用于复杂结构产品的生产。企业接收到订单以后首先要进行产品的工程设计，有相当大程度的客户化定制或独一无二的设计，每个订单会产生一套新的工件号、工艺路线，如造船、大型锅炉、电梯等的生产。图6-4是面向订单工程企业的参考模型。

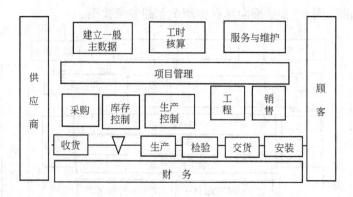

图6-4 面向订单工程企业的参考模型

（4）面向订单设计

该种生产方式接到客户的订单后进行产品的设计，如裁缝店根据特定顾客的需求进行服装设计，提供完全定制化的产品。

（5）面向订单装配

面向订单装配的企业通常先设计、生产一种标准产品，当接到客户订单后，按照客户要求在标准产品上添加相应的插件。利用这一生产方式可缩短按订单生产定制化产品的周期。

生产过程存在两种不同的类型：工艺过程连续的流程生产型和工艺过程离散的加工装配型。化工、制药、冶金、饮料等属于流程生产型，而机械加工制造属于加工装配型。上述生产方式主要针对加工装配型。图6-5是流程生产型企业的参考模型。

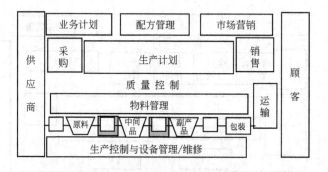

图6-5 流程生产型企业的参考模型

2. 制造业运营计划与控制

制造业运营计划与控制通用架构如图6-6所示。业务计划决定公司的运营业务、方针与规模，需要根据顾客需求与市场变化制订，确定运营目标与任务。运营计划与控制架构包括计划期、顾客需求与市场变化、业务计划、运营目标与任务、优先次序的计划与产能计划、优先次序的控制与产能控制。

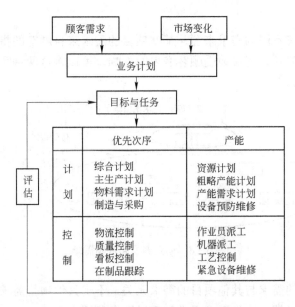

图 6-6 制造业运营计划与控制架构

根据计划期的长短运营计划可分为长期计划、中期计划和短期计划。长期计划一般是一年以上计划期,通常以年为时间段;中期计划一般是6~18个月计划期,以月或季度为时间段;短期计划一般是1天~6个月计划期,以周为时间段。

制造业管理方法与制度需要建立在通用的运营计划与控制架构基础上,不同的企业需要在通用架构基础上建立适合自己的管理模式,不断缩短任务的提前期,并根据实际可用的资源制订计划。基于物料需求计划的生产计划与控制系统架构如图6-7所示,需求管理、综合计划、资源需求计划、主生产计划、物料需求计划、粗略产能计划与产能需求计划是主要的部分。

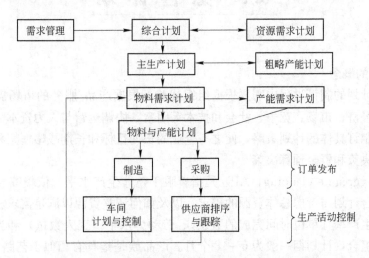

图 6-7 基于物料需求计划的计划与控制系统架构

3. 需求管理

需求管理(demand management)是对顾客订单管理和销售预测管理的统称。需求管理活动包括需求预测、订购、交货期承诺、分销、顾客服务、影响需求的促销、定价等。需求管理应考虑所有潜在的需求。

产品及其零部件各有不同的需求来源。某些项目的需求来自顾客的指定，而另一些项目的需求则取决于其他项目的需求，间接地受顾客需求的影响。可以将这两种需求区分为独立需求和依赖需求，如图6-8所示。

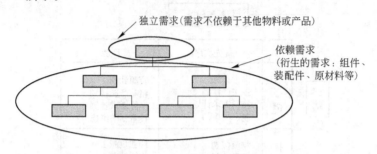

图6-8 独立需求和依赖需求

独立需求是指项目的需求与其他项目的需求无关，不受其他项目需求的影响。例如产成品的需求、备品或备件的需求等，这类需求通常需要做需求预测。

依赖需求是指项目（子件）的需求来自其父件的需求。物料清单定义了父件与子件的关系，一个产品的所有物料清单表明了产品的结构。依赖需求可以由产品结构和物料清单推导计算出来。

需要注意的是，一个特定的存货项目在特定的时间内可能同时为独立需求和依赖需求。例如，汽车制造厂轮胎的需求是由计划生产的汽车数量决定的，属于依赖需求；而用于更换轮胎服务的轮胎的需求属于独立需求，很大程度上由随机因素决定。

6.3 综合计划

1. 综合计划的概念

企业在综合计划的制订过程中需要根据组织战略，根据产品/服务的市场需求预测，根据企业面对的政治、经济、市场、竞争、社会和技术等因素，协调运营与人力资本、营销、财务等其他职能的关系，制订具体的计划策略，使之与企业的长期目标和长期战略框架相一致，并符合企业战略生产能力决策和资金预算决策。

综合计划（aggregate planning, AP）是指着眼于整体生产水平，依赖综合需求预测的产品族产量计划。综合计划需考虑总体资源的需求，以及如何调整资源以满足需求波动。综合生产计划的目标是确定生产率（单位时间完成的数量）、劳动力水平（工人数量）和当前存货（上期期末库存）的最优组合，计划期一般为6~18个月。产品族是指具有相似工艺路线、部件和工时，需要相同资源的产品。综合需求是指产品族的需求。

综合生产计划的制订应考虑如下外部因素和内部因素，以平衡综合需求与生产能力。外部因素（生产计划人员不能直接控制，但有些公司也能控制有限的需求）包括经济状况、市场需求量、竞争者行为、外部能力（如分包商）、现有原材料等。内部因素包括当前生产能力、现有劳动力、库存水平、生产中的活动等。

2. 计划的基本策略

计划的基本策略有以下几种。

① 跟踪需求策略。按需求生产，顾客订单发生变化时，相应地改变劳动力水平（雇用或裁减员工）、延长工作时间、分包、增加轮班等，使生产量与需求相匹配。

② 稳定的劳动力水平。稳定劳动力水平，通过柔性的工作计划改变工作时间，改变产量，使产量与订货量相匹配。

③ 均衡生产。保持每月的日产量大致相同的综合计划。

④ 稳定的劳动力水平和产出率。稳定的工作时间，使用库存来缓冲每月需求的波动。

⑤ 混合策略。

3. 综合生产计划的相关成本

与综合计划相关的成本主要有：基本生产成本、与生产率相关的成本、库存成本、缺货或延期交货成本和转包成本。基本生产成本是指计划期内生产某种产品的固定成本和变动成本。与生产率相关的成本包括雇佣与培训成本（将新雇员培养成技能型人才所必需的）、解雇成本（与解雇相关的成本）。库存成本是指对库存产品进行维护所发生的成本，包括库存占用资金的成本、存储费用、弃置费用和产品腐烂变质所发生的成本。延期交货会引起赶工生产成本，企业信誉丧失、销售收入下降等，因此估计缺货或延期交货成本相当困难。转包成本是付给次承包商的生产产品的费用。转包成本可高于或低于自制的成本。

4. 综合计划方法

综合计划方法有图表法和数学方法两类。图表法（试算法）是指通过计算不同生产计划的成本来选择最低成本的方法。这种方法易于理解和使用，有多种方案可供选择，但选择未必是最佳的。数学方法有线性规划、线性决策规则、回归分析模型、仿真、搜索决策规则等方法。

一般情况下，综合计划的目标是使总成本最小。总成本包括正常生产时间、加班时间、转包、库存持有等相关成本，限制条件则是生产、存货和转包能力。鲍曼（E. H. Bowman）建议根据运输型规划模型解决问题，以获得使生产能力和需求匹配，并且成本最小的综合计划。为了使用这种方法，计划员必须明确在正常时间、加班时间、转包合同时的生产（供应）能力，以及各自的相关成本。其中，各个量的计算公式如下。

$$期末库存量 = 前期期末存货 + 本期产量 - 本期产品需求量$$
$$正常生产成本 = 每单位产品正常成本 \times 正常生产数量$$
$$加班生产成本 = 每单位产品加班成本 \times 加班生产数量$$
$$转包生产成本 = 每单位产品转包成本 \times 转包生产数量$$
$$存货成本 = 单位产品每期库存持有成本 \times 当期平均存货数量 \times 存货期数$$
$$延迟交货成本 = 单位产品每期延迟交货成本 \times 延迟交货数量 \times 延迟期数$$
$$计划期内成本 = 生产成本(正常生产 + 加班生产 + 转包生产) + 存货成本 + 延期交货成本$$

运输表中，当期生产的产品（可能是正常生产、加班生产、转包生产或其他方案）满足当期的需求，则每个方案的成本分别是正常生产成本、加班成本和转包成本（在每一期行与列的交汇处），成本处于最低水平，因为不存在延期交货成本和库存持有成本。在同一期的交汇处，从左向右依次移动，每期会增加库存成本，因为产品在某期生产出来，在后期交付使用，满足后期需求，自然每期要增加持有成本。相反，在同一期的交汇处，从右向左依次移动，每期会递增延期成本，因为前期的需求在后期才生产出来。比如说，如果第 3 期生产出产品，为满足来自第 2 期的延期交货需求，则每单位产品的延期交货成本为 b；如果第 3 期生产的产品是用来满足第 1 期的延迟交货需求，则每单位产品的延期成本就是 $2b$。未使用的生产能力的单位成本通常给定为 0。期初存货如果是被用于满足第 1 期需求，则被给定为 0。

【例 6-1】 某物流设备公司生产手推车系列产品，公司采用 6 期的综合计划。计划员收集了以下信息：1~6 期的需求量分别为 300，300，400，400，500，200，期初存货为 80。每期的正常时间生产成本为 2 元/辆，加班生产成本为 3 元/辆，转包合同生产成本为 6 元/辆，库存持有成本为 1 元/(辆·期)，延期交货成本为 5 元/(辆·期)，期望第 6 期期末库存为 0。试给出一个满意的综合计划。

解 首先在线性规划运输模型软件上建立如下模型，输入初始数据；然后进行优化求解，得到优化后的方案。

综合计划的运输模型方法

期初库存	80	单件正常生产成本	2 元
期望期末库存	0	单件加班生产成本	3 元
单件每期库存持有成本	1 元	单件转包生产成本	6 元
计划期	6	单件每期延迟交货成本	5 元

（如不允许延期交货，则给较大的成本数值）

计划期		期						空闲产能	最大产量
		1	2	3	4	5	6		
	期初库存	0 -	1 -	2 -	3 -	4 -	5 -	0	80
1	正常时间生产	2 -	3 -	4 -	5 -	6 -	7 -	0	300
	加班生产	3 -	4 -	5 -	6 -	7 -	8 -	0	120
	转包生产	6 -	7 -	8 -	9 -	10 -	11 -	0	50
2	正常时间生产	7 -	2 -	3 -	4 -	5 -	6 -	0	300
	加班生产	8 -	3 -	4 -	5 -	6 -	7 -	0	120
	转包生产	11 -	6 -	7 -	8 -	9 -	10 -	0	50
3	正常时间生产	12 -	7 -	2 -	3 -	4 -	5 -	0	300
	加班生产	13 -	8 -	3 -	4 -	5 -	6 -	0	120
	转包生产	16 -	11 -	6 -	7 -	8 -	9 -	0	50

续表

计划期		期 1	期 2	期 3	期 4	期 5	期 6	空闲产能	最大产量
4	正常时间生产	17	12	7	2	3	4	0	300
4	加班生产	18	13	8	3	4	5	0	120
4	转包生产	21	16	11	6	7	8	0	50
5	正常时间生产	22	17	12	7	2	3	0	300
5	加班生产	23	18	13	8	3	4	0	120
5	转包生产	26	21	16	11	6	7	0	50
6	正常时间生产	27	22	17	12	7	2	0	300
6	加班生产	28	23	18	13	8	3	0	120
6	转包生产	31	26	21	16	11	6	0	50
各期需求量		300	300	400	400	500	200	800	2 900

采用计算机软件得到如下满意的方案，第 1~6 期生产量分别为：260，300，420，420，420，200；3、4、5 期都安排了加班生产；总成本为 4 620 元。

6.4 主生产计划

1. 主生产计划的均衡同步化

对每一个最终物料项，必须准备一个主生产计划。主生产计划通常是滚动的生产计划。主生产计划要确定每次订货所需的最终物料项的数量和交货日期，一般按周制订。最终物料项通常是完成品，且具有独立需求。最终物料项也可能是主要的部件或模块。

图 6-9 是产品 T 系列的综合计划与 T 系列具体规格产品的主生产计划。主生产计划的制订要考虑三个原则：计划均衡、混合生产和同步化。

（1）计划均衡化

运营系统在不同时段上生产的产品数量与品种组合保持不变，保持有节奏、有规律的生产。简化工序的计划与控制工作，逐渐减少准备时间，增加工人熟练度，稳定传递计划给上游的供应

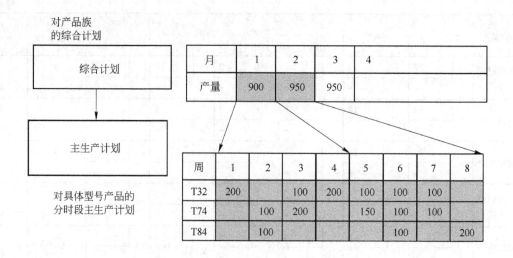

图 6-9 产品 T 系列的综合计划与 T 系列具体规格产品的主生产计划

商工序，节省劳动力成本，降低管理费用。

（2）混合生产

将均衡计划继续向前推进，可得到不同零件重复性混合生产模式，减少加工批量，提高柔性，形成稳定连续的输出流。

（3）同步化

许多公司都要同时生产许多不同的产品和零件，但并非所有的产品和零件都具备实行均衡生产所需的那些规则性。同步生产就是要协调各个工序的加工速度，保证物料以相同的流动特征通过各个工序，提高输出的稳定性与可预测性，以固定的间隔期生产，减慢作业速度较快的工序，使物流运动的"鼓点节奏"统一化。

物料按照其需求频率可分成三类：频繁生产的物料，如每周一次；经常生产的物料，间隔期比频繁生产的物料更长一些；稀有物料，不经常生产，甚至偶尔才生产。

【例 6-2】 假定某加工中心必须在 20 天内生产 3 种产品：1 920 件产品 A，1 200 件产品 B，960 件产品 C。工作时间为每日 8 h，确定固定时段的产品生产组合。

解 计算各个产品的节拍（相邻同类产品的生产间隔期）。

产品 A：$20\times 8\times 60/1\,920=5$ min，每 40 min 生产 8 件；

产品 B：$20\times 8\times 60/1\,200=8$ min，每 40 min 生产 5 件；

产品 C：$20\times 8\times 60/960=10$ min，每 40 min 生产 4 件。

可以建立一个由 8 件 A、5 件 B、4 件 C 混合组成的每 40 min 重复一次的加工序列。具体产品排列方式有多种。

2. 可承诺量

可承诺量（available to promise，ATP）又称可签约量，是指在一段时间内，生产数量多于客户订单的数量，如表 6-1 所示。可承诺量告诉销售人员有多少数量的产品未向客户承诺。在可承诺量数量内，可向新的客户承诺。如果再来的订单不能消化掉可承诺量，销售部可折价销售，或要求生产部减少产量。

表6-1 产品生产计划数量与订单数量的差为可承诺量

周	1	2	3	4	5
预测数量	800	600	900	300	400
订单数量	700	700	300	100	0
主生产计划	800	700	900	300	400
可承诺量	100	0	600	200	400

6.5 资源需求计划

1. 资源需求计划的概念

资源需求计划（RRP）考虑满足综合需求所需的资源数量。资源以能力水平度量，能力水平是指最大的输出率或可获得的最大时间数。

长期计划与瓶颈运作要考虑关键资源。关键资源是指短缺或难以获得的资源，包括特殊的工作中心、设备、劳动力技能等。关键资源限制了整个过程的能力。

能力水平依赖于轮班数量、每周工作天数、加时策略、现有劳动力、工人效能、设备水平等因素。能力水平基于可行的情况，而不是理论情况。例如，昂贵的设备可以以较高的利用率运行，将最大能力视为21班/周（3班/天，7天/周），而一般计划将最大能力设为15班/周，正常能力设为5~10班/周。实行准时制与全面质量管理的公司从不基于最大能力安排计划，而是考虑设备的故障、维修、工艺变化及紧急情况安排计划。基于最大能力安排计划的公司没有时间进行过程的改善与工人的培训等活动。

需要明确资源表和人力表两个概念。资源表（bill of resource，BOR）是指生产单件产品所需资源（工作中心或机器）与标准总时间列表，包括产品生产所有阶段的部件生产及装配时间。人力表（bill of labor，BOL）是资源表的一种。

【例6-3】 已知数据如表6-2和表6-3所示。以产品X（由部件A与B装配而成）作为产品族K的代表，估计产品族K未来四年的资源需求。

表6-2 产品X的工艺路线与标准总工时

项 目	工作中心	标准总工时/(h/件)	项 目	工作中心	标准总工时/(h/件)
X	装配	0.6	B	切	0.45
A	切	0.33		铣	0.72
	绞	0.86		钻	0.56
	磨	0.31		磨	0.41

表6-3 产品族K未来四年年产量预测

年 度	第一年	第二年	第三年	第四年
产 量	12 000	13 000	13 500	14 000

解 按工作中心汇总时间，得到资源表。根据资源表与产品族产量预测，可估计产品族未来

的资源需求,如表 6-4 所示。假定铣床现有能力为 9 500 h/年,则第三年以后需要增加能力。

表 6-4 产品族 K 未来四年资源需求

工作中心	产量 / 标准工时	第一年 12 000	第二年 13 000	第三年 13 500	第四年 14 000
绞(汇总)	0.86	10 320	11 180	11 610	12 040
磨(汇总)	0.72	8 640	9 360	9 720	10 080
切(汇总)	0.78	9 360	10 140	10 530	10 920
铣(汇总)	0.72	8 640	9 360	9 720	10 080
装配(汇总)	0.6	7 200	7 800	8 100	8 400
钻(汇总)	0.56	6 720	7 280	7 560	7 840

2. 粗略产能计划

粗略产能计划(rough-cut capacity planning, RCCP)检查主生产计划的可行性,在每一个时间段,比较工作负荷(与主生产计划数量联系)与现有资源能力,以保证短缺资源、关键资源不超负荷。粗略产能计划通常用于最终项目。

负荷表是指生产单件最终项目所需的每项资源的标准总工时列表(考虑提前期的资源列表)。资源负荷表是指在特定时段内,生产给定数量的最终项目所需某项资源的标准总工时数。

【例 6-4】 产品 X 由部件 A 与 B 装配而成,已知表 6-2 和表 6-5 中的数据,假定:每一批量 X 组装的提前期为 1 周,部件 A 的提前期为 1 周,部件 B 的提前期为 2 周。求该产品的分时段负荷表和各工作中心的资源负荷表。

表 6-5 产品 X 的主生产计划

周	4	5	6	7
主生产计划	300	400	200	500

为了安排产品 X,组件 A、B 的生产,必须考虑提前期,从完成日期开始向前确定开始日期的排程过程,称为后推排程或分时段排程。根据表 6-2 列出的各工作中心所需的标准总工时,考虑提前期,可得到如表 6-6 所示的分时段负荷表。

表 6-6 产品 X 的分时段负荷表

项目	工作中心	标准总工时/(h/件)			
		周($n-3$)	周($n-2$)	周($n-1$)	周(n)
X	装配			0.6	
A	绞		0.86		
A	磨		0.31		
B	磨	0.41			
A	切		0.33		
B	切	0.45			
B	铣	0.72			
B	钻	0.56			

考虑表 6-5 提供的 4~7 周的主生产计划数量,可得考虑提前期的生产数量,如表 6-7 所示。表 6-7 中的产量与表 6-6 中对应的工作中心所需标准总工时相乘得到表 6-8,即为所求的负荷表。对表 6-8 按照工作中心分类汇总得到表 6-9,即为所求的资源负荷表。

表 6-7 考虑提前期的产品 X 的生产数量　　　　　　　　　　　单位:件

周	1	2	3	4	5	6	7
产品 X 的主生产计划				300	400	200	500
装配			300	400	200	500	
绞 A		300	400	200	500		
磨 A		300	400	200	500		
磨 B	300	400	200	500			
切 A		300	400	200	500		
切 B	300		200	500			
铣 B	300	400	200	500			
钻 B	300	400	200	500			

表 6-8 产品 X 的分时段负荷表　　　　　　　　　　　　　　单位:件

周	1	2	3	4	5	6	7
装配			180	240	120	300	
绞 A		258	344	172	430		
磨 A		93	124	62	155		
磨 B	123	164	82	205			
切 A		99	132	66	165		
切 B	135	180	90	225			
铣 B	216	288	144	360			
钻 B	168	224	112	280			

表 6-9 各工作中心的资源负荷表　　　　　　　　　　　　　　单位:件

工作中心＼周	1	2	3	4	5	6	7
装配(汇总)			180	240	120	300	
绞(汇总)		258	344	172	430		
磨(汇总)	123	257	206	267	155		
切(汇总)	135	279	222	291	165		
铣(汇总)	216	288	144	360			
钻(汇总)	168	224	112	280			

将资源表与资源的现有能力进行比较,确定主生产计划或资源能力是否需改变。若资源表超出了现有能力,则主生产计划需要调整,将超负荷时间段内的数量移向其他时间段或在该时间段内增加能力(如加班等)。

6.6 物料需求计划

6.6.1 物料需求计划的定义

1. 概念

物料需求计划（MRP）是指为了产品的及时生产，而决定组成产品的各个组件、部件及零件采购或生产的数量及时间。物料需求计划依赖需求驱动，组成产品的各个项目（包括组件、部件及零件等）的需求依赖于产品需求。物料需求计划系统是指为满足最终项目需求而决定依赖需求项目的订单数量与时间的软件系统。

2. 简单举例

【例6-5】 如图6-10所示，已知产品 A 的产品结构树、提前期与需求信息。产品结构树中的数字表示单件父件所需子件的数量，如B(4)表示单件父件 A 需要 4 件子件 B。试制订一个物料需求计划。

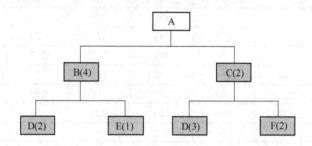

提前期（LT）：A——1天；B——2天；C——1天；D——3天；E——4天；F——1天。
需求量：第10天——50A。

图6-10 产品 A 的产品结构树

解 ① 求各组件的需求数量，如图6-11所示。

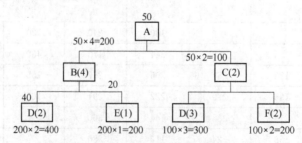

图6-11 产品 A 及其组件的需求数量

② 考虑提前期，列出产品 A 的需求数量和订货数量。如表6-10所示，第10天 A 的需求量为50，考虑提前期1天，应在第9天订货50。

③ 安排组成 A 的低一层组件的需求时间（依赖于 A 的订货时间）和订货时间（考虑提前

期)。如组件 B,第 9 天 A 的订货量为 50,则同一天 B 的依赖需求量为 200,考虑 B 的提前期为 2 天,应在第 7 天订货 200。又组件 B 作为备件的独立需求量第 8 天为 20,考虑提前期应在第 6 天订货 20 (见表 6-10)。同样可以列出组件 C 的需求量与订货量。

表 6-10 产品 A 及其组件 B 的需求量与订货量

时间段/天		1	2	3	4	5	6	7	8	9	10
A	需求量										50
	订货量									50	
B	需求量									200	
	订货量							200			

④ 依次向下层进行,可得到表 6-11。

表 6-11 产品 A 及其组件的物料需求计划表

	时间段/天	1	2	3	4	5	6	7	8	9	10
A	需求量										50
LT=1	订购量									50	
B	需求量									200	
LT=2	订购量							200			
C	需求量									100	
LT=1	订购量								100		
D	需求量						40	400	300		
LT=3	订购量			40	400	300					
E	需求量								200		
LT=4	订购量				200						
F	需求量								200		
LT=1	订购量							200			

结论:物料需求计划从最终项目的计划完成日期开始,在时间轴上向前倒推计算,基于提前期,确定组成最终项目的每一物料项目的订单发布数量和发布日期。

6.6.2 物料需求计划系统

物料需求计划系统的构成如图 6-12 所示。基于主生产计划,物料需求计划确定了来自工厂内部与外部的各项目订单数量及发布日期。由工厂内部制造的项目使用制造订单,向外部供应商采购的项目使用采购订单。

1. 主生产计划

为了资源的计划和订单的安排,主生产计划通常采用的时间期取决于从物料最终项至所有组件叠加的提前期。

主生产计划的柔性取决于以下因素:生产提前期、最终物料项所需组件、与顾客和供应商的关系、生产能力余量大小、管理层变革愿望。

2. 时界

对主生产计划计划期间的不同部分所允许的变化予以限制,常设定时界(如在第 4、8 周设定),确定允许的变化程度,如图 6-13 所示。

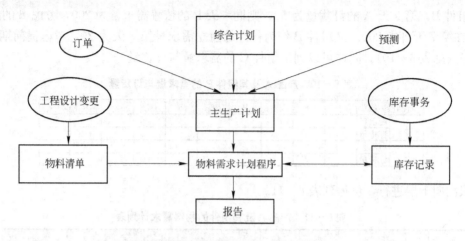

图 6-12　物料需求计划系统的构成

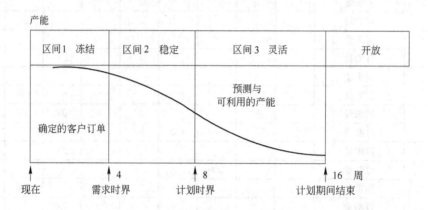

图 6-13　主生产计划中的时界

(1) 四种状态
① 冻结状态。计划不允许有任何的改变。
② 稳定状态。允许产品族内部有一些特殊的微小变化（只要所需部件可获得）。
③ 灵活状态。允许某种程度较大的变化（只要总体能力需求水平基本保持不变）。
④ 开放状态。允许任意改变。
(2) 两类时界
① 需求时界。在该计划点之后仅允许少许重要的改变（需主计划员批准的特殊客户订单）。
② 计划时界。在该计划点之后主生产计划允许变化（由主计划员手工输入）。

3. 产品树结构与物料清单

产品树结构用来表示最终项目与其他组成部件的关系。它是完整的产品描述，表明了产品所需的原材料、零部件、组件及生产顺序，如图 6-14 所示。

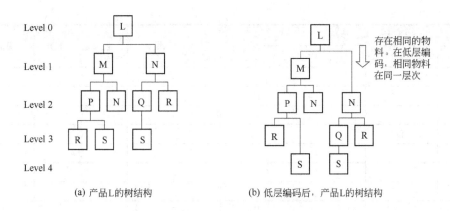

(a) 产品L的树结构　　　　(b) 低层编码后，产品L的树结构

图 6-14　产品树结构与低层编码

物料清单（bill of materials，BOM）是定义产品结构的文件，是表示最终项目组成的物料项目的清单。

用产品树结构反映产品结构比较直观，通常树根部表示最终产品项目（0层），然后依次是组成产品的部件和组件（1层、2层、3层等）。层次码反映了某项物料相对于最终项目的位置。在产品树结构中存在同一物料项同时出现于不同层次的情况，这种组件称为多层次通用件。多层次通用件出现在同一产品的不同层次，为了有利于物料需求计划系统高效地计算每一物料的需求数量，引入"低层编码"，使同一物料有较低的相同层次码，如图 6-14(b) 所示。

在图 6-15 中，产品 W 的树结构是否符合低层编码原则呢？显然，应该将 D 的子件 R 放低一层，以便与 V、M 的子件 R 在同一层次。物料清单有缩行式和单层式两种形式，如表 6-12、表 6-13 和表 6-14 所示。表中在库量是指在一指定的时间段初某项目的在库量，在产品的不同地点使用时需进行分配决策。提前期是指从项目订单发布至该项目完成的正常时间（即订单发出至订单完成的时间）。

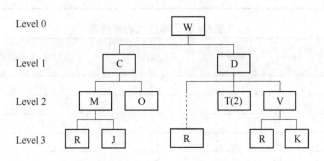

图 6-15　产品 W 的树结构

表 6-12　缩行式物料清单

物　料　项					单位用量	在库量（OH）	提前期（LT）
0层	1	2	3				
W						30	1
	C				1	30	1
		O			1	20	1

续表

物料项				单位用量	在库量（OH）	提前期（LT）
0层	1	2	3			
			M	1	0	2
			R	1	15	1
			J	1	0	1
		D		1	10	1
			R	1	0	1
			T	2	30	2
			V	1	0	1
			R	1	0	1
			K	1	50	2

表 6-13 缩行式物料清单的另一种形式

层	物料项	单位用量	在库量（OH）	提前期（LT）
0	W		30	1
1	C	1	30	1
2	O	1	20	1
2	M	1	0	2
3	R	1	15	1
3	J	1	0	1
1	D	1	10	1
2	R	1	0	1
2	T	2	30	2
2	V	1	0	1
3	R	1	0	1
3	K	1	50	2

表 6-14 单层式物料清单

物料项		单位用量	在库量（OH）	提前期（LT）
父件	子件			
	W		30	1
W	C	1	30	1
W	D	1	10	1
C	O	1	20	1
C	M	1	0	2
D	R	1	0	1
D	T	2	30	2
D	V	1	0	1
M	R	1	15	1
M	J	1	0	1
V	R	1	0	1
V	K	1	50	2

物料清单还可表示其他一些信息包括：来源码，可分为自制、采购、外包、调配，系统依据物料来源做不同处理；虚拟件，设计上存在，但在管理上并不直接使用，因此实际上不存在；线上组件，暂时存在，不入库，直接进入下一次装配，可视作母件固有部分。

当物料清单中有大量相同子件重复出现时，将组件的共享部分作为虚拟件，以简化产品结构。

4. 特殊的物料清单

常用的一些特殊的物料清单有：计划物料清单、模块化物料清单、工程物料清单、制造物料清单和管理物料清单等。

① 计划物料清单用于计划阶段，是产品族的物料清单，不会有顾客订购，只用于计划和预测，以共享件（如螺丝、垫圈、接线等）为子件。

② 模块化物料清单围绕产品模块组织物料清单，模块化的物料清单称为模块单。模块化物料清单用于由许多通用零件制成的且有多种组合的复杂产品，使用模块化物料清单，可以有效避免数据重复，便于生产排程和生产。进行模块化管理后，凡是用到该通用模块结构的无须重新输入数据，只引用该模块即可。

③ 工程物料清单是设计用的物料清单，其展开所有物料项，包括产品的每个工艺过程、半成品状态等。

④ 制造物料清单用于执行阶段。系统接收客户订单后，产生制造物料清单，用于产生制造订单和采购订单。

⑤ 管理物料清单能跨过虚拟件，根据管理需要设置"管制点"。

5. 库存记录文件

每个库存项目记录在一个独立文件中。每一组件的现有库存状态记录在一数据文件中进行维护，根据主生产计划中时间段的大小，可分为周或日时间段（俗称时间桶），每一时间段的信息包括所需物料项的数量、预计在库量及物料项现有订单的计划接收量等，如表6-15所示。

表6-15 库存记录文件项目

项目	提前期（LT）	安全库存（SS）	类别	其他				
保留量（AL）	0	1	2	3	4	5	6	7	8
毛需求量（GR）								
在途量（SR）								
在库量（OH）								
净需求量（NR）								
计划订单收料（PORC）								
计划订单发出（POR）								

① 保留量。又称已分配量，表示该物料已被指定用于某张已发出的订单，预定从仓库中领出但实际尚未领出的数量（制造订单或采购订单已发出，尚未领料）。

② 毛需求量。毛需求量是物料需求计划的起点，指在一特定时间内完成的总数量或项目需要的总数量。一般约定是：该数量要在每期的开始完成，如在第6周需要120件，则第6周周一的早上要完成120件。

③ 在途量。又称计划收单，指已经发出且已计划好在一确定日期到达或完成的订单。

④ 在库量。指在一指定的时间段，某物料项的在库量。产品在不同地点使用时，在库量需进行分配决策。

⑤ 净需求量。指毛需求量中扣除可利用库存量后的余量，即

$$NR=GR-OH-SR+AL+SS$$

其中，GR、OH 是代表未来的期望数量，SS 为安全库存量。

⑥ 计划订单收料。考虑计划订单的批量经济性，满足净需求的计划订单计划完成或收到的数量。

⑦ 计划订单发出。考虑订单提前期，发出订单以满足未来的需求。

物料需求计划采取分期订货的方式，每一订单有提前期，订单数量至少需满足净需求。

6. 库存事务

库存状态文件通过及时传递库存事务来保持更新，其变化是由入库、出库、残料损失、部件损坏、订单取消等引起。

7. 物料需求计划报告

物料需求计划报告主要有如下几种。

① 计划订单。指未来的计划订单安排，要求满足所有物料需求。

② 订单发出通知。指计划订单的时间期到来时，建立订单并发出，对于自制部件发至内部生产工厂或车间，对于采购件发至外部供应商。订单一旦发出，计划订单就变成计划收单（在途量）。

③ 开放状态订单的预期变化。

④ 开放状态订单的取消、中止。

⑤ 库存状态数据。

物料需求计划的次要报告有：计划报告，如某段时期内库存需求预测报告；绩效报告；例外报告，指出重要的偏差，如订单延迟。

8. 物料需求计划程序

① 确定最终物料项计划，独立毛需求的时间及数量与主生产计划相对应。

② 从毛需求量到计划订单发出，由毛需求量确定净需求量，计划订单发出考虑提前期，满足净需求量。

③ 确定较低层次的物料项计划，依赖需求物料项的毛需求量来自其父项的计划订单发出。

④ 从毛需求量到计划订单发出。

【例 6-6】 产品 W 的结构树如图 6-17 所示，假定第 1 周的在库量、在途量、各物料项目提前期已给定（见表 6-16）。又假定 W 的第 6 周的毛需求量为 120 件，试设计该产品的物料需求计划。

表6-16 产品W的物料清单

物料项 父件	物料项 子件	单位用量	在库量	在途量	提前期/周
	W		30	40	1
W	C	1	30	10	1
W	D	1	10	0	1
C	O	1	20	0	1
C	M	1	0	5	2
D	R	1	0	0	1
D	T	2	30	20	2
D	V	1	0	10	1
M	R	1	15	0	1
M	J	1	0	0	1
V	R	1	0	0	1
V	K	1	50	10	2

解 物料需求计划开发的全过程如表6-17所示。

表6-17 产品W的物料需求计划运算表

项目W（提前期=1）		保留量	0	安全库存	0		批量	
		1	2	3	4	5	6	7
毛需求量							120	0
在库量（期初）	30	30	70	70	70	70	70	
在途量		40						
净需求量		0	0	0	0	0	50	0
计划订单收料		0	0	0	0	0	50	
计划订单发出		0	0	0	0	50	0	
项目C（提前期=1）		保留量	0	安全库存	0		批量	
		1	2	3	4	5	6	7
毛需求量		0	0	0	0	50	0	0
在库量（期初）	30	30	40	40	40	40	0	0
在途量		10						
净需求量		0	0	0	0	10	0	0
计划订单收料		0	0	0	0	10	0	0
计划订单发出		0	0	0	10	0	0	
项目D（提前期=1）		保留量	0	安全库存	0		批量	
		1	2	3	4	5	6	7
毛需求量		0	0	0	0	50	0	0
在库量（期初）	10	10	10	10	10	10	0	0

续表

项目 D（提前期=1）		保留量	0	安全库存	0		批量	
		1	2	3	4	5	6	7
在途量		0						
净需求量		0	0	0	0	40	0	0
计划订单收料		0	0	0	0	40	0	0
计划订单发出		0	0	0	40	0	0	0
项目 O（提前期=1）		保留量	0	安全库存	0		批量	
		1	2	3	4	5	6	7
毛需求量		0	0	0	10	0	0	0
在库量（期初）	20	20	20	20	20	10	10	10
在途量		0						
净需求量		0	0	0	0	0	0	0
计划订单收料		0	0	0	0	0	0	0
计划订单发出		0	0	0	0	0	0	0
项目 T（提前期=2）		保留量	0	安全库存	0		批量	
		1	2	3	4	5	6	7
毛需求量		0	0	0	80	0	0	0
在库量（期初）	30	30	50	50	50	0	0	0
在途量		20						
净需求量		0	0	0	30	0	0	0
计划订单收料		0	0	0	30	0	0	0
计划订单发出		0	30	0	0	0	0	0
项目 M（提前期=2）		保留量	0	安全库存	0		批量	
		1	2	3	4	5	6	7
毛需求量		0	0	0	10	0	0	0
在库量（期初）	0	0	5	5	5	0	0	0
在途量		5						
净需求量		0	0	0	5	0	0	0
计划订单收料		0	0	0	5	0	0	0
计划订单发出		0	5	0	0	0	0	0
项目 V（提前期=1）		保留量	0	安全库存	0		批量	
		1	2	3	4	5	6	7
毛需求量		0	0	0	40	0	0	0
在库量（期初）	0	0	10	10	10	0	0	0
在途量		10						
净需求量		0	0	0	30	0	0	0
计划订单收料		0	0	0	30	0	0	0
计划订单发出		0	0	30	0	0	0	0

续表

项目 J（提前期=1）		保留量	0	安全库存	0		批量	
		1	2	3	4	5	6	7
毛需求量		0	5	0	0	0	0	0
在库量（期初）	0	0	0	0	0	0	0	0
在途量			0						
净需求量		0	5	0	0	0	0	0
计划订单收料		0	5	0	0	0	0	0
计划订单发出		5	0	0	0	0	0	0
项目 K（提前期=2）		保留量	0	安全库存	0		批量	
		1	2	3	4	5	6	7
毛需求量		0	0	30	0	0	0	0
在库量（期初）	50	50	60	60	30	30	30	30
在途量			10					
净需求量		0	0	0	0	0	0	0
计划订单收料		0	0	0	0	0	0	0
计划订单发出		0	0	0	0	0	0	0
项目 R（提前期=1）		保留量	0	安全库存	0		批量	
		1	2	3	4	5	6	7
毛需求量		0	5	30	40	0	0	0
在库量（期初）	15	15	15	10	0	0	0	0
在途量			0					
净需求量		0	0	20	40	0	0	0
计划订单收料		0	0	20	40	0	0	0
计划订单发出		0	20	40	0	0	0	0

6.6.3 批量规则

以上讨论假定，计划订单发出的数量批量大小与分期的净需求量相同。实际上计划订单发出的批量设定可获得潜在的经济性，主要表现在三个方面：可减少准备费用、可减少订货费用、可减少库存持有成本。

常用批量方法有 3 种：逐批法、固定批量法和定期订货量法。

(1) 逐批法（lot for lot，LFL）

前面举例就采用了逐批法：计划订单收料=净需求量，降低了库存持有成本，但当净需求量很小时，订货量会小且频繁，增加了准备费用。

(2) 固定批量法（fixed order quantity，FOQ）

即对每笔订单确定一个固定的数量。可根据实际考虑或简单的成本分析设定任何数量。这种方法克服了逐批订货的高额准备费用。但当需求高度不确定时，固定订货量与需求不能匹配，且容易引起低层物料项需求的急剧扩大。

(3) 定期订货量法（period order quantity，POQ）

即确定一个不变的订货间隔期。每隔 T 期就发出一个订单，每次订单下达的数量为下 T 期净需求量的总和。当 $T=1$ 时，定期订货量法的批量大小与逐批法的批量大小相同。

订货频数 P 的确定要注意两点：一是实际中 P 经常随意设定或为方便而定；二是确定 P 的方法是基于历史记录或经济标准的平均订单大小，如

$$P = \frac{年需求量}{平均订货量}$$

所以

$$T = \frac{每年期数}{P}$$

6.6.4 物料需求计划中的变化与不确定性

物料需求计划也应随供应与需求的变化而发生变化。客户订单的变化引起毛需求量的变化，交货期延迟、工作中断、产品缺陷会引起在途量的延迟和短缺。为了应对这些不确定性，可以采取的措施有：安全库存、安全边际量、安全提前期。

1. 安全库存

安全库存（safety stock，SS）是指为应对供应与需求的变动而持有的物料数量。设置安全库存的原因有 3 点：第一，主生产计划中没有完全冻结的部分仍然存在不确定性；第二，客户订单的微小变化特例是允许的；第三，来自设备故障、瓶颈、物料缺陷的随机的生产波动依然存在。

依赖需求的物料需要应持有安全库存。任何一个组件的短缺或延迟都将导致父项物料的延迟，通过产品树向上波及，很可能导致最终物料项延迟。为了避免向上的波及效应，低层物料通常持有安全库存。

最终物料项需求变化通过产品树向下波及，最终项也需持有安全库存，以缓冲主生产计划中的变化不会波及至下层。

确定安全库存数量必须权衡缺货风险与库存持有成本：足够大的安全库存可以调节需求增加或交货延迟；安全库存越大，平均在制品库存越大。

2. 安全边际量

当生产的物料项不能与净需求量相配时，就会出现短缺，称为产量损失。产量损失率根据缺陷率、废料率、产品损坏率等确定。

假定平均产量损失率为 L，则

$$POR = \frac{NR}{(1-L)}$$

计划订单发出的数量比净需求量多的数量称为计划订单发出安全边际量。表 6-18 是使用安全边际量（损失率为 2%）、提前期为 1、安全库存为 0，批量规则为 LFL、FOQ 两种情况下的物料需求计划。

表6-18 产量损失率 $L=2\%$，LT=1，批量规则 LFL、FOQ 时的物料需求计划

LFL LT=1		保留量	0	安全库存	0				
		1	2	3	4	5	6	7	8
毛需求量		100	100	300	500	200	400	200	100
在库量	400	400	300	200	0	0	0	0	0
净需求量		0	0	100	500	200	400	200	100
计划订单收料		0	0	100	500	200	400	200	100
计划订单发布出		0	102	510	204	408	204	102	0
FOQ LT=1		保留量	0	安全库存	0				
		1	2	3	4	5	6	7	8
毛需求量		100	100	300	500	200	400	200	100
在库量	400	400	300	200	200	0	100	0	100
在途量		0							
净需求量		0	0	100	300	200	300	200	0
计划订单收料				300	300	300	300	300	0
计划订单发出		0	306	306	306	306	306	0	

3. 安全提前期

安全提前期是指为了避免交货延误，计划订单收料时间可以先于需求时间。

使用安全提前期，避免了交货延误，但会增加持有成本。表6-19是使用安全提前期与不使用安全提前期的比较。不使用安全提前期时，3周后的在库量累计为130，而使用安全提前期后，3周后的在库量为300，无疑会增加库存持有成本。安全提前期不仅会增加持有成本，而且会影响效率，因为工人若知道有提前期，可能就不会先做。

4. 总结

安全库存、安全边际量、安全提前期是处理不确定性的方法，但是代表了陈旧的观念与思维方式。不确定性是众多因素造成的，如预测、生产工艺、设备、工人技能与态度、供应商关系等。这些方法只能作为问题出现时的一个拐杖。较好的方案是与持续改进相结合，发现问题根源，使用这些"拐杖"搭配加以解决。

表6-19 安全提前期与不使用安全提前期的比较

不使用安全提前期				安全提前期	0				
POQ LT=1	P=3	保留量	0	安全库存	0				
		1	2	3	4	5	6	7	8
毛需求量		10	10	30	50	20	40	20	10
在库量	20	20	10	0	70	20	0	30	10	130
在途量		0							
净需求量		0	0	30	0	0	40	0	0
计划订单收料				0	100	0	70		
计划订单发出		0	100	0	70				

使用安全提前期				安全提前期	1					
POQ　　　　P=3 LT=1		保留量	0	安全库存	0					
		1	2	3	4	5	6	7	8	
毛需求量			10	10	30	50	20	40	20	10
在库量	20	20	10	100	70	20	70	30	10	300
在途量		0								
净需求量			0	0	0	0	0	0		
计划订单收料			0	0	100	0	0	70	0	0
考虑安全提前期的计划订单收料				100			70			
计划订单发出			100			70				

最终项目的决策向下波及会影响产品树中所有较低层次的物料项。系统紧张度是指主生产计划或上层物料项毛需求量的变化影响较低层物料项的毛需求量和计划订单发生的程度。

系统紧张的原因一般有主生产计划变动、供应商交货延迟、物料品质不良、资料错误及意外的变动等。减少系统紧张的一种有效方式是使用固定计划订单,即固定计划订单发出,而不管毛需求量如何变化。时界建立了计划订单固定的时间区间,使用需求时界冻结最终项的需求,在物料需求计划的最初几周,产品树中每一物料项都保持固定,以保持整个生产系统的波动最小。

6.6.5　产能需求计划与溯源

1. 产能需求计划（CRP）

产能需求计划使用与物料需求计划的系统相连的产能需求计划模块完成对主生产计划近期能力可行性的检查,产能需求计划与粗略产能计划类似,使用物料清单、工艺路线顺序、作业标准时间计算资源负荷,但是产能需求计划更加详细与精确,不用毛需求量估计能力需求,而是利用物料需求计划的程序生成的计划订单发出,考虑了在途量与在库量,能力的精确度比粗略产能计划好得多。

产能需求计划主要关注主生产计划的近期部分,以决定这部分是否可行、是否可以冻结。主生产计划的近期部分一旦被冻结,该部分遍及产品树的毛需求量、计划订单发出也就确定下来了,将当前时间段的计划订单发出予以发布。在计算整体需求能力时,产能需求计划假定无限能力负载,累计每一时间段内所有订单的标准工时,而不考虑能力限制,传送到给定资源。所有订单的整体资源负荷计算出来后,产能需求计划考虑这些资源的最大可利用能力,如果发现超过能力,标识出该资源。

2. 重排程与溯源

大多数产能需求计划模块的局限是:虽然标识了过载的资源,但不能指出过载的来源,而等待计划员确定。简单的解决方案可能是推迟排程或大大超载,但延长工作时间也不能满足需要。

可以通过溯源程序确定过载源或评估行动的潜在原因。溯源将组件的毛需求量与产品结构树中与其向上连接的所有父件物料项的计划订单发生连接起来,按照这种方式再向上找,直到最终项。过载状态一旦标识，溯源就可以确定对这一过载有贡献的源。

满足能力约束的方法主要有增加能力、重排程和减少生产提前期。通常提前期的小部分（20%～30%）是准备和处理订单，大部分是工序间的运输、检验或工序前后的等待。一般采用3种方式减少提前期：一是交叉工序，在工序全部完成之前就开始向下一工序交运，交运批量小于工艺批量；二是分割工序，使用多个并行的工作站完成同一工序；三是分割批，分解订单，快速执行一部分订单，然后再执行另一部分。

6.6.6 闭环物料需求计划系统

将包含反馈回路的物料需求计划系统，称为闭环物料需求计划系统，它可以根据系统生产能力考察生产计划的可行性（见图6-16）。建立闭环物料需求计划系统可分为三个步骤：第一，在制订主生产计划后进行产能负荷分析（粗能力平衡），以决定主生产计划的可行性；第二，物料需求计划计算出制造订单与采购订单后，进行生产能力的平衡；第三，根据能力调整计划，同时搜集生产（采购）活动执行的结果及外部环境变化的反馈信息，作为制订下一周期计划或调整计划的依据。闭环物料需求计划系统以有效地对生产过程进行计划和控制。

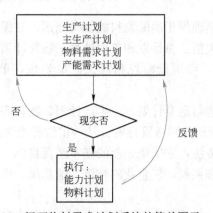

图6-16 闭环物料需求计划系统的简单图示

6.7 制造资源计划

制造资源计划（MRP Ⅱ）是对物料需求计划的一种扩展，以物料需求计划为核心，以闭环方式实现对制造公司中所有资源的计划与控制。它将物料需求计划的信息共享程度扩大，使制造（manufacturing）、市场（marketing）、财务（finance）、工程（engineering）与采购紧密地结合在一起，共享有关数据，采用公用的集中数据库，组成一个整合的信息系统，有些软件包还加入了制造系统仿真。

1. SAP R/3 的 MRP Ⅱ 模型

图6-17是SAP R/3的MRP Ⅱ模型。销售与运营计划（SOP）是一个通用的计划和预测工具，适用于销售、生产、采购、库存管理等的中长期计划。需求管理的功能是确定产成品和重要部件的独立需求数量与交货日期。

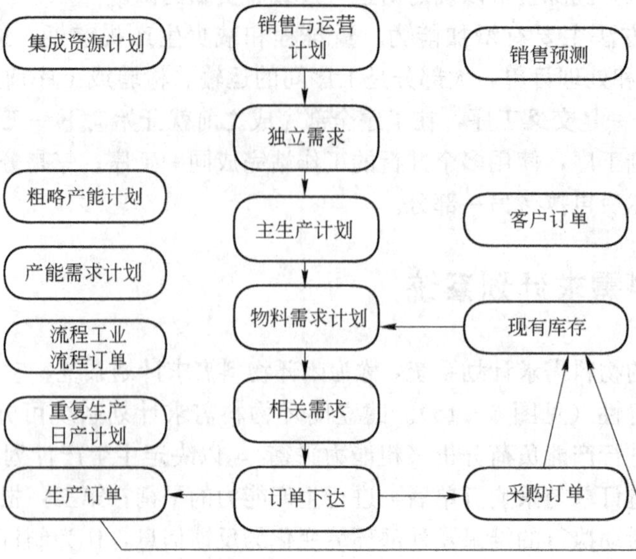

```
集成资源计划      销售与运营            销售预测
                   计划
                    ↓
                 独立需求
                    ↓
粗略产能计划      主生产计划          客户订单
                    ↓
产能需求计划      物料需求计划 ←——— 现有库存
                    ↓                    ↑
流程工业         相关需求                 |
流程订单            ↓                    |
                                         |
重复生产                                 |
日产计划                                 |
                    ↓                    |
生产订单 ←—————  订单下达  ————→ 采购订单
```

图 6-17　SAP R/3 的 MRP Ⅱ 模型

物料需求计划的目的是确保正确的物料能及时到达，并保证物料的可用量，同时避免过量的库存。制造资源计划主要包括：总计划和单项计划，物料计划过程，批量确定过程，例外消息和计划调整检查，能力计划，可用量检查和拖欠订单处理，单层和多层溯源，多工厂、多地点计划。

制造资源计划涉及销售与运营计划、主生产计划、物料需求计划、产能需求计划、车间控制（SFC）、采购管理、成本管理与财务管理等。从一定意义上讲，制造资源计划是对制造业企业资源进行有效计划的一整套方法，它围绕企业的基本经营目标，以生产计划为主线，对企业制造的各种资源进行统一的计划和控制，使企业的物流、信息流、资金流畅通，是一个计划与控制的动态反馈系统。

R/3 中的系统能力评估包括：确定可用能力、确定能力需求、可用能力和能力需求比较。

2. 订单

订单提供排程的基本数据。订单中工序的标准值和数量形成了排程和计算能力需求的基础。制造资源计划的主要订单有物料需求计划中的计划订单、车间控制中的生产订单、采购订单、工厂维护中的工厂维护订单等。

6.8　网络计划

网络计划是通过图表来显示作业之间的相互关系并将项目模型化的方法。其先决条件是项目必须具备已定义的相互依赖的若干任务，任务的完成标志着项目的结束。

1. 网络图的绘制

① 箭线式网络（双代号）。箭线表示作业，每个作业（活动）的首尾处分别有一个圆圈，代表一个事件。事件是指一项作业开始或结束的时刻，不耗费时间与资源，具有明显可识别的特征。

箭线式网络绘制原则是：只有当导向某一事件的所有作业都已经完成时，该事件才会发生；任何作业都必须在其首端事件发生之后开始；两个不同的作业不能具有相同的尾端事件和首端事件。

② 节点式网络（单代号）。节点表示作业，作业（活动）用方框表示，箭线表示作业之间的关系。

图 6-18 是箭线式网络和节点式网络的示意图。

图 6-18　箭线式网络和节点式网络的示意图

虚拟作业不耗费时间，用虚线表示，如图 6-19 所示。虚拟作业标明了作业间的逻辑关系。

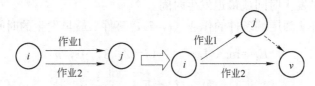

(a) 两个独立作业拥有相同的首端事件和尾端事件

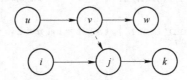

(b) 两个独立作业链共享某一作业

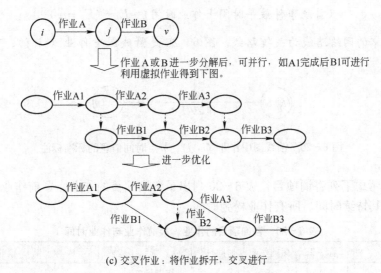

(c) 交叉作业：将作业拆开，交叉进行

图 6-19　箭线式网络绘制原则

2. 关键路线法

关键路线法（critical path method，CPM）用于作业时间比较稳定且可以通过增加投资来压缩时间的情况，它可以对时间-成本进行权衡。作业的网络通过正常时间和正常成本来求解，如果最终的项目完成时间和成本是满意的，则所有作业按正常时间进行安排；如果项目完成时间太长，则可以给某些作业加急，适当增加投资，以一定成本为代价来缩短作业时间，进而缩短总工期。关键路线法可用于诸如建筑项目、设备安装、公路工程、工厂启动或关闭等项目。

从开始到结束的作业（活动）序列构成网络路线，每条路线对应一个总时间（该路线上所有作业或活动的时间总和），将总时间最长的路线称为该网络的关键路线。

确定关键路线的步骤如下。

① 作业确认。
② 作业排序，构建网络。
③ 决定关键路线。

下面计算事件最早发生时间或最迟发生时间。

正向计算。以事件 j 为尾端事件的作业 (i, j)，事件 j 最早发生的时间为

$$E_j = \max_{\forall i}\{E_i + t_{ij}\} \quad (j=2, 3, \cdots, n)$$

$$L_n = E_n$$

反向计算。以事件 i 为首端事件的作业 (i, j)，事件 i 最迟发生的时间为

$$L_i = \min_{\forall j}\{L_j - t_{ij}\} \quad (i=n-1, n-2, \cdots, 1)$$

计算作业松弛时间为

$$作业(i, j)松弛时间(时差) = 尾端事件发生的最迟时间 - \\ (首端事件最早时间 + 作业时间) = L_j - (E_i + t_{ij})$$

作业时差为零的网络路线为关键路线。图 6-20 是箭线图中作业 (i, j)、节点时间信息的标准标注。

$(E_i, L_i) \xrightarrow[\text{作业}(t_{ij})]{L_j-(E_i+t_{ij})} (E_j, L_j)$

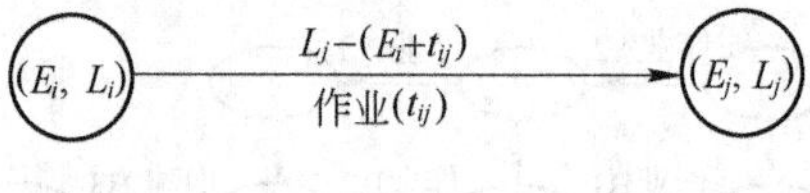

图 6-20 箭线图中作业 (i, j)、节点时间信息的标准标注

【例 6-7】 考虑下列咨询项目，表 6-20 列出了咨询项目的作业、紧前作业与作业时间。试确定关键路线及其持续时间、所有作业松弛时间。

表 6-20 咨询项目的作业、紧前作业与作业时间

活 动	标 识	紧前作业	时间/周	活 动	标 识	紧前作业	时间/周
调查顾客需求	A	无	2	培训员工	E	C	5
提出建议报告	B	A	1	质量改进示范	F	D	5
获得批准	C	B	1	提出评估报告	G	E, F	1
开发远景与目标	D	C	2				

解 使用箭线网络图，如图 6-21 所示。

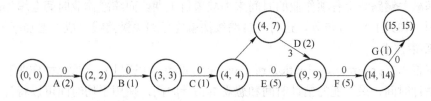

图 6-21 箭线式网络图

第1步，标注作业及作业时间，如 A(2)。

第2步，正向计算每一个事件的最早时间，标注在节点括号中的第一个元素位置，起始事件最早时间为零。

第3步，最后一个事件的最早时间与最迟时间相等，本例中（15，15）。

第4步，反向计算，求每一个事件的最迟时间。

第5步，按照作业松弛时间的计算公式，计算每一个作业的松弛时间，标注在作业箭线上。

第6步，判定关键路线。

使用节点网络图。 基本原理与图 6-21 的计算相同，可以用同样方法来计算节点的时间参数。下面计算作业的时间参数，即最早开始或结束时间、最晚开始或结束时间。作业的松弛时间就是最早开始时间与最晚开始时间之间的空隙，或者是最早结束时间与最晚结束时间之间的空隙。如果没有空隙（时差为零），则是关键作业，关键作业形成的路径为关键路线。

下面介绍基于节点网络图，采用作业时间参数计算的步骤。在图 6-22 中，节点表示作业，节点中字母与数字表示作业及作业时间，如 A(2)；作业的最早开始时间（ES）与最早完成时间（EF）通过正向计算得到，标注在节点的上方；作业的最晚开始时间（LS）与最晚结束时间（LF）通过反向计算得到，标注在节点的下方；计算每一个作业的松弛时间，即 LS－ES 或 LF－EF；判定关键路线，最后得到与箭线网络图同样的结果。

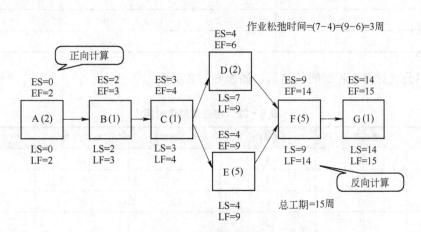

图 6-22 节点式网络图

节点式作业法的优点包括：可将项目基本逻辑关系完整地表达于一张网络图上，不需要虚拟作业维持关系的完整性，项目控制领域的绝大多数计算机软件使用节点网络图。

在扩展的关键路线法中，需要为整个项目建立最小成本计划，控制项目执行期间的成本。其基本假设是作业完成时间与项目成本之间存在关系。关键路线法需要考虑作业的直接费用、间接费用、作业完成时间、资源可用性会对项目施加约束等因素，以决定时间-成本均衡的最优点。关键路线法通过缩减关键路线上各项作业的时间来缩减项目工期，而缩减作业时间会增加成本，如加班、增加资源（如人工）、分包等，这时关键路线法就应压缩关键路线上成本增加率最小的作业。

3. 计划评审技术

计划评审技术（program evaluation review technology，PERT）要求每种作业有3个估计时间：乐观的估计时间、最可能的估计时间和悲观的估计时间。使用平均时间可以将计划评审技术网络转换成以时间为常量的网络。单个作业时间是随机的，所以项目完成的总工期也是随机的，可以求得项目在给定日期内完成的概率。计划评审技术可用于研发项目等各种复杂项目。

项目管理中的成本与时间并不是固定不变的，可以使用概率理论进行估算。每项作业的时间需要从三方面进行估算，即乐观时间 t_0、最可能时间 t_1、悲观时间 t_p。时间估计值服从 β 分布，该分布的均值和方差分别为

$$t_e = \frac{t_0 + 4t_1 + t_p}{6}, \quad V = \frac{(t_p - t_0)^2}{36}$$

【例6-8】 已知表6-21中的数据，画出网络图，求总工期与关键路线。

表6-21 作业的紧前作业及3种时间

作业	紧前作业	乐观时间	最可能时间	悲观时间
A	无	3	6	15
B	无	2	4	14
C	A	6	12	30
D	A	2	5	8
E	C	5	11	17
F	D	3	6	15
G	B	3	9	27
H	E, F	1	4	7
I	G, H	4	19	28

解 利用公式计算3种时间的均值，如表6-22所示。

表6-22 作业的期望时间

作业	紧前作业	乐观时间	最可能时间	悲观时间	期望时间
A	无	3	6	15	7.00
B	无	2	4	14	5.33
C	A	6	12	30	14.00
D	A	2	5	8	5.00
E	C	5	11	17	11.00
F	D	3	6	15	7.00
G	B	3	9	27	11.00
H	E, F	1	4	7	4.00
I	G, H	4	19	28	18.00

绘出网络图，如图 6-23 所示。计算作业的时间参数，求得总工期 54 天，得到关键路线 ACEHI。

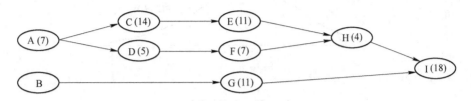

图 6-23 节点式网络图

请读者自己试一试：分别用两种网络图计算总工期、所有作业的松弛时间，找出关键路线。

下面简单讨论涉及的概率问题。一般情况下，假设总作业时间服从正态分布，如图 6-24 所示。试问：整个项目完工时间少于 53 天的概率？

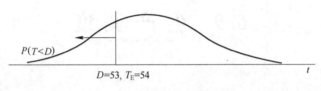

图 6-24 正态分布图示

关键路线上作业时间的方差为

$$\sigma^2 = \left(\frac{悲观时间 - 乐观时间}{6}\right)^2$$

计算结果如表 6-23 所示。则关键路线上的方差总和为

表 6-23 关键路线上作业的方差

作 业	乐观时间	最可能时间	悲观时间	方 差
A	3	6	15	4
B	2	4	14	
C	6	12	30	16
D	2	5	8	
E	5	11	17	4
F	3	6	15	
G	3	9	27	
H	1	4	7	1
I	4	19	28	16

$$\sum \sigma^2 = 41$$

$$Z = \frac{D - T_E}{\sqrt{\sum \sigma_{cp}^2}} = \frac{53 - 54}{\sqrt{41}} \approx -0.156$$

$$P(T < D) = 0.5 - 0.0636 \approx 43.6\% \text{（查正态分布表）}$$

所以，项目工期少于 53 天的概率是 43.6%。

那么，同样可以计算项目工期超过 56 天的概率，如图 6-25 所示。

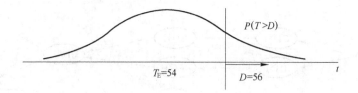

图 6-25　正态分布图示

$$Z = \frac{D - T_E}{\sqrt{\sum \sigma_{cp}^2}} = \frac{56 - 54}{\sqrt{41}} \approx 0.312$$

$P(T>D) = 0.5 - 0.1217 \approx 37.8\%$（查表）

6.9　生 产 调 度

6.9.1　调度理论

生产调度主要是指满足生产流程中的人力、资金、设备等资源约束，通过数学模型方法来合理分派订单、安排订单执行的顺序与时间，使得产量、成本、质量、时间、能耗、低碳排放、回收利用等指标最优化，获得组织对供应与需求的协调。调度主要是运用数学方法，从资源与任务的约束描述开始，将企业的决策目标转化为明确的目标函数，求解问题的优化方案，回答两个问题：一是执行每项订单需要分派哪些资源；二是执行订单何时开始。调度问题会引起分派问题和排序问题。

调度模型可以按照资源配置和任务特性分类，如模型可以包括单一机器或多个机器。对于单一机器，作业或任务可以是一些单阶段的活动，而多个机器，可以包括多阶段的任务；机器可以是单独的，也可以是并行的。如果排序的系列任务不随时间变化，则是静态调度；而随着时间的推进，有新的任务出现，则属于动态调度。静态模型与动态模型相比，更具有战术特性，并且进行了一些扩展的研究。尽管动态模型对实际应用更加重要，但是静态模型通常会抓住动态系统的本质，静态问题的分析常常是对动态系统的有价值的洞察，在动态系统中启发式规则是非常有用的。当假设条件是已知的、确定的时，调度就是确定性的；相反，如果条件是不确定的，有明确的概率分布，调度就是随机性的。

调度问题中经常会存在两种可行性约束：一类是机器能力受限，另一类是执行任务的订单中存在的技术限制。调度问题的解是这两类约束的任意可行解。

工作中心是组织生产资源并完成作业的一个重要单元，可以包含单个机器或一组机器，完成分配的具体作业。分配给工作中心的作业数量，称为负荷加载。负荷加载可以是有限加载，也可以是无限加载。有限加载是指分配给工作中心的作业数量不会超过工作中心的生产能力；无限加载是指不限制工作中心接受作业的数量，要求工作中心尽力去适应实际需求。

组织在进行作业排序及调度时会遇到很多困难。这是因为不同作业的类型和时间、不同资源的能力都有很大不同，并且随着作业数量的增加，调度方案的数量也会呈阶乘级增长：对于 N 项作业、M 台机器，调度员可以得到 $(N!)M$ 个调度方案。然而，目前还没有可以确定最优调度方案的方法，所以组织只能选择相对满意的方案进行调度。

组织可以采用前向或后向的方式进行调度。前向调度是在作业任务到达的时候就开始做；反之，在不耽误交货期的前提下尽可能晚地开始做。倒推式安排被称为后向调度。组织应根据作业的实际情况选择不同的调度方式。

调度结果可以通过多个指标进行度量，如按期完成比率、工件流程时间（即总加工时间＋在工作区的总等待时间）、在制品库存量、设备利用率、设备或工作中心的故障停机时间、总完工时间、延迟时间（即完成日期超出交货期的时间）等。

作业在执行过程中，需要作业监测，甘特图是一个较好的监测工具。甘特图由亨利·L.甘特于第一次世界大战期间提出，它可以显示各项作业的持续时间、进度及作业完成的前后顺序，能够直观地描述作业的执行情况。如图 6-26 所示，甘特图中深色区域表示已经完成的工作，例如，作业 7 在工作中心 2 的工作落后于计划，而工作中心 3 的维修活动提前完成了。上述两种情况需要组织对计划进行修改，并加速工作以赶上进度。

组织利用运作系统的日常输出数据和与计划比较的结果进行控制。如果结果表明实际与计划的情况存在较大偏差，那么就需要干预输入，及时采取调整措施。

然而，由于各运作系统的目标不一致，控制活动也会存在一定的难度。不仅如此，能否准确监测系统输出、准确预测干预结果都会影响控制的效果。

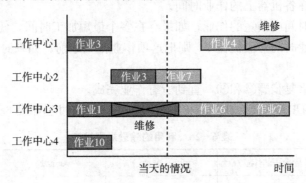

图 6-26 监测作业进展的甘特图

6.9.2 作业排序

1. 概念与规则

作业排序决定作业在工作中心（机器）处理的顺序。通常采用不同的优先规则确定作业顺序。常见的作业排序规则有：交付期优先、先到先服务、后进先出、最长作业时间优先、最短作业时间优先。这里需要说明的是，作业时间既包括作业的处理时间，还包括处理这项作业所花费的准备时间，因为完成一项作业可能涉及生产线的转换。

下面以一个带有最迟交付时间的单加工中心的作业排序问题为例，说明如何利用上述排序规则进行作业排序。

【例 6-9】 表 6-24 列出了六项作业的作业时间和最迟交付时间。项目经理想减少延误作业的时间，同时又想减少延误作业的数量，请给出排序方案。

表 6-24 六项作业的作业时间和最迟交付时间

作业(j)	A	B	C	D	E	F
作业时间(p_j)	12	2	6	14	8	13
最迟交付时间(d_j)	41	4	44	16	35	30

2. 约翰逊规则

假设有两台机器的流程车间，每项作业必须先经过机器1处理再经过机器2处理，并且每项作业在两个机器上的加工时间是已知的，作业时间数据如表6-25所示。试确定完工期最小的作业安排方案。

表 6-25 五项作业在各机器上的作业时间

作业(j)	A	B	C	D	E
机器1作业时间(a_j)	3	5	1	6	7
机器2作业时间(b_j)	6	2	2	6	5

运用约翰逊规则排序，可以实现总完工时间最短的目标。应用该规则的条件是：作业时间必须是已知常数；作业时间必须独立于序列；作业必须遵循相同的两步序列；作业优先级不能使用；作业加工顺序必须是机器1、机器2，在移向机器2前，机器1必须已经完成。约翰逊规则的步骤如下：

① 写出每项作业在各机器上的作业时间。
② 找到所有作业时间中最短的作业；如果存在多个最短加工时间，任选其一即可。
③ 如果最短的作业时间对应机器1，则把这项作业排在最前；如果对应机器2，则把这项作业排在最后。
④ 在余下作业中重复步骤②和③，直到所有作业完成。

依据约翰逊规则的步骤，可以求解表6-25的问题。求解过程如表6-26所示。

表 6-26 利用约翰逊规则排序

阶段	待排序的作业	min $\{a_j, b_j\}$	分派	排序
1	12345	a_3	3→[1]	3—X—X—X—X
2	1245	b_2	2→[5]	3—X—X—X—2
3	145	a_1	1→[2]	3—1—X—X—2
4	45	b_5	5→[4]	3—1—X—5—2
5	4	$a_4 = b_4$	4→[3]	3—1—4—5—2

作业进入加工的顺序为3—1—4—5—2，可画出作业在每台机器的甘特图，总完工时间为24。

6.9.3 制造业与服务业的作业调度

1. 制造业的作业调度

制造业的作业调度主要受作业数量的影响。不同作业数量对应不同的生产系统，而针对不同的生产系统，组织会采用不同的排程方法。生产系统一般分为大量生产系统、中量生产系统和小量生产系统。大量生产系统的产品一般需求量很大且较为稳定，往往采用专业化、标准化的设备与流程，因此采用流水车间调度进行作业排程。流水车间调度是指有 N 台机器、M 项作业，每项作业都包含 N 个操作，分别依次对应 N 台机器。各操作间的顺序是固定的，即一项作业必须由第一台机器加工后再被送往第二台机器进行加工，直到加工完成。调度员可以通过改变 M 项作业执行的顺序，获得较优的调度方案。调度规则可以采用不同的作业排序优先规则。成功的大量生产系统作业调度需要好的产品和流程设计，以减少产品和流程可能出现的质量问题，进而降低生产系统发生故障的可能性。然而，当发生无法避免的故障时，组织应进行快速修理，尽快恢复系统运作。此外，还要有可靠、及时的供应作为系统的输入保证。

面向订单的作业车间采用少量生产系统进行生产活动。面向订单的产品具有种类多、数量少的特点，不同产品的作业时间和方式截然不同。因此，小量生产系统的作业调度会非常复杂。

中量生产系统的产品数量和种类介于大量生产系统与小量生产系统之间，一般采用批量生产的工艺类型。在生产一种产品时，中量生产系统可以参考大量生产系统的调度方法安排作业顺序。然而，中量生产系统还要面临生产不同种类产品的系统转换。因此，中量生产系统作业调度需解决的主要问题是如何缩短两种产品间的转换成本，例如可以通过离线准备缩短系统的停工期。

2. 服务业作业调度

由于服务无法储存、顾客对服务的需求具有更大的随机性，且服务计划需要同时考虑服务人员、设备、顾客这三种因素，因此服务业的作业调度与制造业的作业调度完全不同。

预约系统和预订系统是典型的服务业作业调度方法。组织可以利用这两种系统控制一段时间内的顾客需求，并依据预期需求调整服务能力。此外，组织往往通过更新服务人员工作时间表来调整服务提供能力。具体步骤为：根据预测的需求确定所需的总完工时间；确定总完工时间对应的人员数量；制定全职、兼职人员的配置方案；制定工作进度安排，在满足需求的情况下最小化服务成本。

案 例

比库存还要多的问题

黄河化工制造厂上一年的库存量达 2 亿多元，这对于只有 2 000 多人、产值也只有 4 亿元的厂家来说，能算得上一笔不少的死钱了。去年新厂长上任后，决定竞聘供应科科长，张国记提出以保证生产、降低库存量 7 000 万元、资金周转率提高 50% 为努力目标而被竞聘上岗。

张科长进供应科后，先将供应科的名字改为供应链科，并且深入到下属的各部门：钢材库、备件库、服务组、计划组、采购组等了解情况。经过摸底，他掌握到如下情况。

① 主管供应链科的臧厂长的指导思想是：有用的就留下来入库。如前年全厂 100 多吨边角余料，当年可以以 2 400 元/t 出售，但臧厂长问供应链科边角余料有用没用，供应链科说只有小部分有用，结果全部留下，今年以 1 300 元/t 出售时，无人问津，至今仍存放在库中。

② 对工件所需材料累计加工余量过大。例如生产科要 400 mm 厚的法兰盘钢材，工艺科为了保证质量，要增加到 460 mm，而采购组为了保证生产往往购买 560 mm 的钢材。

③ 300 多吨价值 200 多万元的板材长期压在库中，供应链科有人提议卖掉，遭人说闲话，"你与买主有

什么关系"等,以后谁也不再提及此事。

④ 部分车间加工的边角余料退回库房,账面有钱,而实际价值寥寥无几。

⑤ 备件库的大多数备品备件都已生锈过期,对"杂而散,散而少,跑断腿,无成效"的材料,生产部门还有很多抱怨,常常缺货,供应商也不热情,采购员也不愿意。

⑥ 各产品车间催材料,往往是订货早的不急,订货迟的着急。因为用户对老产品不热心,产品车间都急于上新产品。今年设计了15辆特殊槽车,要求采购组在第一季度提供6辆槽车的材料,但至今这些产品的材料预算还没有下来,供应商也没有完全敲定。

⑦ 采购组、库存组、服务组的工作热情不高,只是应付,无人愿意外出采购,因此采购员采取一次采购足量的办法采购。例如,一种特种不锈钢,年需求量为4 t,而采购员一下买了15 t,但次年需求量降为2 t,其余的就积压下来了。

张科长思索着这些问题,没想到供应链科居然这么不好搞,但是他决心试试自己的身手,不管困难有多大,毕竟他是经竞选上来的科长,希望能找到对策以解决问题。

讨论题:

1. 你认为材料积压的主要原因是什么?张科长如何才能完成目标?如何对供应链科的材料供应进行管理?
2. 你认为生产科、工艺科和供应链科三者在材料问题上应如何协调才能使效益最佳?
3. 试说明不合格品、过期物料、死料、呆料、余料(下脚料、边角料)、废料的区别及各自的处理方式和关注点。

习题及思考题

1. 什么是ERP?介绍你所熟悉的一个ERP软件包。
2. 说明企业资源计划对企业运营的重要性。
3. 说明制造业常见的生产方式。
4. 说明基于MRP的生产计划与控制框架。
5. 什么是需求管理?区分独立需求与依赖需求。
6. 什么是综合计划?区分综合计划与主生产计划。
7. 解释可承诺量。
8. 什么是物料清单?
9. 简述粗略产能计划的作用。
10. 说明物料需求计划系统的主要输入与输出。
11. 理解生产计划中时界的概念。
12. 物料清单有哪些类型?
13. 简述物料需求计划更新文件的方式。
14. 说明常用的三种批量规则。
15. 说明应对物料需求计划中的不确定性的措施。
16. 已知如表6-27所示的数据,如何安排主生产计划?如何更新可承诺量?

表 6-27 相关数据

现有量	23			生产批量		15
时段（周）		1	2	3	4	5
预测需求量		10	10	10	10	20
确定的客户订单		13	5	3	1	0
预计期末库存量						
主生产计划收到数量						
可承诺量						

17. 福特汽车公司的一系统供应商生产 X、Y 两种部件，福特公司对 X 的需求量：第 3 周为 300 台，第 6 周为 200 台，第 8 周为 250 台；Y 的需求量为第 7 周 400 台。该供应商的现有库存：X 为 100 台，Y 为 30 台，A 为 70 台，B 为 0，C 为 200 台，D 为 800 台。供应商确定的安全库存：X 为 50 台，Y 为 30 台。现已知：1 单位 X 由 1 单位 A、2 单位 B 组装而成，1 单位 B 由 1 单位 C 与 1 单位 D 装配而成；1 单位 Y 由 1 单位 C 与 4 单位 D 装配成。A 的订货批量为 250 台，D 的订货批量为 2 000 台，其他物料项目的订货根据逐批法确定。只有 X 存在在途量，预计第 2 周收到 250 台。各物料提前期如表 6-28 所示。试写出物料清单表，并使用物料需求计划表格开发 X、Y 的物料需求计划。

表 6-28 各物料提前期

物料项目	X	Y	A	B	C	D
提前期	1	2	2	2	1	2

(1) 思考物料清单对物料需求计划的重要性，了解物料需求计划需要的输入数据；
(2) 思考订货批量方法的改变及安全库存的设立对物料需求计划产生的影响；
(3) 重点体会组件 D 的物料需求计划的形成过程。
18. 如何运用线性规划运输模型制订企业的综合计划。
19. 项目计划的过程如何？
20. 说明常用的网络计划技术的使用方法。
21. 什么叫生产调度？生产调度解决什么问题？
22. 项目管理中是否存在调度问题？如何运用网络方法加以解决？
23. 什么叫作业排序？

第7章

供应链管理

【本章要点】
- 供应链管理及其活动；
- 采购与供应管理；
- 库存管理；
- 供应链策略；
- 供应链牛鞭效应；
- 供应链内部关系类型；
- 供方管理库存（VMI）；
- 协同计划、预测与补货（CPFR）；
- 供应链改善。

引例

CJ工业公司供应链中的决策问题[①]

去年10月CJ工业公司刚刚获得了一份5年的合同，总价值为5 000万美元。从今年7月开始为大湖游艇公司提供生产豪华游艇系列产品所需要的核心发动机部件。这份合同成为CJ工业公司的重要里程碑，作为几年来刻苦工作和服务的回报，它可以如其所愿地向大湖游艇提供发动机部件了。如果CJ工业公司能够持续地表现出联盟伙伴的能力，那么这份合同显然具有长期的潜力。另外，根据这份合同，大湖游艇的采购量是CJ工业公司年销售量的30%，所以出色地完成这份合同对CJ工业公司来说可谓不同寻常，对公司财务具有长期影响力。

曹琳水泵是一家生产用于舱底的小型水泵的公司，CJ工业公司通过一种非正式的、无合同的方式从这家公司采购水泵。其他的零部件都由CJ工业公司自己生产，然后运到大湖游艇生产车间附近的成品仓库。曹琳水泵根据大湖游艇的规格要求一次生产并运送50个产品，产品单价为1 500美元。当CJ工业公司电话

---

① WISNER J D, LEONG G K, KEAH-CHOON T. 供应链管理. 北京：机械工业出版社，2006：77-78.

通知曹琳水泵时，曹琳水泵就将这些产品运到 CJ 工业公司的库房，运送成本（根据选用的运输商）大约为 500 美元，4~6 个月运送一次。一般来说，CJ 工业公司会提前 8~10 周订货，曹琳水泵总能够在 CJ 工业公司的库存消耗完之前将产品送到。

虽然 CJ 工业公司具备充足的额外生产能力，可以根据大湖游艇的合同就所供给的部件提高产量，但并不确定曹琳水泵是否有能力或愿意提高水泵的产量。从今年 7 月份开始，水泵的需求将增加为每月 50 个或者更多，需要根据大湖游艇的需求和 CJ 工业公司合同执行情况来确定。

老李是 CJ 工业公司的采购经理，他需要和生产经理及曹琳水泵的工作人员一起解决一些问题，以确保大湖游艇的合同顺利执行。其中问题之一是曹琳水泵是否能保证每月将 50 个产品送到 CJ 工业公司的仓库。在同大湖游艇的合同中忽略了这一细节，而如今可能给 CJ 工业公司的长期合同带来风险。当 CJ 工业公司向曹琳水泵增加订货的时候，其他如设备、劳动力和生产成本就会交织在一起，还不算额外送货的费用。曹琳水泵作为 CJ 工业公司可以信任的合作伙伴已经多年，但除了 50 个批量的水泵以外，CJ 工业公司没有从曹琳水泵订过其他任何产品。而且，因为 CJ 工业公司每次的订量很低，所以曹琳水泵没有相关绩效记录。老李也不知道曹琳水泵的水泵生产质量的历史资料数据，也不记得是否从大湖游艇退回过曹琳水泵的产品。到目前为止，水泵的质量问题好像也没有什么可担心的。

另一个问题是 CJ 工业公司自己生产这种水泵。CJ 工业公司完全有能力自己生产这种水泵，只是需要 50 万美元的资金投入，还要清理出一片生产空间和雇用三名工人。离合同执行期限只有 9 个月的时间，做这些事情显然有些紧张，但生产经理说如果有必要完全可以这么做。老李相信生产经理说的生产线没有问题，但怀疑 CJ 工业公司进行这样的投资是否有意义，况且还缺乏生产经验。生产经理还知道至少两家生产水泵的厂家，但离 CJ 工业公司的仓库有 500 英里远，且以前没有打过交道。

老李认为将这件事交给他的项目专业采购员琳达来做比较合适。琳达有快速做事的协调能力，老李决定打电话和她联系。

思考题：
1. 琳达面临什么决策问题？需要进行哪些调研？
2. CJ 工业公司如何才能确保大湖游艇公司的合同能够按时完成并能够长期合作？

20 世纪 90 年代以来，供应链管理成为业界及学术界关注的热点，原因是供应链周期过长，通过压缩供应链周期，会带来库存的减少、生产柔性的提高与成本的降低。企业运营的进一步改善必须考虑企业与供应商、顾客的关系。供应链管理已经成为运营的系统方法，为跨组织、跨部门的流程管理提供了基础。供应链管理的范围覆盖了商品从供应商、制造商和分销商直到最终顾客流动的全部过程，这种观念提出了一个物料流与信息流管理的整体方法。供应链通过加强最终市场的竞争，即以最短的时间、较低的成本，实现利润最大化。供应链是一个高效的协调整体，它通过减少总的渠道库存、消除瓶颈效应、压缩时间、消除质量问题来实现目标。供应链思想以信息共享、联合计划、提高效率为基础，允许协作、鼓励协作、合作伙伴和相互信任是供应链关系的重要因素。

7.1 供应链管理及其活动

7.1.1 供应链与供应链管理

1. 供应链

供应链，是描述组织（供应商、制造商、分销商和顾客）如何连接在一起的一个术语，是指物料和服务在多个运营连接中的流动路线。

史迪文斯认为,"通过增值过程和分销渠道控制从供应商的供应商到用户的用户的流就是供应链,它开始于供应的源点,结束于消费的终点。"

伊文斯认为,"供应链管理是通过前馈的信息流和反馈的物流及信息流,将供应商、制造商、分销商、零售商,直到最终用户连接成一个整体的模式。"

哈理森认为,"供应链是执行采购原材料、转换为中间产品和成品,并且将成品销售到用户的功能网链。"

2. 供应链管理

供应链管理(supply chain management,SCM),是指采用跨越公司边界的整体化管理模式,管理从原材料供应商,通过制造工厂、仓库到最终顾客的整个物流、信息流及服务流,如图 7-1 所示。

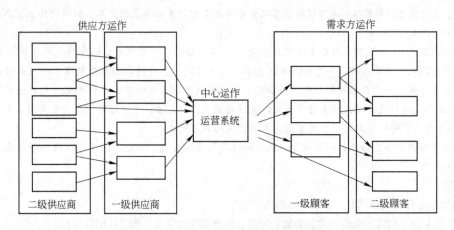

图 7-1 供应链管理不同层级的部分术语

Fred A. Kuglin《以顾客为中心的供应链管理》:"制造商与它的供应商、分销商及用户,即整个'外延企业'中的所有环节协同合作,为顾客所希望并愿意为之付出的市场提供一个共同的产品和服务。这样一个多企业的组织,作为一个外延的企业,最大限度地利用共享资源(人员、流程、技术和性能评测)来协作运营,其结果是高质量、低成本、快速投放市场并获得顾客满意的产品和服务。"

美国生产和库存控制协会:"供应链管理是计划、组织和控制从最初原材料到最终产品及其消费的整个业务流程,这些流程连接了从供应商到顾客的所有企业。供应链包含了由企业内部和外部为顾客制造产品和提供服务的各职能部门所形成的价值链。"

3. 供应链管理的原则

供应链管理的原则如下。

① 整个供应链是一个单独的继承的实体。
- 供应链是一个整体,需要战略决策;
- 通过信息共享、协同计划解决各环节物流问题;
- 集成物流与信息流,发展供应链伙伴长期双赢关系;
- 最终顾客的满意是供应链上所有企业的最终目标;
- 减少各个环节低效率的过程,因为低效率过程会引发供应链的高成本。

② 核心制造企业的成本、质量及运输需求等是供应链上所有企业努力的目标。

- 减少核心企业的制造周期;
- 避免高成本的紧急应付措施(如临时空运)。

③ 库存是解决各方供需关系的最后一种手段。

④ 供应链存在于物料流与信息流分散的活动中,利用信息通信技术实现系统间的紧密集成。

4. 供应链管理的目标

供应链管理的目标是有效满足最终顾客,高效率地管理供应链,提高供应链过程的透明度,有效控制物流和信息流,获得群体竞争优势。

5. 供应链网络

在当前动态多变的全球化业务环境中,供应链成为重要的竞争利器。利用供应链可有效地缩短上市时间、向客户交付定制的个性化产品,企业需要联手提高响应速度,向市场推出具有创新性质的产品,并将业务活动外包,以集中于自己的核心业务。企业需要跨越组织界限开展业务,并对虚拟的业务伙伴网络进行管理。供应链网络可通过供应链同步为合作伙伴提供需求、供应和运营活动方面的正确信息,以便他们能够携手对出现的变化做出响应,并且更迅速地适应新形势。

创建一个高效、高响应能力的供应链网络需要考虑需求与成本结构,选择供应商,选择生产地址,设计、优化分销与运输网络,并对供应链进行评估与控制,从而找出并强化薄弱环节。

7.1.2 供应链管理中的过程/活动

供应链理事会(Supply Chain Council,SCC)在1997年提出了一个供应链参考模型(supply chain operation reference,SCOR)。供应链理事会将供应链参考模型看作是描述和运用过程的工业标准。在供应链参考模型中,计划、采购、制造、交付作为4个基本过程的过程类型,是企业建立供应链的起点;然后对每个过程类型分别定义了可能包含的核心过程目录,作为供应链的可能组成部分。通常每个类型都包含有下列内容。

(1) 计划

需求/供应计划的主要内容包括:评估供应链资源,汇总和安排满足需求的次序、库存计划,评价分销需求,确定生产、物料和关键能力。

计划过程的基本问题包括:自制/外购决策、供应链构建、长期能力和资源计划、企业计划、产品输入/输出、产品组管理等。

(2) 采购

外购件/原材料的获取主要是通过接收、检验、存储进行的。采购过程的基本问题包括:供应商认证、外购件的质量、内部运输、供应商合同管理、货款支付等。

(3) 制造

生产作业包括:接收物料、制造和测试产品、包装、储存与发货管理。制造过程的基本问题包括:工程变化、设施与设备、生产状态、车间作业计划、短期的生产能力。

(4) 交付

① 需求管理。包括:组织预测、计划促销、销售计划、销售数据的收集与分析、产品定价、顾客满意度测量、有效顾客响应。

② 订单管理。包括:订单输入与维护、产品配置、建立和维护顾客数据库、维护产品价格数据、管理应收应付款、收据与发票管理等。

③ 仓储管理。包括:接收和维护产成品、收货与包装、产品运输、标签管理等。

④ 运输管理。包括：交通问题、车辆调度、产品入库与出库等。
⑤ 安装管理。包括：安排安装活动、调试、检验等。

交付过程的基本问题包括：流通渠道的商业规则、订货规则、库存管理、交货数量管理等。

可见，供应链管理中包含的基本活动有：供应链战略与规划、客户/供应商关系管理、采购与供应管理、物流管理、物料管理、仓储管理、库存管理等。

1. 客户关系管理——客户服务合理化

供应链上的企业应高度关注客户服务，建立良好的客户关系，并将注意力从"使顾客高兴"转到更平衡、更以价值为中心的"战略性的客户管理"。为了提高客户服务的绩效，管理者必须做到以下几点。

（1）理解顾客需求

管理者通过调查研究获知什么服务是顾客最看重的，他们为此愿意支付多少货币，这是绝对必要的。这一研究将表明顾客寻求的是不一样的商品。管理者由此获得所需要的信息，从而进行成本-效益分析，根据顾客向公司提供利润的多少可以对顾客进行细分。客户服务策略就是要满足特定的个性化的需求。

（2）了解客户服务水平

由于不可控因素的作用，管理者必须一直寻求客户的反馈，以确保服务水平不足的问题可以迅速确认和解决。

（3）培训员工

员工必须理解公司的客户服务战略，客户经常与一线员工进行接触，员工要知道自己在客户服务策略中的角色。对于许多顾客来说，公司的客户服务是由公司的运营层人员体现的。员工理解在提供客户服务中扮演的关键角色，并获得完成任务所必需的培训，这是至关重要的。

管理者必须考虑与顾客服务有关的成本与收益之间的均衡关系，要知道提供不同层次的顾客服务的相应成本。但是将服务的改善直接等同于销售收益的改变是极其困难的，顾客服务所带来的收益增长在非营利机构中尤其难以衡量。为了跟踪这些成本，可以采用基于活动的成本控制法（activity based cost，ABC）。以活动为基准的成本控制法将正常成本之外的成本直接分摊在产品/服务上。传统分摊方法存在无法精确反映资源消费的问题，通过以活动为基础的成本控制法，资源被分摊到活动中，活动被分摊到成本对象。

2. 分销管理

对于中心运营系统而言，供应链上的需求方企业需要将产品/服务从运营系统传递给顾客，这是一个产品分销的过程。

（1）多级库存系统

供应链中的库存系统往往是多级系统，物料在流经运营系统并最终到达顾客的过程中，可以被存储在许多不同的地点。

（2）分销中心

分销可以简化分销路线且有利于信息沟通。分销中心可以实现对顾客的就近供应，而且当有多个制造工厂时，顾客就不必与每一个制造工厂联系，而只需面对一个当地的分销中心。这样有利于提高客户服务水平，同时也有利于收集顾客反馈信息。

（3）分销管理与互联网

互联网促进了直销，戴尔计算机就是直销成功的例子。互联网方便了供应链内信息的获取与共享，供应链上的每一个成员都可以了解货物在供应链中的位置、下一个目的地、运输能力状况等，从而为整个供应链的协调与降低成本创造了机会。

3. 物料管理

物料在多级系统中流动，如图 7-2 所示。在供应链中，物料种类繁多，因此按照产品计划对产品制造中的所有物料进行统一管理具有重要的意义。物料管理应考虑预测结果和库存水平，同时也对物料的循环利用进行管理。

4. 物流管理

物流最先起源于军事后勤学，是以创建和支持军事战斗力量和兵器为目标，管理控制人员计划与资源的过程。

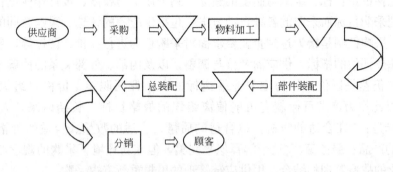

图 7-2 物料管理

物流活动包括客户服务、物流网络设计、物流信息、交通与运输、存货、仓储、物品搬运及处理、采购与供应管理、逆向物流等。

7.2 采购与供应管理

7.2.1 采购

采购是经济主体为满足自身的某种需要，通过支付一定费用向供应商换取商品或劳务的经济行为，目的是以最少的支出获得最大收获。采购是指企业以各种不同的途径，包括购买、租赁、借贷、交换等方式取得物品或服务的使用权或所有权的过程。ISM（原美国采购管理协会）公布了对采购的定义：组织为了追求和实现它的战略目标而识别、采办、定位、获取和管理它所需求或潜在需求的所有资源。这个定义显然突破了传统采购的定义，采购的角色有了变化。采购的一般过程是提出采购需求、选定供应商、谈判价格、确定交货及相关条件、签订合同并按要求收货、付款结算等。

在日常经济生活中，经常发生各种不同类型的采购：根据采购主体不同，有个人采购、家庭采购、团体采购、企业采购和政府采购；根据采购客体不同，有农产品采购、工业品采购、工程采购和服务采购；根据采购频率和数量的多少，有集中采购和日常采购；根据交易方式不同，有现款采购、租赁采购、交换采购等。

采购是指从供应商那里购买原材料、零部件和产成品存货，并安排运往制造工厂或装配工厂、仓库、零售店的内向运输。采购活动促进和改善运营系统与供应商间的互动。采购的主要目标是以最低的物流总成本提供及时的购买活动,从而支持制造的顺利进行或转售部门的活动。

采购管理是企业为了实现生产或销售计划,在确保适当品质的条件下,从适当的供应厂商,在适当的时期,以适当的价格购入必需数量的物品或劳务所采取的一切管理活动。采购是企业全部商务活动的起点,这一环节对企业整体商务活动效率的提高至关重要。在一定意义上它是企业的成本之源、质量之源和效率之源,将来也必将成为企业的创新之源。采购管理是研究在采购物资或服务的过程中,统筹兼顾事前规划、事中执行和事后控制,以达到维持正常产销活动、降低成本的目的的各种管理活动。

采购规划包括设定目标、组织与制度的建立、划分职责与权限、设计作业流程等内容。采购执行包括为达到采购目标而采取的各种行动方案,包括供应商的评选、采购合同的签订、交货验收管理等内容。采购控制是指为达到企业要求而对采购行为进行评价、调控等,包括采购行为规范、拟订采购绩效评估的指标、供应商考核与调整,以及内部、外部关系的协调等内容。

传统的采购仍然是以价格作为主要业绩指标的一项评判职能。价格对组织的盈利确实重要,但是如果以此作为追求目标就有可能偏离组织的战略目标。长期以来,人们对采购沿用的一个经典解释是:"在合适的时机,以合适的质量、合适的数量、合适的价格、从合适的供应商获得合适的产品和服务等。"这个解释似乎完美,但在新环境下采购的观念必须上升到战略的角度,与企业的战略管理相结合,用供应链管理的思想重新审视采购。

采购关系到企业产品的质量和成本,并且采购资金在总成本中占有很大比重,使得采购在企业经营活动中占有重要地位。据统计,在制造业中,多数企业的采购资金占最终产品销售额的40%~60%,这意味着采购成本的降低将对企业利润的增加有着重要的影响,采购自然成为企业降低成本、增加利润的重要环节。

1. 战略采购

在20世纪70年代经济快速增长之后,美国的领先企业开始寻找提高股东价值的方法。在改进销售和客户服务之后,人们的注意力转移到如何通过资产合理化、日常经营和机构重组来实现内部成本的降低。20世纪80年代开始采用战略采购,通过战略采购使成本大大降低、收益大大增加,那些迫切想提高自己竞争实力的企业很快就将战略采购作为新的关注点和创造股东价值增长的新源泉。战略采购首先在美国得到应用,然后被迅速传至欧洲和世界其他国家。跨国企业开始在国外实行战略采购,后来通过全球采购将各种采购活动整合起来。

战略采购是以最低总成本建立业务供给渠道的过程,而不是以最低采购价格获得当前所需原料的简单交易。战略采购充分平衡企业内部和外部的优势,以降低整体供应链成本为宗旨,涵盖整个采购流程,实现从原料描述直至付款的全程管理。

战略采购的重要原则如下。

(1) 总体拥有成本考虑——战略采购的基本出发点

成本最优往往被许多企业误解为价格最低,这是错误的。采购的决策影响着后续的原料运输、调配、维护、调换,乃至长期产品的更新换代,因此必须有总体成本考虑的远见,必须对整个采购流程中所设计的关键成本环节和其他相关的长期潜在成本进行评估。在进行总体成本评估时不妨尝试先用以下这个简化的方法考虑,即

$$总体拥有成本 = 价格 + 使用成本 + 管理成本$$

(2) 建立坚实谈判基础——事实和数据信息

谈判不是一味压价,而是基于对市场和自身的充分了解和长远预期的协商。总体成本分析、供应商评估、市场评估等为谈判提供了有力的事实和数据信息,且能帮助企业认识自身的议价优势,从而掌握整个谈判的进程和主动权。

(3) 战略合作关系——互赢

互赢理念在战略采购中也是不可或缺的因素。许多先进的国际企业都建立了供应商评估、激励机制,与供应商建立了长期的战略伙伴关系,确立了互赢的合作基础。

(4) 权力制衡

通过扩大供应商选择范围引入更多的竞争、寻找上游供应商等来降低采购成本是非常有效的战略采购方法,它不仅可以帮助企业寻找到最优的资源,还能保证资源的最大化利用,提升企业采购管理的水平。企业和供应商都有议价优势,如果对供应商所处行业、供应商业务战略、运作、竞争优势、能力等有充分的认识,就可以帮助企业发现机会,改善目前的权力制衡地位。

2. 集中采购

集中采购是指企业在核心管理层建立专门的采购机构,统一组织企业所需物品的采购业务。通过采购量的集中来提高议价能力,降低单位采购成本,这是一种基本的战略采购方式。目前虽有企业建立集中采购部门进行集中采购规划和管理,以期减少采购物品的差异性,提高采购服务的标准化,减少后期管理的工作量。但很多企业在发展初期因采购量和种类较少而没有进行集中采购,随着企业的集团化发展,在采购上就出现分公司各自为政的现象,很大程度上影响了采购优势的发挥。

集中采购可以采取集中招标采购、询价采购、谈判采购等方式。在集中采购过程中,"三公"原则是前提,具体实施是关键。"三公"原则即公开性、公平性、公正性。例如,公开招标,就是根据不同的采购内容和采购要求,将标的、质量要求、竞标事项等制定成规范的标书,将标书在报刊、电视、Internet 等上公布,并接受公众的监督。公平性是指凡是经过注册的合法经营者,不分国营、集体和个体,也不论外商独资或合资,更不分本地或外地,一视同仁,使供应商凭借实力在相同的条件下公平竞争。公正性是指采购过程的每一个环节都按照既定的标准或管理办法规范操作,从而保证整个采购过程公正有效。

与分散采购相比,集中采购的优势主要体现在以下几个方面。

① 有利于获得采购规模效益,降低采购成本和物流成本。

② 有益于稳定企业和供应商之间的关系,得到供应商在技术开发、货款结算方式、售后服务等方面的支持与合作。

③ 集中采购责任重大,采用公开招标、集体决策的方式,可以有效地防止腐败。

④ 有利于采购决策中专业化分工和专业技能的发挥,同时也有利于提高工作效率。

⑤ 集中采购有利于所购物料的标准化。

企业开展集中采购,应该:

- 根据企业所处的环境及市场竞争状况,制定本企业集中采购战略;
- 根据本企业销售状况、市场开发情况、生产能力等确定采购计划;
- 根据大宗物资采购需求状况做出集中采购决策,决策时要考虑企业自身的资金状况和供应商的供应能力、质量保证能力;
- 当决策做出后,由采购管理部门实施信息收集与分析、市场调查及询价,并根据库存情况进行战术安排；
- 由采购部门根据货源供给状况、自身采购规模和采购进度，利用合适的采购方式实施采购，并办理检查送货手续，及时保证生产需要。

许多跨国公司，如日立、东芝、松下、本田、佳能等，以集中采购来提高采购的效率。虽然各行业采购的集中程度有所区别，但大型跨国公司往往在特定的区域范围内设立一个专门中心来完成采购功能，把分散的采购功能集中起来，并与配送的集中调度相配合，利用采购活动的集中化来实现战略采购。

3. 采购外包管理

由于现代企业经营所需要的物品越来越多，采购途径和体系也越来越复杂，使得企业的采购管理成本很高，影响了关键部件的采购管理绩效。正是在这种状况下，越来越多的企业开始将某些采购活动外包给主要合同商、承包商或者第三方公司。与自己组织采购相比，利用承包商和第三方公司往往可以提供更多的经济利益和购买经验，从而使企业从目前与采购相关的繁重的日常事务管理及高成本中解脱出来。

从一般意义上讲，只有非战略性物品或非核心业务才有可能外包，这些物品和业务的外包不会给企业带来较大的负面影响，相反战略物品和业务活动无论多么复杂、成本多高，都需要企业自己严格控制和运作。

随着第三方物流服务的发展，很多企业将采购、仓储、运输、配送等业务的一部分或全部外包给第三方物流服务商。

供应链管理要求做到准时化供应，即JITⅡ。制造企业需要与供应商建立紧密的合作关系，按照制造企业的需求数量和时间，及时按需供应，尽量做到既不要过量又不要提前，准确及时地满足需要，最大限度地降低采购物资的库存水平。JITⅡ在特殊情况下适用于具有大批量和相互依赖较强的顾客-供应商关系。

7.2.2 供应管理

1. 供应商管理与开发

采购与供应可以采取单一渠道供货或多渠道供货。单一渠道供货的突出优点是可以激发供应商的忠诚度和工作的积极性，与供应商建立持久、紧密的关系；弱点是一旦供应出现问题，运营系统就会受到严重干扰，且易受制于人。多渠道供货的优点是可以通过竞争性招标来压低供货价格，可以从多渠道获得知识与技能，但难以激发供应商的忠诚。

不管采用何种供货渠道，都需要对供应商进行积极的管理与控制，以获得互补的竞争优势。一方面，与供应商谈判过程中应保留控制的手段和防范的措施；另一方面，应与供应商发展伙伴关系，避免传统买卖关系下的过分杀价、以上欺下行为。供应链企业应注意发展战略供应商，以获得企业所需的战略能力，且特别应该考虑以下供应商：对企业发展有战略影响的供应商；在其行业中具有垄断地位的供应商；所供物料供不应求的供应商；与企业多项业务有联系的供应商；与企业具有3年以上合同关系的供应商。

随着当今企业经营全球化的发展及跨国业务的不断增长，越来越多的企业在利用供应商帮助自己进行业务扩张。在日益激烈的市场中已经出现了发展世界级供应商的现象，而且这一趋势随着因特网的普及而日渐明显。

供应商管理的策略是指为满足公司发展战略和生产经营需要，在与供应商合作关系的定位，供应商的集中与分散、总量与结构,对供应商的选择取向,供应商资源的开发与管理、激励与约束,以及相关的管理要求和措施等方面的安排或规划。

根据企业战略确立与各类供应商的合作关系定位。采购类别是从采购活动的特点出发对所需采购物资或服务所做的一个分类,它是指采用同样的做法向同一组供应商采购的物资或服务的集合。同属于一个采购类别通常意味着有相类似的使用目的和相似的供应来源。类别是确定与供应商合作关系、分析供应市场及其对公司业务影响的基本单元。

在确定供应商关系定位时,需要从类别出发,系统地分析影响关系定位的两类因素:一类是公司该类别需求的特点,即该类别需求对公司业务的影响;另一类是该类别需求的供应特点,即该类别需求的供应市场的复杂程度。对这两类因素分别按高、低两种因素水平考虑,就可以明确该类别供应商的重要性,并可以因此确定相互合作关系的性质及相应的管理策略。

按照各类别供应商所处的位置,可以将其分为4类:战略型、利用型、瓶颈型和次要型。各类型的特点简述如下。

(1) 战略型

对业务影响较大,且供应市场复杂程度高,其价值占总采购额比例较大(通常为60%~70%),供应商数量与规格数量较少(25%左右)。对这种类型的供应商由于公司业务对其依赖性较强,需要在管理上倾注较多的精力,适合于结成战略伙伴关系。

(2) 利用型

对业务影响较大,但供应市场复杂程度较低,其价值次于战略型,而规格、供应商数量较多(70%)。对这类供应商应利用供应商对公司的依赖性,在管理上予以较多的控制,适合于保持骨干供应商,同时又引入其他供应商的竞争来增强采购地位。

(3) 瓶颈型

对业务影响较小,但供应市场复杂程度高,其价值较小(约占总额的10%),技术要求复杂。因总需求量较少且技术复杂,对供应商吸引力小,常常成为制约供应商管理的瓶颈。对这类供应商需要公司对采购类别实施标准化以降低对供应商的依赖,或者寻找替代产品以改变不利地位,或改进产品结构、功能以减少对供应市场的依赖。

(4) 次要型

对业务影响较小,且供应市场复杂程度低,价值总量低(约10%),标准化程度高,货源充分。对这个类别可以简化管理以提高效率,减少供应商数目以增强其吸引力。

2. 电子商务采购

在企业供应链中,采购具有战略地位。近年来随着信息化和全球化的不断发展,出现了电子商务采购和全球采购。

电子商务采购是伴随着信息技术的发展而产生、演化的,电子商务采购能成为当今采购管理的重要趋势的原因,在于通过互联网、企业内部网及其他外部网络技术,使众多的交易企业实时地进行信息沟通、访问电子目录,从而以最低的采购成本获取经济利益最大的产品。通过电子采购,以电子化方式整合企业和供应商,可以使服务品质得到改善,大量成本得以削减,同时也确保了交易的及时性和正确性。电子商务采购的应用还包括订单跟踪、资金转账、产品计划和进度安排、收据确认等。

7.3 库存管理

7.3.1 库存及库存系统

库存管理是重要的运营管理职能之一，在供应链管理与企业资源计划中占有重要的地位。库存需要占用大量的资金，影响产品向顾客的配送，对运营、营销和财务等职能有很大的影响。本部分介绍独立需求的库存管理。

库存是指用于生产或满足顾客需求的原料与产品的存储，包括原材料、在制品和成品。将运营系统看作一个转换过程，可以给出如下库存定义：库存是指在一个输入输出转化系统中逐渐累积起来的物料资源存储。物料是原材料、在制品与成品的通称。

有些学者把库存定义为任何具有潜在经济价值的空闲资源。这种定义将设备或空闲劳动力都看成是库存，本书将除物料资源之外的空闲资源视为生产能力，因为从管理和会计的角度看，区分库存和生产能力是很重要的。

库存是在生产过程中的缓冲，通过"流"将缓冲的存储点连接起来。库存是因需求和供应在时间或速度上存在差异而出现的，可以采用罐里的水作比喻。罐里的水的高度代表库存，流进罐里的水的速度表示供应速度，流出的水的速度代表需求速度，那么当供应速度大于需求速度时库存水平就会增加，当供应速度小于需求速度时库存水平就会减少，当供应速度与需求速度相同时库存水平保持不变。所有运营系统都有库存，只不过在类型、存储方式、重要程度及价值方面存在差异。

1. 库存的主要功能

① 维持运营的独立性。原材料库存将制造商和供应商分开，在制品库存将制造过程的各个阶段分离开来，成品库存将制造商和经销商分开。例如，反耦合库存是将设备间的干扰降到最低而在制造过程中设立的库存。

② 应付产品需求的波动，防备不确定性。在库存系统中，存在供应、需求和提前期3个方面的不确定性，维持安全库存可以防备不安全性。维持原材料的安全库存是为了防备供应商交货中的不确定性，如原材料交货期延迟时，也能保障生产；维持在制品的安全库存是为了防备设备故障、生产计划的变动等；维持成品的安全库存是为了吸收顾客需求变化的不确定性，提高顾客服务水平，保证顾客能够及时获得产品。另外，还有预期库存，涵盖预估易预测的需求波动、季节性波动、计划中的促销活动、设备的计划检修及假期的影响。

③ 允许生产计划中的柔性，能够适应生产计划的变化。

④ 为了转运而发生库存。转运库存是由那些正在从一个地点运往另一个地点的物料所组成的。转运库存也称为渠道库存，因为它处于分销渠道之中，也叫做在途库存，因为它也是在运输途中的。

⑤ 利用经济订购批量。批量生产具有经济性，可以有效地降低成本，获得规模经济优势。原材料采购中也存在类似情况，大批量采购可降低订货成本、获得数量折扣、节省运输费用。大

量生产或采购造成的库存称为周期库存,因为大量生产或采购是在周期基础上进行的,可以供应两期或三期的用量。

2. 库存的划分

在企业经营过程中,将原材料等资源转化为产成品,在转化过程中存在各种形态的物资(称为物料)。

根据物资形态,库存可划分为:原材料库存、成品库存、半成品(部件)库存、间接物料MRO库存、在制品(WIP)库存。MRO(maintenance, repair and operational supplies)支持一般作业和维护的材料,如机器设备的维护零件、备用零件和使用过程中的消耗品(润滑油等),支持生产作业的手套、抹布等。

根据需求可控性,库存可分为:独立需求的库存和依赖需求的库存。例如,汽车制造厂汽车成品库存与备品、备件库存是独立需求的库存。独立需求的库存受市场的影响,当库存消耗后应及时进补。而依赖于成品的零部件及原材料的库存是依赖需求的库存,依赖需求的库存量的安排是基于上层产品的需要,而不是及时补充库存。

根据需求重复性,库存可分为单周期需求库存和多周期需求库存;根据需求确定性,库存可分为确定性库存和随机性库存。表7-1列出了库存的利和弊。

表7-1 库存的利和弊

库存的利	库存的弊
提高顾客服务水平	降低作业效率
缩短订货周期	库存成本的增加
保持生产连续性	掩盖生产过程的矛盾
防止短缺	降低资金利用率

3. 库存的目标冲突

库存可以提高顾客服务水平。顾客服务水平是指公司能在指定的时间内将产品送到顾客手中的能力。过高的库存将使运营管理者无法全面了解系统内存在的问题,产生生产低效率成本。库存成本是有形的,而库存水平过高则会掩盖了制造上的问题,带来更多库存和制造系统的恶化,这是无形的,制造问题就像水下冰山,只有水面(库存水平)下降,冰山才显露出来。

4. 库存成本

库存成本包括持有成本、订货成本、短缺成本和货物成本。

(1) 持有成本

持有成本是指与维持物料存储相关的总成本,包括空间、设备、人力等存储成本,流动资金成本,与库存有关的税金与保险费,过期成本等。

(2) 订货成本

订货成本与订货次数有关,包括采购订单的打印、发出、运输费用、接收成本等。同生产准备成本一样,订货成本属于启动成本,是与下达订单相关的成本,而与货物数量无关。启动成本有时非常大,这样大批量生产或大批量订货就能带来明显的经济效益。

(3) 短缺成本

或称缺货成本,它反映了因缺货所造成的经济后果。一方面暂时缺货,造成延期交付、顾客等待,会对公司的未来业务产生机会损失,应记入缺货成本;另一方面,因为缺货,而竞争对手有货，就会失去顾客，会造成销售损失和利润损失。

（4）货物成本（采购成本）

货物成本是指购买或生产各个库存商品的成本，用单位货物的成本乘以购买或生产货物的数量得到。

5. 库存系统

图7-3是几种由简单到复杂的库存系统，图中三角形表示库存，从中可以看到库存在运营系统中的位置。库存系统的管理需要监控库存水平的一系列策略与调节，并在补充存货时确定维持的库存水平及订货数量。

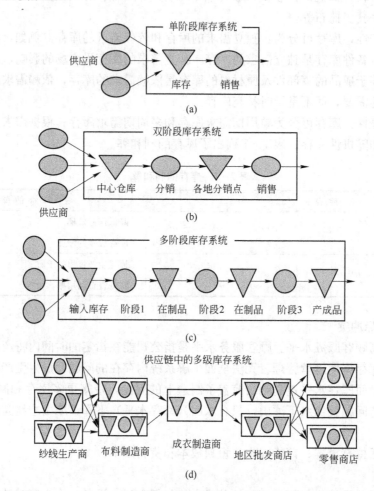

图7-3 由简单到复杂的库存系统

6. 库存决策

库存系统的日常运行非常复杂。库存经理面临的主要决策有：确定订货批量（称为数量决策），确定订货时间（称为时间决策）和如何控制系统，制定决策的程序、规则，库存物料的优先级别，库存信息的管理。

7.3.2 经济订货批量模型

经济订货批量（EOQ）模型的得出基于如下假设。
① 需求稳定不变。
② 提前期已知且固定。
③ 满足所有需求，不允许缺货。因为需求和准备时间是已知的常量，所以人们可以准确地确定订货时间来避免缺货。
④ 产品单价不变。
⑤ 库存持有成本基于平均库存。
⑥ 订货成本不变。
⑦ 订货或生产都是批量进行的，并且整批货同时到达仓库进行存储。

在这些假设下，随时间变化的库存水平如图7-4所示，这是一个完美的锯齿形状，需求恒定，每次订货量相同。下面来求经济订货量和再订货点。

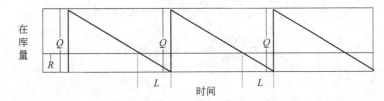

R——再订货点(reorder point)对应的库存水平；Q——经济订货量(economic order quantity)；
L——提前期(lead time)

图 7-4 经济订货批量库存水平

年总成本＝年采购成本＋年订货成本＋年持有成本

$$C_T = D \cdot C + \frac{D}{Q} \cdot S + \frac{Q}{2} \cdot H$$

其中，C_T——年总成本；
D——需求量（每年）；
C——单件成本；
Q——订货量；
S——每次订货成本；
R——再订货点；
L——提前期；
H——单件年持有成本。

各项成本如图7-5所示。利用微积分，对Q求导，并令其等于0，得到使总成本最低的经济订货量Q_{opt}，即

$$Q_{opt} = \sqrt{\frac{2DS}{H}}$$

订货时，还需要确定再订货点库存水平，即

$$R = \bar{d}L$$

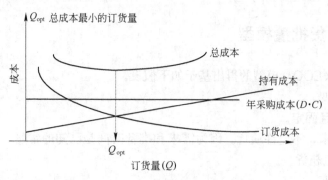

图 7-5 库存成本图示

其中，$\bar{d}$ 为（日）平均需求量。

【例 7-1】 已知年需求量为 1 000 件，每年按 365 日计。订购成本为 10 美元/次，每年每件的持有成本为 2.5 美元，提前期为 7 天，单价为 15 美元。试确定再订货点的库存水平和经济订货量。

解 利用经济订货批量公式，有

$$Q_{opt}=\sqrt{\frac{2DS}{H}}=\sqrt{\frac{2\times1\,000\times10}{2.50}}\approx89.443\approx90 \text{ 件}$$

$$\bar{d}=\frac{1\,000}{365}\approx2.74 \text{ 件/天}$$

再订货点库存水平为

$$R=\bar{d}L=2.74\times7=19.18\approx20 \text{ 件}$$

因此每次需要订 90 件，当库存水平为 20 件时采购。

> 思考：订货量 Q 的变化对总成本有何影响？画出分析图及公式，理解其意义。

7.3.3 经济制造批量模型

经济订货批量模型中假设补充订单整批到达，连续补充的经济制造批量（EMQ）模型允许订单分批到达，补充订单在某一时间段内陆续到达，如图 7-6 所示。货物在入库的过程中，消耗在不断发生，由内部供应商生产，分批陆续补充存货。这种补货模式下的总成本最小化的订货批量称为经济制造批量。

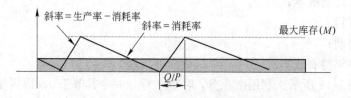

图 7-6 经济制造批量模型的库存

总成本＝生产成本＋生产准备成本＋持有成本

$$C_t=C\cdot D+\frac{D}{Q}\cdot S+\frac{M}{2}\cdot H$$

其中，最大库存

$$M=\left(\frac{Q}{p}\right)\cdot(p-d)$$

通过 C_t 对 Q 求导，并令其等于 0，得到

$$经济制造批量（EMQ）=\sqrt{\frac{2D\cdot S}{(1-d/p)\cdot H}}$$

其中，S——每次生产准备费用；

p——生产率；

d——需求率或消耗率。其他字母的含义同经济订货批量模型。

【例 7-2】 (1) 一饮料罐装公司需要确定生产线对各种不同类型饮料的加工批量。饮料需求稳定，每月为 80 000 瓶（每月生产时间为 160 h）。罐装线加工速度为每小时 3 000 瓶，但在不同类型饮料转换时，需要花费 1 h 时间。根据工厂计算，每次转换的成本为每小时 100 元，饮料的库存持有成本为每瓶每月 0.1 元。计算经济订货批量。

(2) 将转换时间从 1 h 降到 30 min，对经济订货批量的取值有何影响？

解 (1) $S=100$ 元，$D=80\ 000$ 瓶/月$=80\ 000/160=500$ 瓶/h$=d$，故

$$经济订货批量=\sqrt{\frac{2D\cdot S}{(1-d/p)\cdot H}}=\sqrt{\frac{2\times100\times80\ 000}{0.1\times(1-500/3\ 000)}}\approx13\ 856\ 瓶$$

(2) $S=100/2=50$ 元，其他不变，则

$$经济订货批量=\sqrt{\frac{2D\cdot S}{(1-d/p)\cdot H}}=\sqrt{\frac{2\times50\times80\ 000}{0.1\times(1-500/3\ 000)}}\approx9\ 798\ 瓶$$

7.3.4 使用安全库存的订货模型

一般情况下需求都是变化的，为应对随机因素而设立的附加库存，称为安全库存。安全库存可以预防缺货，提高产品现货满足率，进而提高客户服务水平。产品现货满足率是指在补货间隔期内顾客需求从库存得到满意的百分比，即在一个周期内产品所有订单被满足而不缺货的概率。100%的产品现货满足率表示补货间隔期内库存可以满足所有顾客的全部需求。产品现货满足率与缺货概率的关系是

$$产品现货满足率+产品缺货概率=1$$

安全库存量的确定有两种方法：一种是简单规定，如以存储几周的供应量作为安全库存；另一种是概率方法，即跟踪需求的变化（假设服从正态分布）幅度，依据期望的客户服务水平确定。

1. 定量订货模型

订购批量 Q 按通常方法确定。

$$再订货点库存水平=订货提前期中的期望需求量+安全库存量$$

即

$$R=\bar{d}\cdot L+z\cdot\sigma_L$$

其中，$\bar{d}$——日平均需求量；

L——提前期（以日计）；

z——产品现货满足率下的标准差个数；

σ_L——提前期内需求量的标准差。

产品现货满足率在 95% 下，$z=1.64$ 时，R 可通过 Excel 的 NORMSINV 函数求得。图 7-7 是提前期内需求概率分布图。

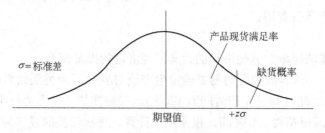

图 7-7 提前期内需求概率分布

【例 7-3】 某产品日需求量服从均值为 60、标准差为 7 的正态分布。供应来源可靠，提前期固定为 6 天。订购成本为 10 元，年持有成本为每单位 0.5 元。不计缺货成本，缺货时的订单将在库存补充之后得到满足。假设销售全年 365 天都有发生，计算提前期内能满足 95% 产品现货满足率的订货量和再订货点库存水平。

解 由题意有

$$Q=\sqrt{\frac{2D \cdot S}{H}}=\sqrt{\frac{2\times60\times365\times10}{0.5}}\approx936$$

$$R=\bar{d} \cdot L+z \cdot \sigma_L=60\times6+1.64\times\sqrt{7^2\times6}\approx388$$

2. 定期模型

有些情况下需要定期检查库存，而不是连续检查。假设需求是随机的，下面讨论固定订货期模型。定期模型是时间触发的，而不像定量模型是事件触发的。

在定期系统中，以一个固定的时间间隔检查存货量，补货量应将库存提高到一个目标库存水平。这一目标库存水平应包括直到下一次检查前及配送提前期整个时间段上的需求，补货量应等于目标库存水平减去当前库存量。具体计算公式如下。

$$补货量 = 目标补货量 - 现有库存量$$

$$目标补货量 = 订货间隔期与提前期这段时间内的平均需求量 + 安全库存$$

即

$$q=\bar{d} \cdot (T+L)+z \cdot \sigma_{T+L}-I$$

其中，q——补货量；

T——补货间隔期（天数）；

L——提前期（以天计）；

$\bar{d}$——预测的日平均需求量；

z——特定服务水平概率下的标准差倍数；

σ_{T+L}——补货间隔期与提前期期间需求的标准差；

I——现有库存水平(包括在途量)。

下面确定 σ_{T+L}。

$$\sigma_{T+L} = \sqrt{\sum_{i=1}^{T+L}(\sigma_{d_i})^2}$$

每天需求量是独立的,且 σ_{d_i} 是常数,即有

$$\sigma_{T+L} = \sqrt{(T+L)\sigma_d^2}$$

【例 7-4】 某产品日平均需求量为 20 件,订货间隔期为 30 天,提前期为 10 天。管理部门制定的政策是满足 96% 的库存需求。在盘点期开始时,库存中有 200 件,日需求标准差为 4 件。试确定订货数量。

解 $\sigma_{T+L} = \sqrt{(T+L)\sigma_d^2} = \sqrt{(30+10) \times 4^2} \approx 25.30$

订货量为

$$q = \bar{d} \cdot (T+L) + z \cdot \sigma_{T+L} - I = 20 \times (30+10) + 1.75 \times 25.30 - 200 = 644.27 \approx 645 \text{ 件}$$

表 7-2 是定量订货模型与定期订货模型特征的比较,图 7-8 是定量订货模型与定期订货模型的流程比较。

表 7-2 定量订货模型与定期订货模型特征的比较

特 征	定量订货模型	定期订货模型
订货量	固定	变化
何时订货	库存低于订货点	盘点时决定
库存记录维护	每次入库出库	只在定期盘点时
库存规模	比定期模型小	比定量模型大
维持所需时间	记录持续,所以较长	较短
物资类型	使用频率较低	频繁使用

> **思考:** 在上例中,如果提前期为 3 天,订货间隔期为 1 天,则如何确定订货量。

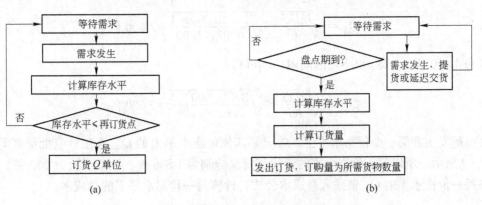

图 7-8 定量订货模型与定期订货模型的流程比较

定量订货模型和定期订货模型在实践中都得到了运用，企业往往根据具体的管理实践与经济效益做出选择。例如，当必须按指定的间隔期进行订货时，就必须使用定期订货模型。定期系统还用于一些廉价的公用套件，如制造过程中的螺母与螺栓等。

7.3.5　折扣模型

折扣模型中单价随订购批量变化，其他假设与经济订货批量模型相同，使用类似的公式，即

$$Q_{\text{opt}} = \sqrt{\frac{2DS}{iC}} = \sqrt{\frac{2 \times 年需求量 \times 订货成本或准备成本}{年持有成本}}$$

其中，i——单件采购成本对持有成本贡献的百分率；
　　　C——单件采购成本。

因为 C 在不同的批量范围内变化，所以上述公式用于每一个价格水平。

【例 7-5】　一公司使用批量折扣模型订购大批量的订单，以减少订货成本。决定最优的订货量为：通过电子邮件订货成本为 4 元，持有成本为采购成本的 2%（单件产品的持有成本通常以产品采购成本的百分比表示），年需求量为 10 000 件。不同订货数量的单价如下。

订货数量/件	单价/元/件
0～2 499	1.20
2 500～3 999	1.00
4 000 以上	0.98

解　根据题意知，$D=10\,000$ 件，$S=4$ 元，$i=2\%$，$C=1.20$ 元，1.00 元，0.98 元。计算每一价格水平的订货批量范围的经济订货量，看是否可行。

批量区间 0～2 499，Q_{opt} 值可行，仍在区间内。

$$Q_{\text{opt}} = \sqrt{\frac{2DS}{iC}} = \sqrt{\frac{2 \times 10\,000 \times 4}{0.02 \times 1.20}} = 1\,826 \text{ 件}$$

批量区间 2 500～3 999，Q_{opt} 值不在区间内，不可行。

$$Q_{\text{opt}} = \sqrt{\frac{2DS}{iC}} = \sqrt{\frac{2 \times 10\,000 \times 4}{0.02 \times 1.00}} = 2\,000 \text{ 件}$$

批量区间 4 000 以上，Q_{opt} 也不在区间内，不可行。

$$Q_{\text{opt}} = \sqrt{\frac{2DS}{iC}} = \sqrt{\frac{2 \times 10\,000 \times 4}{0.02 \times 0.98}} = 2\,020 \text{ 件}$$

可行解发生在第一个价格水平上，意味着其他价格水平上的 Q_{opt} 值在对应批量区间的开始，如图 7-9 所示，所以每一价格水平的最优订货量分别为 1 826 件、2 500 件、4 000 件。

将每一价格水平的 Q_{opt} 值插入总成本公式，计算每一价格水平下的总成本。

$$C_{\text{T}} = D \cdot C + \frac{D}{Q} \cdot S + \frac{Q}{2} \cdot iC$$

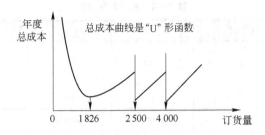

图 7-9 不同订货量区间的成本曲线

$$C_T(0\sim 2\ 499)=(10\ 000\times 1.20)+\frac{10\ 000}{1\ 826}\times 4+$$
$$\frac{1\ 826}{2}\times 0.02\times 1.20=12\ 043.82\ 元$$
$$C_T(2\ 500\sim 3\ 999)=10\ 041\ 元$$
$$C_T(4\ 000\ 以上)=9\ 949.20\ 元$$

最终选择总成本最小的 Q_{opt}，批量范围在 4 000 以上的经济订货量，即 4 000 件。

7.3.6 单期库存问题（报童问题）

库存问题的决策限于一个需求周期，或者货物只在很短的时间内能够销售，而且有经常的中断，这样的存储问题称为单周期存储问题或报童问题。报童要确定一天应该订购多少报纸，确定报童当天进货量的过程就是一个对脱销和滞销这两种情况的后果和风险进行权衡的过程。这一问题普遍存在于时装企业、出版商、流行音乐 CD 制造商等的经营中，可以采用期望利润法或边际分析方法来求解。

【例 7-6】 某音乐会主办者需要决定订购多少件印有音乐会图标的 T 恤衫。如果能卖出，每件赚 5 元；如果卖不完，还可以将剩余的 T 恤衫退回工厂，但是每件要支付 3 元的赔偿（违约金）。音乐会听众对 T 恤衫的需求是不确定的，但是主办单位估计不会超出 200~1 000 这个范围，不同需求水平出现的概率如表 7-3 所示。

表 7-3 不同需求水平出现的概率

需求水平/件	200	400	600	800
概　　率	0.2	0.3	0.4	0.1

解法一 采用期望利润法。

计算不同订货量在不同需求水平下的利润，得到利润矩阵，如表 7-4 所示；再利用不同需求水平下的概率，得到不同订货量下的期望利润。选择最大的期望利润 1 880 元，这时的订货量为 600 件。

表 7-4 利润矩阵

需求水平的概率	0.2	0.3	0.4	0.1	
订货量 \ 需求量	200	400	600	800	期望利润
200	1 000	1 000	1 000	1 000	1 000
400	400	2 000	2 000	2 000	1 680
600	−200	1 400	3 000	3 000	1 880
800	−800	800	2 400	4 000	1 440

解法二 采用边际分析法。

考虑到最优库存水平出现在如下情况：当订购量再增加一件时，订购该件所产生的收益会小于因订购而带来的成本。在货物直接用于销售的情况下，销售最后一件所得的收益超过最后一件未被售出时所带来的损失，即

第 n 件产品售出的单位边际收益（MP）≥第 n 件产品未售出的单位边际损失（ML）

假设售出概率为 p，则

$$p \cdot \text{MP} \geqslant (1-p) \cdot \text{ML}$$

从而得

$$p \geqslant \frac{\text{ML}}{\text{MP}+\text{ML}}$$

在本例中

$$p \geqslant \frac{3}{3+5} = 0.375$$

本例中估计至少售出 200 件，超过 800 件的概率为 0，从而得到概率分布表如表 7-5 所示，所以应该选择 600 件。

表 7-5 售出概率分布

需求水平的概率	0.2	0.3	0.4	0.1	
售出量/件	200	400	600	800	
售出的概率分布	1	0.8	0.5	0.1	0

7.3.7 库存补充系统

库存补充系统，如图 7-10 所示，最大库存水平为 M，Q 是最小可接受的订单数量，$q = M - I$，如果 $q \geqslant Q$，则订购数量 q，否则不订货。

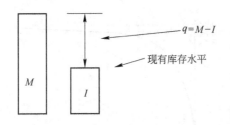

图 7-10 库存补充系统示意图

单箱系统是定期检测方法，以固定的时间间隔期检查库存，并订货。

当库存系统采用连续检测的方法进行补充订货时，采用双箱系统或三箱系统有利于跟踪库存水平的变化，并且简单、直观，大大简化了库存的检测工作，如图 7-11 所示。

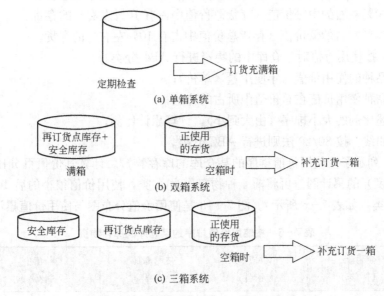

图 7-11 单箱、双箱、三箱库存系统

7.3.8 库存 ABC 分类与控制系统

本部分主要讨论根据不同存货的重要性进行相应的控制，以及建立特定库存控制要求的信息处理系统。

在任何一组物体中，总有少量的物体在整个物体中占据了重要的比例。在库存中，少数几种存货往往占了大部分的库存价值，应该加强管理这些少数的货物，以控制大部分的库存价值。

不仅可以考虑库存的价值，也可考虑认为重要的其他项目，如金额、潜在利润、使用（或销售）量、缺货后果等，根据重要程度进行存货的分类，重要程度高的存货应受到严密的控制。

ABC 分类方法是基于库存项目的使用价值（年使用量×单位价值）。通常情况下，库存总价值的大部分（80%）是由小部分（20%）物资产生的，这种现象称为帕累托原理，也称 80/20 法则。帕累托原理在运营管理的其他领域也有很多应用。图 7-12 是一个仓库中存货的帕累托曲线。

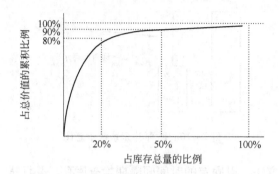

图 7-12 一个仓库中存货的帕累托曲线

A 类存货：20%左右的高价值（存货总价值中占有 80%左右）的存货。
B 类存货：30%左右的中等价值（存货总价值中占有 10%左右）的存货。
C 类存货：50%左右的低价值（存货总价值中占有 10%左右）的存货。

【例 7-7】 按使用价值对某仓库中的物资进行 ABC 分类。
(1) 计算各品种的使用价值（年使用量×单价）；
(2) 计算各品种使用价值在总价值中所占的比例；
(3) 根据上述比例的大小排序（由大到小），计算累计比例；
(4) 画累计曲线。按 80/20 法则进行 ABC 分类。

解 表 7-6 列示了按使用价值排序的某仓库的库存物资。计算其价值百分比的累计，做出使用价值（重要度）的累计图。可将前 4 种物资作为 A 类，使用价值很小的后 10 种物资作为 C 类，其他作为 B 类（如表 7-6 所示）。图 7-13 是使用价值分布图与使用价值累计百分比图。

表 7-6 按使用价值排序的某仓库的库存物资

编 码	使用量/ (件/年)	单件成本/ (元/件)	使用价值/ (元/年)	在总价值中 所占比例	价值百分比 累 计
A703	700	20	14 000	25.15%	25.15%
D012	4 500	2.75	12 375	22.23%	47.39%
A135	10 000	0.9	9 000	16.17%	63.56%
C732	950	8.5	8 075	14.51%	78.06%
C375	5 200	0.54	2 808	5.05%	83.11%
A500	720	2.3	1 656	2.98%	86.08%
D111	5 200	0.22	1 144	2.06%	88.14%
D231	1 700	0.65	1 105	1.99%	90.13%
E781	2 500	0.34	850	1.53%	91.65%
A138	2 500	0.3	750	1.35%	93.00%
D175	4 000	0.14	560	1.01%	94.01%
E001	800	0.63	504	0.91%	94.91%
C150	2 300	0.21	483	0.87%	95.78%

续表

编码	使用量/(件/年)	单件成本/(元/件)	使用价值/(元/年)	在总价值中所占比例	价值百分比累计
F030	4 000	0.12	480	0.86%	96.64%
D703	5 000	0.09	450	0.81%	97.45%
D535	500	0.88	440	0.79%	98.24%
C541	700	0.57	399	0.72%	98.96%
A260	500	0.64	320	0.57%	99.53%
B141	500	0.32	160	0.29%	99.82%
D021	200	0.5	100	0.18%	100.00%

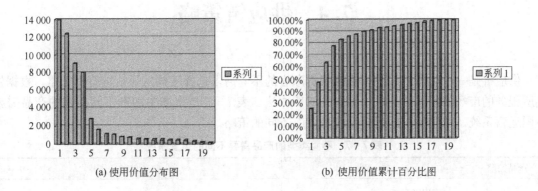

(a) 使用价值分布图　　　　　　　(b) 使用价值累计百分比图

图 7-13　使用价值分布图与使用价值累计百分比图

7.3.9　库存信息系统

库存信息系统的基本功能包括：更新库存记录、生成订单、生成库存报告和预测需求。

ERP 中的库存控制模块包括了保持较高服务水平和低库存水平所需要的主要库存管理功能。计划及历史库存事务的记录和计划的库存事务由订单输入程序在线更新，由物料计划模块（MPS、MRP）使用。库存历史使得用户能够按日期、时间、用户标识跟踪全部的历史库存事务，并形成需求预报的输入。库存控制模块还提供了人工做库存订正、转移的功能，支持周期盘点、订正库存记录，预报更新订单参数，对库存进行分析、控制，以及基于订货点技术生成订单。

活动预警和智能信息可以及时通知相关人员。库存管理与控制能使用户降低营运资本，加快库存周转和周转率，它与商业智能相结合，使用户不仅可以查看实际库存周转和目标库存周转的差距，还可以查看增加库存的运送成本。多库存补给方法包括：看板、最小-最大计划和再订货点计划补充方法。非跟踪性的库存可以用补给法来补给。跟踪多级库存历史记录可加快对客户需求的响应速度，实时处理使库存迅速更新，实现更高的库存可见度，并即时发出错误通知。

库存管理模块支持跨商务全球运作。在途事务统计汇集给定时期的所有物料接收事务处理信息,并自动生成在途事务记录。可以为每个机构定义子库存,包括在制品和制成品库存。子库存中可定义自己的库存存放结构,如过道、存放行和箱柜等。

另外,库存的测量采用如下指标。

① 库存周转期。指现有库存在正常需求下可以维持的时间,等于库存量除以需求量。库存周转期以周、天、月、年等为单位。

② 库存周转率(周转次数)。指在一定时期内库存耗尽的次数,等于需求量除以库存量。

库存盘点精度是指库存记录与实际库存的吻合程度。运营系统规定了库存记录与实际库存之间允许的偏差范围,并作为仓管人员考核的绩效指标。库存盘点经常进行,不是一年一次或两次,库存盘点应确保库存精度。下列情况下计算机发出周期盘点的通知:库存记录表明库存物资很少时;库存记录表明物资有余,但欠货单已经填写时;根据物资重要性,在盘点日期发出盘点信号;某些特定活动发生后。

7.4 供应链策略

供应链是一个动态的系统,必须根据顾客的不同需求选择不同的供应链管理策略,根据供应链所服务的市场的不同情况采用不同的组织方法。表7-7是市场中两种不同类型的产品需要的不同运营系统。对于不同的运营系统应该有不同的策略。

表7-7 不同类型的产品需要不同的运营系统

产品类型	特征	需要何种运作
功能型产品	可以预测 变化很少 品种少 价格稳定 提前期短 利润低	保证产品沿供应链迅速移动(高效率) 降低成本 保持最小库存 提高生产能力利用率 低成本供应商
创新型产品	难以预测 变化很多 品种多 价格先高后低 提前期长 利润高	提供较高的服务水平(及时供应) 快速反应 合理配置库存 加工时间短 柔性供应商

供应链策略与不同类型的产品相匹配。对于功能型产品应采用效率型供应链策略,而对于创新型产品则需要采用反应型供应链策略,如图7-14所示。效率型供应链策略要求保持较低的库存,尤其在供应链的下游,提高产品流动速度,减少库存积压的流动资金。供应链中的库存主要保持在制造系统中,以提高生产能力的利用率,降低制造成本。供应链中的信息流动必须快速高效,以保证生产计划与销售计划的及时调整。反应型供应链策略则强调为最终顾客提供较高的服务水平,保证及时供应,提高迅速反应能力。下游库存保证最终顾客随时都可以获得产品供应。快速反应能力要靠供应链的信息化支持,需要自动化的订单处理系统、仓库自动监控系统和信息的智能处理等的支持。

	功能型产品	创新型产品
效率型供应链策略	匹配	不匹配
反应型供应链策略	不匹配	匹配

图 7-14　与产品类型匹配的供应链策略

企业运营的核心是经营过程。人们在实践中发现通过对企业的经营过程进行合理控制，可以更有效、更充分地利用资源。经营过程不再被简单地视为是固定组织机构的从属物，而是贯穿各个组织机构的主线。企业已将注意力从部门转移到了经营过程，企业建立供应链同样关注过程的集成。

反应型供应链的建立过程较复杂，这类供应链应具有可重构的动态特性，建立这类供应链需要过程文档，以实现过程的知识管理。反应型供应链过程建模是供应链各企业信息系统机构集成的基础工作，过程建模又可以优化和改善供应链的重要过程。

从过程的角度看，这种供应链动态建模是由业务过程驱动的。它面向业务过程，建立在优化业务活动的基础上，具有适应业务改变而相应改变业务模型的能力。这种动态的企业建模包含一个不断改进的业务模型，能完整地重新生成和连接基本业务模型。过程建模最重要的应用就是对企业业务流程过程进行改进。逐渐加剧的全球化竞争，使得供应链上跨企业的过程活动经常发生变化，因此需要建立一套能够适应这种竞争机制并能随之改变的企业工作流过程机制。通过建立工作流过程模型，使得动态联盟下的各个成员组织能够随时调整其经营过程，以应对市场不断变化的商机。

7.5　供应链牛鞭效应

首先通过模拟啤酒游戏来理解供应链中的动态特性——牛鞭效应，并思考从中得到的启示。

啤酒游戏是 20 世纪 60 年代麻省理工学院的 Sloan 管理学院发展起来的一种策略游戏。彼得·圣吉在其著名的《第五项修炼》中，用了整整一章描述啤酒游戏及其反映的系统化思考的问题，比如蝴蝶效应和被切割的局部思考等，继而探讨如何有效进行系统化思考。

近五十多年以来，啤酒游戏在教室与管理训练讲习会中被玩过好几千次。有些参加者以前没听说过生产/配销系统，有些人已花了相当长的时间在这样的业务上。然而每次玩这个游戏，都会发生相同的危机，产生类似的结果……其中原因超乎个体因素，在于游戏所处的结构中。啤酒游戏配销系统的波动现象揭示了系统思考的原理：结构影响行为。不同的人处于相同的结构之中，倾向于产生性质类似的结果，人类系统中的结构是微妙而错综复杂的。在啤酒游戏中发现了彼得·圣吉提出的七项学习障碍。

啤酒游戏假设：简化为单线产销、供销，即只由零售商、批发商、分销商、制造商四个企业实体组成产供销系统；有需求时，尽量满足需求发货，除非缺货；发货后即下达采购订单，各个企业实体只有一个决策，即采购数量的决策。

每个企业实体均可自由做出决策，其唯一目的是追求利润最大化，游戏的最后结果是以总成本最低者为优胜。

啤酒游戏有以下几个企业实体。一是零售商。按照顾客订单和库存量向顾客发货，并向批发商订货；销售比较稳定的一种啤酒（叫"情人"啤酒），虽不是超级流行的品牌，但就像每天都收到早报一般，开始时每周都卖掉4箱"情人"啤酒。为了确定总是有足够的"情人"啤酒，尝试着随时保持12箱的库存量。因此每周一啤酒卡车经过时都订购4箱，久而久之，已经将每周4箱的周转率看作理所当然。二是批发商向分销商、分销商向制造商订货。三是制造商。根据订单和库存量决定生产量，并向分销商发货。

经典的啤酒游戏揭示出：改善啤酒游戏的绩效，参加人员必须扩大思考的范围，了解不同角色之间的互动情形，克服七项学习障碍，学会系统化思考，融合五项修炼，掌握系统结构层次的洞察力，建立结构性的思考框架，运用在大系统中有效运营的决策方式与策略。

啤酒游戏的初始状态：各个企业实体的初始库存定为12个单位，企业实体之间存在2周的运输延迟，初始在途量分别为4个单位。游戏开始后期初库存量和在途量都会改变（运输批量可以选4），但运输延迟周期（2周）不会变。

啤酒游戏的目的是：使同学们了解具体的采购业务、收发货业务，在一定规则下进行实际业务的模拟；学会定期订货决策模型的运用；学会在实际中运用预测模型帮助了解不确定的需求；认识供应链上的牛鞭效应及其成因，理解供应链模式、系统化思考方式对企业管理的影响；理解企业业务流程再造的方向与战略性。

游戏内容： 将学生分组，分别扮演供应商、制造商、批发商、零售商，同一组内进行必要的分工，理性地从事与上下游企业的业务交易活动，尽量运用所学的知识做出采购决策，记录业务数据，并进行必要的分析。

我们采用的啤酒游戏要求各个企业实体考虑下游需求的变化，科学地做出采购数量决策。在进行数次订货，积累数据后可以运用预测方法进行需求的预测，可以考虑使用安全库存，采用定期订货模型，确定采购数量。学生可以运用电子表格做出表7-8，确定各个量之间的关联关系。期初库存量产生库存成本（假定单位库存量的库存成本为0.5元），供应短缺可评估供应商优劣，销售缺货产生缺货成本（假定单位数量的缺货成本为1元）。

在游戏中各个企业实体明确自己的任务与目标，参加人员进行必要的分工。供应链上各个企业实体的主要任务是：查收顾客订单，尽量满足需求，发货，如果缺货，填写可供数量（上期的缺货量在本期予以满足）；检查库存量，确定下期订货数量，发出采购订单；收货并记录。

游戏规则没有多大的改变，要求采购与供应通过传送采购订单进行，这是两个企业实体间的业务；采购数量可根据历史数据预测与市场信息的变化科学确定；每个企业实体都可以查阅信息公告栏；每个企业实体的作业一致：发货—订货（科学确定订货数量）—收货（遵循运输延迟规律）；每个企业实体都经过24次运作。

啤酒游戏使用的表格如表7-8和表7-9所示。

表7-8 收发存记录单

啤酒品牌：　　　　　　　　　　　　　　　　　　　　　　　　　　　　　　（收发存）记录单
零售商（ ） 批发商（ ） 分销商（ ） 制造商（ ）　　　　　　　提前期：2期；安全库存（自定）：
运输批量（自定）：

时段	期初库存（=上期的期末库存）	库存成本（游戏完成后再计算）	收货数量（供货不足时可做标记）	预测需求量（未预测时不必填）	销售订单	实发量	期末库存（每期必算，=期初+收货-实发）	缺货量（无缺货时不必填）	缺货成本（游戏完成后再计算）	采购数量（下达采购订单）	运输成本	总成本（游戏完成后再计算）
1	12		4								10	
2											10	
3											10	
4											10	
5											10	
6											10	
7											10	
8											10	
9											10	
10											10	
11											10	
12											10	
13											10	
14											10	
15											10	
16											10	
17											10	
18											10	
19											10	
20											10	
21											10	
22											10	
23											10	
24											10	

表7-9 采购订货单

啤酒品牌：
TO：零售商　　　　　　批发商　　　　　　分销商　　　　　　制造商　　　　　　供应商
订货量　　　　　　　　　　　　　　　　　　　　　　　确认（√）可供量　　　　　　　　　　　　　　预计到货时间

订货量					
1					两期以后
2					两期以后
3					两期以后
4					
5					

续表

6			
7			
8			
9			
10			
11			
12			
13			
14			
15			
16			
17			
18			
19			
20			
21			
22			
23			
24			

W. Forrester 在著作 *Industrial Dynamics* 中指出：供应链中各个企业之间存在一定的动力机制，可能会导致决策失误、准确性下降和不确定性，而且这种影响将会沿着供应链向上游移动，并在运动过程中不断增大。这就是所说的"牛鞭效应"（bullwhip effect），也叫"加速放大原理"，是供应链过程中的一种信息扭曲现象。这种现象直接导致供应链效率的降低：库存投资增加，顾客服务质量差，利润减少，能力误导，生产与运输计划的失效等。由于信息流逆供应链而上（从顾客到供应商），逐级扭曲，导致需求信息的波动越来越大（方差放大）。这种信息扭曲如果和企业制造过程中的不确定因素叠加在一起，将会导致巨大的经济损失。

这一情况并非单纯由错误、误解引起，而是一个非常理性的理由：供应链内每一个环节都希望以最明智的方式来管理各自的产量和库存水平。

下面通过一个案例说明供应链中的动态交互作用。在这个案例中，顾客需求的小幅变动在供应链各环节引起产量的水平波动。该供应链由 4 个环节组成：原始设备制造商和 3 个级别的供应商。原始设备制造商的市场需求第 1 期前保持 100，从第 2 期始降为 95；供应链各环节使用相同原则：期初库存相当于前期需求量；生产足够数量，保证本期需求的充分供应，保证所要求的期末库存量。

第 2 期开始时，原始设备制造商的期初库存为 100（相当于前期需求），顾客需求为 95（已知条件）。第 3 期期初库存为 95（相当于前期需求），即为第 2 期的期末库存。第 2 期的产量与期初库存 100 应满足当期需求与期末库存之和，因此第 2 期的产量为

$$95+95-100=90$$

同理

一级供应商的产量＝当期需求（90，原始设备制造商的当期产量）＋
期末库存（90）－期初库存（100）＝80

依次计算可以得到表 7-10 的计算结果。

表 7-10 供应链中顾客需求的小变动引起各环节产量大波动

时期	三级供应商		二级供应商		一级供应商		原始设备制造商		顾客需求
	产量	期初库存	产量	期初库存	产量	期初库存	产量	期初库存	
1	100	100	100	100	100	100	100	100	100
2	20	100	60	100	80	100	90	100	95
3	180	60	120	80	100	90	95	95	95
4	60	120	90	100	95	95	95	95	95
5	100	90	95	95	95	95	95	95	95
6	95	95	95	95	95	95	95	95	95

顾客需求、原始设备制造商的产量、一级供应商产量、二级供应商产量、三级供应商产量如图 7-15 所示，可以看到从下游至上游订单数量逐级放大。

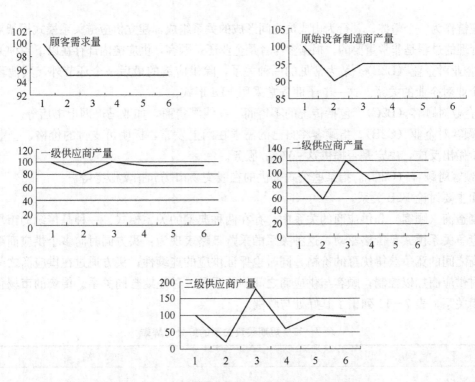

图 7-15 供应链中订单数量变化沿上游逐级放大

上例中没有考虑从需求发生到需求传递再到其供应商之间的时间间隔，在实际过程中这一间隔会使上游运营波动更加剧烈。另外，供应链各运营环节可能会批量下达订单，也会使上游供应商的产量发生波动。

结论：
① 供应链是一个高度交互的动态系统，每一个环节的决策都会影响其他环节。
② 供应链中存在需求变化的加速放大效应。即使具有所有环节的完全信息，由于补货提前期的存在，这一效应也会存在。
③ 缩短总的补货提前期，向所有环节反馈需求信息，加强供应链各个环节间的协同是改善供应链的有效方式。

牛鞭效应主要描述市场的细微变化会引起供应链环节厂商产量的急剧变化，供应链环节离终端顾客越远，这种放大效应越明显。通常客户端10%的市场需求变化会导致元器件供应商订单量200%的变化。解决牛鞭效应最好的方法是将这个鞭子缩得越短越好，这样引起的变化也会很小。通过高效的供应链管理系统，可以减少牛鞭效应，直接降低企业的营运成本，实现实时响应客户需求的理想境界。

世界级水准的供应链管理应该有三层含义：迅捷、灵活和协作。市场的不确定性要求迅捷，产品和技术周期缩短要求灵活，垂直联合和业务外包要求协作。

7.6 供应链内部关系类型

供应链作为一个整体，其行为由成员之间形成的关系组成，建立供应链关系模式框架对于理解供应链管理的过程是非常重要的。根据参与者是企业还是顾客，供应链内部存在以下4种关系。
① 企业对企业（B2B）。最为常见的一种关系，除供应链的最后一个环节外，其他环节都有可能是企业对企业的关系。这一电子商务常采用EDI形式。
② 企业对顾客（B2C）。包括传统的零售商、在线零售商，如亚马逊网上书店等。
③ 顾客对企业（C2B）。指顾客将自己的需求在网上发布，标明可支付的价格，企业根据顾客的报价做出反应，决定是否提供这一产品/服务。
④ 顾客对顾客（C2C）。指某些公司提供的在线交易市场和拍卖服务等。
下面主要讨论B2B关系。

在制造商（顾客）和供应商的关系中，存在两种典型的关系模式：一种是传统的市场化竞争关系。竞争关系模式是价格驱动，这种关系的采购策略表现为：买方同时向多个供应商购货，通过供应商之间的竞争获得优惠的价格，同时也保证供应的连续性；买方通过在供应商之间分配采购数量对供应商加以控制；顾客与供应商之间的关系是一种短期合同关系。传统的市场化关系是短期买卖关系，表7-11列出了其好处与弊端。

表7-11 短期买卖关系的好处与弊端

好处	弊端
保持供应商竞争	供应不确定
便于供应商的专业化、规模化	可靠性降低
运作灵活	选择最佳供应商花费时间与精力
选择余地大	过度依赖外购的战略风险，失去市场竞争所需要的内部能力
有助于公司专注核心业务	

另一种是合作性关系，它强调在合作的供应商和生产商之间共同分享信息，通过合作、协商来协调相互的行为，通过建立相互信任的关系来提高效率。例如，制造商对供应商给予协助，帮助供应商降低成本、改进质量、加快产品开发进度。供应链关系近年来出现了一些新的发展趋势，如虚拟运营、垂直整合、伙伴关系等。

1. 虚拟运营

虚拟运营是指依靠供应商网络来提供所需要的产品/服务。虚拟运营的网络是根据市场机遇来组织的，如为某一项目而组织，项目结束后即解散。虚拟运营需要组建虚拟企业或虚拟公司，要求具有较强的供应网络的管理能力，如为某个专业软件的开发而形成的组织、为拍摄某一部电影而成立的公司、某一项目工程的开发等。

虚拟运营的最大优势是具有较高柔性较快的反应速度且设备投资风险低。虚拟运营由于缺乏一个坚实的资源基础，有被"架空"的危险。

2. 垂直整合

垂直整合是一个在供应链中考虑生产能力配置的战略性问题，它要考虑公司在供应链中占据多大的比例，拥有多少供应资源。在战略能力层次，考虑是兼并/收购还是剥离/外包供应资源的决策；在日常运营层次，考虑是自己制造还是购买的决策。垂直整合的决策应考虑成本、公司的核心能力及对供应链的控制能力等。

3. 伙伴关系

伙伴关系要求供应商与顾客共同协作，甚至共同分享资源和技能，以实现整体利益最大化（大于各自单独行动所获得的利益）。伙伴关系的核心在于关系的紧密性，关系的紧密程度取决于：共享成功、长期承诺、人员直接联系、共同学习、伙伴关系数量少、协调行动、信息透明、相互信任、共同解决问题、共同分担风险。

企业充分利用伙伴关系，在坚持自己核心能力的同时，可为顾客提供更大范围的产品/服务，实现优势互补，提供敏捷的运营能力，完成复杂的大项目，为顾客提供更全面的服务。

企业可以在不同的时期、在不同的业务领域，与不同的伙伴企业建立适合企业战略发展的不同层次的伙伴关系。

4. 精益供应

精益供应（lean supply）是由 Lamming 教授提出的顾客-供应商关系模型。他认为，在一般的伙伴关系中，供应商的地位仍然较低，而在精益供应关系中双方的地位是平等的。

在竞争方面，精益供应关系依赖战略联盟和战略协作，在选择供应商方法上，精益供应关系让合格供应商及早参与，共同进行成本-价值分析，采用单一或两个供货渠道，尽力改善供应关系，不得已才重新选择供货渠道。精益供应关系中，顾客与供应商之间的信息交换完全透明，双方共同决定成本与产量，采用 EDI 及时沟通技术与业务信息；采用 JIT II 交送，生产能力同步化、柔性化；双方共同努力，降低订货成本。在质量态度方面，双方共同确定质量目标，无须对供应商货物进行检验，流程持续改善。

> **运营实践**
>
> **运营供应链和技术供应链**
>
> **1. 获得战略性生产原材料**
>
> Whitlin 公司(《财富》杂志排名前 500 名的日用品制造商)认识到从采购工作上获得竞争优势的需要比以前更加迫切。他们和一家钢材供应商建立了战略伙伴关系,并为此对该供应商的制造技术进行了投资,使其在日用品钢材的研究上有了一个新的飞跃。经过约 7 年的探索和合作,这种战略伙伴关系给 Whitlin 公司带来了极大的收获,大大提高了企业的竞争优势,使企业巩固了自己在行业中的地位。
>
> **2. 先进技术开发合作伙伴**
>
> 一家资产达 50 亿美元的全球电子公司为了对一项产品的先进技术进行开发而与一个供应商建立了正式的战略伙伴关系,并让战略伙伴参与了早期的技术开发,使得供应商能够针对具体的行业需求给予满足。通过合作,双方缩短了一年的新产品开发时间。项目的成功使该公司最终进入了一个新的业务领域,并给公司带来了几十亿美元的销售收入。
>
> **3. 供应商早期参与流程设计的技术联盟**
>
> 一家重要的化学公司,以前是由 15 个左右的供应商提供不同的控制系统技术,然而在设备之间转换操作并保持每个系统是比较困难的,而且还需要每个系统针对该系统技术进行广泛深入的培训。由于每个系统是根据客户需要设计的,导致了较高的投资成本和较长的开发周期。后来该公司精心选择了一些供应商并建立了战略伙伴关系,让供应商参与早期的设计,负责设计所有更新和新建的控制系统。这样的战略伙伴关系使得该公司更新和建立新设备所需的时间(包括工程时间)降低了大约一半,大大增加了该公司在行业中的竞争力。

7.7 供方管理库存

20 世纪 80 年代末,一些美国公司开始实施供方管理库存(vendor management inventory,VMI)计划。使用卖方管理库存,制造企业管理参与进来的零售商的产品库存水平。例如,某供应链上的核心企业的卖方管理库存过程包括 5 个步骤:第一步,收集数据,核心企业集中来自配送中心提取的数据和零售商店的数据,零售促销计划的补充数据等也是卖方管理库存系统的主要输入信息;第二步,预测销售量;第三步,预测订单,这是与零售商减少库存目标一致的工作;第四步,订单生成,核心企业控制采购订单的生成,这是由配送中心库存补充机制来驱动的;第五步,订单履行,按订单配送。

核心企业的一个主要目标就是:使直接从生产设施中运输出来的产品数量最大化。他们的客户也因此得到好处,即配送中心的库存利用率高。因此,采用卖方管理库存获得了双赢。

1. 供方管理库存的内容和原则

供方管理库存是指供应商等上游企业基于其下游客户的生产经营和库存信息对下游客户的库存进行管理和控制的基本思想。

传统上,库存是由库存拥有者管理的。因为无法确切知道客户需求与供应的匹配状态,所以需要库存。库存设置与管理是由不同的组织完成的,这种库存管理模式并不总是最优的。例如,一个供应商用库存来应付不可预测的或某一客户不确定的需求;客户也可以设立库存来应付不稳定的内部需求或供应链中的不确定性。虽然供应链中每一个组织独立地寻求措施以保护其在供应链中的利益不受意外干扰是可以理解的,但并不可取。因为这样做的结果影响了供应链的优化运行,导致重复建立库存,因而无法达到供应链全局的最低成本,整个供应链系统的库存会随着供应链长度的增加而发生需求扭曲。供方管理库存系统以系统的、集成的管理思想进行库存管理,使供应链系统能够获得同步化运行。

实施供方管理库存策略需遵循以下原则。

(1) 合作性原则

在实施供方管理库存策略时,相互信任与信息透明是很重要的,供应商和零售商或客户之间都要有较好的合作精神,这样才能够建立战略合作伙伴关系。

(2) 总成本最小原则

供方管理库存不是关于成本如何分配或由谁来支付的问题,而是关于减少成本的问题。通过供方管理库存策略的实施,要使双方的成本都获得减少,实现总成本最小化。

(3) 目标一致性原则

实施供方管理库存策略的双方都明白各自的责任,观念上应达成一致,在此基础上签订框架协议,对供方管理库存的具体实施做出决定,如库存放在哪里、什么时候支付、是否要管理费、要花费多少等问题都要在框架协议中体现。

(4) 持续改进原则

持续改进原则,使供需双方能共享利益和消除浪费。

2. 供方管理库存实施步骤

供方管理库存实施可采取如下步骤。

(1) 建立客户情报信息系统

要有效地管理销售库存,供应商必须能够获得客户的有关信息。通过建立客户的信息库,供应商能够掌握需求变化的有关情况,把由分销商(或批发商)进行的需求预测和分析功能集成到供应商的系统中来。

(2) 建立销售网络管理系统

供应商要很好地管理库存,必须建立完善的销售网络管理系统,并保证自己的产品需求信息和物流信息的畅通。

(3) 建立供应商与分销商(或批发商)的合作框架协议

供应商与销售商(或批发商)一起通过协商,确定处理订单的业务流程及控制库存的有关参数(如再订货点、最低库存水平等)、库存信息的传递方式(如 EDI、Internet)等。

(4) 组织机构的变革

供方管理库存策略改变了供应商的组织模式。以前,一般由会计经理处理与客户有关的事情。引入供方管理库存策略后,在订货部门产生了一个新的职能,负责客户库存的控制、库存补给和服务水平。

在供方管理库存策略下,决定仓库的地点设置需要考虑综合成本。因为在供应商、分销商、零售商联合的情况下,不需考虑各自的成本分担,而只需考虑总成本。所以,决定仓库地点就是对仓库离分销商、零售商的距离远近,运输成本及其可能延误导致的成本进行综合运算。能带来最大效益或最低成本的设置方式就是最佳的。

7.8 协作计划、预测和补货系统

志愿性跨行业商务标准协会（Voluntary Inter-Industry Commerce Standards Association，VICS）下属的 CPFR 委员会，开发了一系列商业流程以使供应链参与者之间的协作更加便利。CPFR 委员会提供了一个框架，这个框架通过协同管理的方法和共享的信息使得零售商、生产者和供应商之间的协作关系成为可能。一般的协作计划、预测和补货（collaborative planning, forecasting and replenishment，CPFR）系统分为计划部分、预测部分和补充部分。

(1) 计划部分
① 达成各方协调一致的合同。
② 创建联合商务计划。
③ 进行销售预测。
④ 确认销售预测的例外。
⑤ 合作处理例外事件。

(2) 预测部分
① 进行订单预测。
② 确定订单预测的例外。
③ 合作处理例外事件。

(3) 补货部分
最后是订单生成。

协作计划、预测和补货系统是如何工作的呢？它是在贸易伙伴协商一致后，在合理的分类管理原则基础上以形成一个特定市场的计划作为起始。成功的关键是合作双方都认同这个方法及计划。这个计划从根本上描述了在哪个期间、哪个市场、什么产品将被销售及如何交易和进行促销。这个计划通过每个公司既有的系统而变得更具有操作性，但是它也可以被符合 VICS 认可的通信标准的任何部门访问。这些部门可以在已制定的参数之内调整这个计划，既定参数之外的改变需要得到其他部门的同意，这可能需要协商才能达到。计划阶段是预测阶段的关键信息输入源。协作计划、预测和补货系统的计划部分是逐渐累积起来的，预测部分的平衡（为了非协作计划、预测及补货系统参与者）要通过预测的一些方法来达成。

通过协作计划、预测和补货系统，预测能够提前完成，并且可以自动转换生成运输计划。协作计划、预测及补货系统还能提供一些具有战略意义的信息，如推销的时间安排和供应的约束，这些能够从整个供应链上减少库存的天数。

协作计划、预测和补货系统实施的合理扩展将是观念的扩展，即沿着供应链上溯到供应商并把整个供应链有机结合起来。协作计划、预测和补货系统希望供应链上的企业致力于促进供应链协作，提高供应链效率，削弱"牛鞭效应"，实现双赢。

那么供方管理库存系统和协作计划、预测和补货系统有什么联系呢？任何参与协作计划、预测和补货系统的客户，如果还没有参与到供方管理库存系统中去，都被强烈建议参与供方管理库存系统。某供应链上的核心企业接受了协作计划、预测和补货系统，认为协作计划、预测和补货系统生成的预测数据更加准确。当预测的准确性提高后，随之而来的效益将变得更好。更准确的预测需求意味着需要更好的周转效率和更优质的服务，它意味着更便利的输作协作计划、预测和补货系统将提供更好的卖方管理库存系统信息输入。

7.9 供应链的改善

供应链计划与控制的主要任务之一是改善供应链的整体绩效。了解了供应链的动态交互作用，就应该采取积极的措施，加强对供应链各个环节运营系统的协同。

Melnyk 与 Wassweiler（1992）强调的应用观点说明了供应链内部如何实施集成，包括建立和维护供应链集成的一些正式和非正式的工具、架构和方法。图7-16描绘了供应链成员之间确定的正式协同点。正式协同过程是协作双方为了强化集成而进行的互惠活动，这种集成超越了纯粹的业务交易的目的。协同过程的特性与获得的集成水平明显相关。

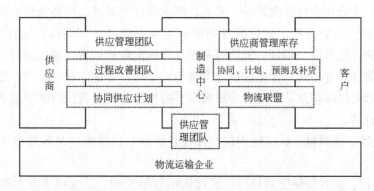

图7-16 供应链成员之间确定的正式协同点

存在于供应链环节的正式协同过程往往由核心企业（作为制造中心）发起，或者由核心企业与伙伴企业（供应商或客户企业）共同发起。在制造中心或客户企业界面上的基本协同点包括：供应商管理库存项目，协同规划、预测和补货的发起和制造中心的物流联盟项目。

很多制造中心与客户企业都使用了卖方管理库存项目，客户企业同其大多数战略供应商一起实施卖方管理库存计划。客户企业与制造中心企业将协同、计划、预测及补货系统看作是消除供应链中不确定性的主要工具。制造中心的物流联盟计划对于改善客户服务至关重要。物流联盟企业对于改善供应链功能、提高供应链效率、开发和维护供应链集成方面发挥了重大的作用。

制造中心与供应商企业协同界面上的基本协同点包括：供应管理团队、过程改善团队和协同供应计划。制造中心在采购方面发生了根本性的转变、缩减供应商数目，生产计划员将直接同供应商联系，订购生产所需原材料，与部件制造商协同制造。通过供应管理团队建立企业供应管理体系，通过过程改善团队帮助供应商改善过程能力，在不损害制造中心与供应商企业的同时，消除每个环节上不必要的成本。

制造中心与物流运输企业的合作有利于双方开发更加有效的物流服务项目，确定缩减成本、提高供应链效率的机会。

通常用5个潜在指标来评价供应链企业间的集成。

① 虚拟近邻。是指企业所在地的系统能力和技术能力帮助整个供应链上信息和知识实现最大化的共享；系统支持无缝、及时的信息流，支持异构兼容；成员间沟通渠道畅通、及时，好像

近邻一般。

② 信息共享。是指实现信息的互补式共享。系统允许信息在供应链内无缝、双向、及时的流动。

③ 组织亲近。是指组织之间的信任是结构化的，且基于供应链成员之间显现友好的氛围。

④ 文化亲近。是指企业成员之间业务往来所显现的标准规范，供应链成员集体遵守这些标准规范。

⑤ 协同合作。是指成员都会对协作成员的需求与约束主动做出前瞻性反应，存在明显的共同协作、优化供应链的意愿。

以上每个指标的高水平绩效将反映出整个供应链的高度集成。

1. 供应链协同

供应链改善可采取协同的理念，包括如下 5 个方面。

① 共享信息。将下游需求信息提供给上游运营系统，使各个运营系统了解真实需求。创建在线供应链社区，使合作伙伴能在设计、采购、需求管理和其他供应链活动方面进行协作。

② 集成供应链上下游流程。对供应链内所有运营系统的计划调度、物料流动、库存水平、销售策略进行协调，使其统一步调。采用可基于互联网的业务流程，采用协同、计划、预测及补货系统及供应商管理库存系统，让上游供应商参与到下游顾客的库存管理中。通过共享供应链各环节中的实时需求与供应信息，制定出客户需求预测报告，通过在供应链中共享的预测信息和实时需求实现自动补货。

③ 协同化设计。理顺整个供应链中的产品设计流程，以缩短产品投放市场的时间，迅速响应市场变化。

④ 协同化执行。实时确保交货日期，通过运用订单管理、运输调度方案和车辆日程表等功能，按时完成客户订单；支持全部物流流程，包括分拣、包装、运输和国际贸易业务。

⑤ 协同化采购。全面了解企业整体的物料支出状况，进行统一集中的集体采购，减少采购成本。

2. 提高运营效率

供应链中的每个运营系统都努力降低自身的复杂性、交易成本及产品通过时间。简化产品在整个供应链中的流动过程，压缩整体时间，提高供应链的整体利润；监控供应链流程中从报价到交货及接收所有阶段，及时发布问题预警信息；利用先进的技术实时获取来自运输工具、GPS系统和其他设备方面的数据。

3. 供应链绩效管理

建立供应链绩效测评的关键绩效指标，如库存率、订单执行周期和生产能力利用情况等，可以在时间、成本、质量、柔性、及时配送等方面进行综合评价。

定义、选择并监控关键绩效参数，全面了解整个供应链的绩效，以达到调整并优化供应链业务流程的目的。

确立可计量的供应链指标，评测供应链绩效，确定问题并对这些问题给予有效的解决。

支持供应链运营参考（SCOR）模型，包含了可修改的 300 多个预先配置的供应链关键绩效指标（KPI），如交货情况、预测准确性和投资回报。

支持在线分析处理与多维查看方式，从不同的明细级别和不同的角度查看数据，从而对各种可能的行动迅速而准确地进行评估。

4. 平台供应链实现数字化转型

组织的数字化转型是满足客户需求的整个业务过程的数字化，需要利用先进信息通信与移动互联网、物联网技术，需要创新业务战略并且重构组织，甚至通过新产品和新服务为顾客带来新的客户体验。数字化转型需要借助于数据驱动的业务决策及以客户体验为核心的全新运营模式，重构组织文化与价值观。数字化转型已经成为企业的核心战略。

互联网正渐渐成为企业价值链前端的供应商和制造商合作供应链、价值链后端的制造商和分销商、零售商直至终端客户形成的供应链和企业内部供应链的主要网络平台。基于互联网的供应链管理平台是对这类网络平台的统称，如电子采购平台、物流协同平台、电子分销平台等。基于互联网的供应链管理平台是能够有效整合物流、信息流、资金流、商流和服务流的全方位"一站式"供应链整合共享平台，可为制造企业提供从设计、生产、流通、消费、服务等全程一体化供应链服务，是平台商业模式与供应链服务的有机结合，是实现供应链服务模式创新的重要方向，也是提供整合型供应链服务的重要载体。

对于供应链前端，供应链管理平台强化了供应商和企业的协作，供应商甚至可以参与到企业的生产中来。对于供应链后端的某些领域，如运输调度、车辆跟踪和客户服务，供应链管理平台同样发挥着优化作用。通过供应链管理平台，企业可以将产品直接销售给世界各地的消费者，可以全程监控运输系统，可以更好地了解客户需求。总之，供应链管理平台是组织数字化转型的重要方向，是对供应链整体协同运作过程的优化，提升了供应链整体竞争力。

案 例

苹果供应商的喜与忧[①]

Cirrus Logic 是位于得克萨斯州的一家音频芯片公司，该公司的业务正蒸蒸日上，销售额已经连续三年增长超过 25%，而股价在过去 12 个月累计上涨了 70%。然而，尽管运营着一家市值达 40 亿美元的上市公司，但 Cirrus Logic 首席执行官杰森·罗德（Jason Rhode）在向投资者解释财务业绩的细节时却犯了难。即便其中一家客户的营收贡献占到 Cirrus Logic 全年营业收入的三分之二、第四季度更是占到营业收入的 85%，罗德却从来不敢直接说出这家公司的名称。

1. 苹果将独立开发图形处理器

在每个季度的财报电话会议上，罗德总是小心翼翼地重复同样的一番话："尽管我们明白我们与最大的一个客户联系极为密切，不过根据公司政策，我们不便讨论商业合作伙伴的具体细节。"当然，Cirrus Logic 的每一位投资者都明白，罗德口中所谓的最大客户其实就是苹果——按销量计算，苹果是世界上最大的智能手机厂商。2016 年 9 月中旬，当苹果透露说 iPhone 7 的市场需求强劲时，Cirrus Logic 股价也在一天内大涨 8%。然而，苹果严格的保密文化及对代工厂商的苛刻要求，意味着供应商不敢走错一步。如果一切进展顺利，与苹果的合作对供应商来说绝对是一件幸事，可一旦合作破裂，很快就会演变成一场灾难。在伦敦上市的芯片设计厂商想象技术公司本周的遭遇就充分说明了这一点。

想象技术公司近一半的营业收入来自苹果。自 iPhone 十年前上市以来，想象技术公司的图形处理器就一直是 iPhone 的核心元件。本周一，想象技术公司宣布苹果"正在开发独立的图形设计，以便控制自己的产品，降低未来对想象技术公司的依赖"。在这一消息传出后，该公司股价当天大跌近 70%，市值蒸发三分之二。这也是想象技术公司十年来股价变动最大的一次。在此之前，该公司的市值为 7.54 亿英镑。实际上，想象技术公司与苹果的关系早就出现了裂痕。2016 年年初，由于难以适应智能手机市场增长放缓的局面，想象技术公司的亏损扩大，长期担任公司首席执行官的侯赛因最终黯然离职。不久，又有报道称苹果考虑直接收

[①] http://www.cnbeta.com/articles/tech/600685.htm.

购想象技术公司,但最终仍然放弃了这一想法。苹果持有想象技术公司8.1%的股份。想象技术公司在一份声明中称,今天来自苹果的收入仍然占到公司营业收入的一半以上,但苹果计划在两年内"不再使用想象技术公司的知识产权"。

苹果分析师、风险投资人吉尼将投资苹果供应商比作是玩"俄罗斯轮盘赌游戏"。他说:"这就好像是与魔鬼达成的交易。你知道自己会为此付出什么代价——或是被完全边缘化,或是利润遭到挤压。"

苹果的出尔反尔看似无情,但其实恰恰表明这家科技巨头正试图在自家产品中拥有更多的核心技术。通过在图形芯片方面做出如此巨大的转变,苹果就可以控制一种至关重要的元件——这种元件不仅对视频和游戏至关重要,而且还与未来两个巨大的科技趋势(人工智能和增强现实)密切相关。

想象技术公司不会得到什么安慰,该公司正面临着分析师所说的"黑天鹅"时刻。对于许多这样的厂商来说,当前这种状况总是似曾相识。摩根士丹利分析师本周在一份投资报告中写道:"这并不是苹果供应链第一次遭遇这样的状况了,这件事提醒我们,应该调低对苹果供应商的估值。"

2. 苹果整个供应链引发担忧

想象技术公司陷入困境的消息,肯定会在苹果供应链引发担忧。一家与苹果合作多年的公司高管说:"由于这种风险,与苹果在某些领域建立合作的公司的确难以获得融资。现在,每一家银行的观察名单上都有苹果供应商的名字。对苹果供应链的负面影响是巨大的。"

想象技术公司是一个极端例证,因为苹果不是转向另一家供应商寻求合作,而是自行开发同样的技术。芯片制造对于苹果来说并不陌生。自2008年收购PA Semi以来,苹果就在慢慢积累芯片制造上的经验。除了iPhone和iPad使用的A系列处理器,苹果还推出了供iWatch智能手表和AirPods无线耳机使用的定制芯片。这是苹果的一个重要战略优势,因为开发定制芯片所需要的巨大资源是苹果许多竞争对手所没有的。

然而,对于苹果来说,自行开发新的图形处理器(GPU),其复杂程度远远超过苹果迄今所做出的任何尝试。除了想象技术公司,目前只有Nvidia、AMD、高通和软银旗下ARM等少数几家公司有能力大规模生产这种技术。苹果一直在从想象技术公司挖角,同时对现有处理器做出调整。

市场研究分析师杰奥夫·布拉博(Geoff Blaber)说:"苹果已经用事实证明,其芯片可以针对iPhone的具体功能进行优化",放弃与想象技术公司的合作转而开发自家GPU,是苹果典型风格,"他们想要尽可能地实现产品的定制化。考虑到苹果前进的方向,GPU会变得越来越重要。"

在新一代iPhone上,图形处理器被广泛用于制作内容丰富的视频游戏及视觉效果更好的应用。这不仅能让下一代iPhone支持新的安全技术,比如面部解锁而非指纹识别,而且还有加强现实技术等一系列新功能和输入方式。这意味着,图片和视频的特效会更好,比如Snapchat的"自拍面具",可以让人长出狗的耳朵,或是变成某部电视剧中的人物。

除了iPhone,苹果还在开发增强现实眼镜——这也是可穿戴技术领域的新前沿,全硅谷的公司都在投入巨资开发这种技术。蒙斯特说:"想象技术公司的遭遇就是苹果传递的一个明确信号,表明它认为人们与设备互动的方式将发生巨大的转变。这就像是大地震发生前的轻微震动一样。"

GPU在图像之外的领域也很重要,原因就在于它的架构非常适合处理与人工智能系统有关的庞大信息——人工智能已经出现在新款iPhone上,被应用于Siri虚拟助理推荐及面部对图像的自动识别。

就在苹果开发增强现实和人工智能新应用的时候,想象技术公司却遭遇了一场噩梦。2008年,视频芯片厂商Wolfson在失去苹果这个大客户以后,连续五年亏损,并最终在2015年被更大的竞争对手Cirrus Logic收购。

讨论题:
1. 供应链是"恶魔"还是"天使"?如何避免使供应链成为"恶魔"?
2. 如何看待苹果公司自行开发图形处理器的做法?
3. 你认为想象技术公司的供应链管理是否出现了问题?如何改进供应链管理以规避风险?

习题及思考题

1. 什么是供应链管理？与你所理解的概念有何不同？
2. 供应链管理中有哪些基本活动？
3. 所有的运营系统都有一定的库存，包括物料、信息、顾客，试举例说明。
4. 运营系统需要库存来缓解供需矛盾，包括应付随机波动、计划内波动；应付运输中的延误；克服自身能力限制。分别举例说明。
5. 如何确定持有库存数量？
6. 如何确定补充库存的最佳时间？
7. 如何对库存进行控制？
8. 供应链内部关系有哪些类型？你认为哪种关系最重要？如何建立这种关系？
9. 以某产品供应链为例，说明应该采用哪种供应链策略？
10. 解释供应链中的"牛鞭效应"，在供应链管理中如何消除或削弱这种效应？
11. 说明供应链管理软件的主要功能。
12. 调查一个企业，说明其供应链管理的重要性及解决方案。

第 8 章

精益思维与准时制

【本章要点】
- 精益思维；
- 准时制生产（JIT）；
- JIT 哲理与丰田新乡模式；
- 看板系统；
- JIT Ⅱ 供应；
- 服务业 JIT 运用；
- 全面生产维护；
- 5S 与可视化管理。

引 例

解决问题的不同思维方式

22 年前，我的老师三边先生来到我们公司，负责对我们公司的管理进行改进，由于观念和习惯的不同，老师和公司的管理团队冲突很激烈，几乎每天都是剑拔弩张，争论激烈时，老师甚至都拍桌子，以至于他在公司时，我的很多同事和领导都不喜欢他。但是在他的强力推动下，公司仅仅三个月就扭亏为盈，从此进入到赢利的时代。

记得老师刚到公司不久，有人和他说要建一个新的仓库，老师问为什么？人家告诉他仓库不够用，再不建仓库，产品只好放在外面淋雨了。听到这件事，老师先是去仓库进行实地考察，然后告诉我，仓库里堆了很多项目建设遗留下来的建筑材料、电缆和一些没有用的杂物，整理一下，应该可以腾出很多空间，根本用不着建什么仓库。他要求我向公司领导反映，让相关部门组织人进行整理，我如实将情况向公司主管副总作了汇报，主管副总说了一大堆的理由，主要是现在生产任务那么紧，人手又不够，哪里还有时间安排人去清仓库啊。

我汇报完毕，只好回来如实报告老师，听完我的汇报，老师一声不吭。第二天上午，老师让我通知公司所有管理人员包括总经理，吃完午饭到仓库集合，我问有什么重要的事吗？老师还是一声不吭。吃完午饭，全体管理人员都到了仓库，按要求排成一个方阵，但是大家都不知道老师葫芦里卖的什么药，站在那里等他说话。

老师见大家排好了队，便走到队伍前说，今天请大家来，是要大家帮个忙，和他一起动手清理仓库，现在请大家和我一起动手。在他的指挥和带领下，我们用了一个半小时，就将仓库里堆积了半年的杂物全部清理好了，不要的材料和垃圾全部清理走了，有用的电缆都整齐地码放在仓库的一角，足足清理出相当于整个仓库三分之一的地方来。

清理完毕，老师又要求大家排好队，等大家排好后，他做了一个即席发言。他说，首先很感谢大家牺牲中午的休息时间协助他做了一件很有意义的事情，通过大家的劳动，我们解决了堆放近半年的垃圾，为公司"新建"了一个仓库，节省了一大笔的资金，但是更为重要的不在这里，最重要的是说明了一个问题。什么问题呢？就是只要我们真心想做一件事情，时间会有的，人会有的，金钱也会有的。小金和我说，你们要建新仓库，因为仓库不够用，为什么就没有人想着清理仓库呢？为什么没有人想着降低库存？为什么没有人到仓库实地看看？因为他们没有责任心，因为他们没有5S的概念，因为他们不愿意动脑筋想办法。习惯不是坐在课堂里听课可以养成的，而是在不断干的过程中养成的。在干的过程中不断改进、不断完善，最终养成好的做事的习惯。

思考题：
1. 你认为故事中的老师与公司主管副总解决问题的思维方式有何区别？
2. 总结老师遇到问题时的思维步骤。

(来源：中国先进制造技术论坛. 2017-04-06)

8.1 精益思维

1992年美国麻省理工学院总结了以丰田汽车为代表的日本制造企业的经验，发表了《改造世界的机器》(*The Machine That Changed the World*)，提出了精益生产(lean production)模式，第一次将精益生产方式与大规模工业化生产方式相提并论，并用精益生产方式进行评判，提出向精益方式转变将对人类社会产生深远的影响，并预言精益生产方式将成为20世纪全球生产体系的新标杆。

精益生产方式基于产品生产流程，密切关注供应链，一方面降低企业协作中的交易成本，另一方面保证稳定需求与及时供应，以整个供应链系统为优化目标。精益生产方式将生产中的一切库存视为"浪费"，认为库存掩盖了生产系统中的缺陷。其既强调供应要保证生产，又强调不断降低库存以消灭库存产生的"浪费"。精益生产在专业分工时强调相互协作及业务流程的精简，消灭业务中的一切"浪费"。精益生产强调团队协作，强调员工的多技能，让员工自身保证产品质量的绝对可靠是可行的，且不牺牲生产的连续性。精益生产强调个人对生产过程的干预，尽力发挥人的能动性，同时强调协调，对员工个人的评价也是基于长期的表现。

精益思想集成了准时制生产、全面质量管理、团队工作法、并行工程等思想。精益思想不单纯追求成本最低或质量最优，而是追求顾客满意的质量。

詹姆斯·沃麦克(James Womack)和丹尼尔·琼斯(Daniel Jones)在《精益思维》中总结了精益思想的5个原则。

① 恰当定义顾客价值(customer value)。从顾客的角度定义价值，有价值的活动是能为顾

客增加效用的，且顾客承认它的必要性并愿意为其付费的活动。精益思想不仅要靠消除浪费增加价值，也要靠为"顾客创造价值"来增加价值。

② 确定价值流（value stream）。价值流是指从原材料转变为产品并给它赋予价值的全部活动。识别价值流，发现浪费环节，并消灭浪费。

③ 建立不间断的运作流程（flow）。"流"是精益思想实现价值的中坚要素。精益思想要求创造价值的各个活动、步骤流动起来，形成过程流、工作流等。

④ 拉式（pulling）式生产系统。拉动就是按顾客的需求（下达订单）来启动相应流程，使顾客在他们需要的时间得到需要的产品。

⑤ 持续追求卓越的计划。精益思维的目标是通过尽善尽美的价值创造过程为用户提供尽善尽美的价值。尽善尽美是难以达到的，但对尽善尽美的持续追求，将造就一个永远充满活力、不断进步的卓越企业。

8.2 准时制生产

准时制生产（just in time，JIT）是日本企业提出的一种生产管理理论及一系列相关技术。其基本想法是首先把简单的事情做好，然后再逐渐把它们做得更好，并在此过程中逐渐消除浪费。准时制思想起源于 20 世纪五六十年代日本的造船业，当时船舶公司要求钢铁供应商在自己需要时发货。准时制是一种以需求即时满足、完美的质量和零浪费率为目标的生产管理方法，它力求在适当的时间、适当的场合提供适当的部件，以此来消除生产过程中的所有资源浪费。准时制设计用于以最小库存获得高产量（改善整体生产率）、消除浪费的一系列集成的活动，它要求生产资源准时到达。

图 8-1 是准时制生产模式与传统生产模式的差异。准时制生产模式可大大减少库存，降低成本，提高产品质量；传统生产模式过分强调生产能力的利用率，采用高水平的库存掩盖了管理中的许多问题，一切工作有序进行，好像没有问题，实际上导致了较长的生产周期与较高的库存水平，大量的问题被掩盖，产生了大量的浪费。浪费被定义为对产品/服务并不增加价值的活动。准时制生产模式通过缩短提前期，降低库存水平，及时发现问题，建立团队工作机制，迅速解决问题；及早发现供方的缺陷项目，有利于下游工作；及早发现上游员工工作过失，有利于下游工作。

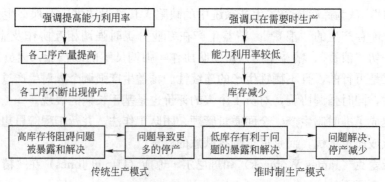

图 8-1 准时制生产模式与传统生产模式的差异

准时制生产模式在运营系统中的作用机理可以使用高度依赖理论解释：低库存时工序间存在依赖关系，运营系统各部分可形成内部顾客与内部供应商的依赖关系，准时制生产模式需要向一线人员授权，更加依赖于员工行动，准时制生产模式也增加了对供应商的依赖等。

为了减少浪费，达到降低成本这一基本目标，准时制生产模式采用适时适量生产、生产同步化、生产均衡化、弹性配置作业人数及预防保证质量的做法。

(1) 适时适量生产

即"在需要的时候，按需要的量生产所需的产品"。对于企业来说，各种产品的产量必须能够灵活地适应市场需要量的变比。否则，生产过剩会引起人员、设备、库存费用等一系列的浪费。而避免这些浪费的手段，就是实施适时适量生产，只在"顾客"需要的时候生产"顾客"需要的产品。

(2) 生产同步化

为了实现适时适量生产，首先需要致力于生产的同步化，即工序间不设置仓库，前一工序的加工结束后，使其产品立即转到下一工序去，装配线和机械加工几乎平行进行。铸造、锻造、冲压等必须成批生产的工序，则通过缩短作业更换时间来缩小生产批量。生产同步化通过"后工序领取"这样的方法来实现，即"后工序只在需要的时间到前工序领取所需的加工品，前工序中按照被领取的数量和品种进行生产"。这样，制造工序的最后一道即总装配线成为生产的出发点，生产计划只下达给总装配线，以装配为起点，在需要的时候，向前工序领取必要的加工品，而前工序提供该加工品后，为了补充生产消耗量，必向其前道工序领取物料，这样把各个工序都连接起来，实现同步化拉动式生产。这样的同步化生产还需通过采取相应的设备配置方法及人员配置方法来实现，不能采取通常的车、铣、刨等工艺专业化的组织形式，而是采用成组技术按照产品加工顺序进行设施布置。

(3) 生产均衡化

生产均衡化是实现适时适量生产的前提条件。生产均衡化是指总装配线在向前工序领取零部件时应均衡地使用各种零部件，生产各种产品。为此在制订生产计划时就必须加以考虑，然后将其体现于产品生产顺序计划之中。在制造阶段，均衡化通过专用设备通用化和制定标准作业来实现。专用设备通用化是指通过在专用设备上增加一些工夹具的方法使之能够加工多种不同的产品。标准作业是指将作业节拍内一个作业人员所应担当的一系列作业内容标准化。

(4) 弹性配置作业人数

在劳动力成本越来越高的今天，降低劳动力成本是降低成本的一个重要方面。达到这一目的，根据生产量的变动，灵活增减各生产线的作业人数，尽量用较少的人力完成较多的生产任务，关键在于能否将生产量减少了的生产线上的作业人员数减下来。这种"少人化"技术打破传统生产系统中的"定员制"，是一种全新的人员配置方法。实现这种少人化的具体方法是实施独特的设施布置管理，这也意味着标准作业中的作业内容、范围、作业组合及作业顺序等的一系列变更。因此为了适应这种变更，作业人员必须是具有多种技能的"多面手"。

(5) 预防保证质量

将质量管理贯穿于每一工序之中来提高质量，并降低成本。建立生产组织中的两种机制：一是使设备或生产线能够自动检测不良产品，一旦发现异常或不良产品可以自动停止设备运行的机制。为此可在设备上开发、安装各种自动停止装置和加工状态检测装置；二是生产第一线的设备操作工人发现产品或设备的问题时，有权自行停止生产的管理机制。依靠这样的机制，不良产品一出现马上就会被发现，防止了不良产品的重复出现或累积出现，从而避免了由此可能造成的大量浪费。而且，由于一旦发生异常，生产线或设备就立即停止运行，比较容易找到发生异常的原因，从而能够有针对性地采取措施，防止类似异常情况的再发生，杜绝类似不良产品的再产生。值得一提的是，通常的质量管理方法是在最后一道工序对产品进行检验，尽量不让生产线或加工中途停止。但在准时制生产模式中却认为这恰恰是使不良产品大量或重复出现的"元凶"。因为如果发现问题后不立即停止生产，问题得不到暴露，以后难免还会出现类似的问题，同时还会出现"缺陷"的叠加现象，增加最后检验的难度。而一旦发现问题就使其停止，并立即对其进行分析、改善，这样生产中存在的问题就会越来越少，企业的生产能力才会逐渐增强。

8.3　JIT 哲理与丰田新乡模式

丰田公司经过 30 多年的努力，终于形成了完整的丰田生产方式。大野耐一受超市经营的启示：如果生产像超级市场那样，人们可以随手取东西走，而货架上没有多余的东西、没了及时补充，如果生产线像这样，那么就没有了库存，或者库存很低了。然后搬运少了，不良品也少了。更重要的是，顾客需要什么，就在需要时提供需要的量。在这一思想下，他开始着手导入一系列措施。实施招来绝大部分人反对，被嘲讽为大野管理方式。丰田英二非常支持他，在鼓动和压力下实施，部分人开始慢慢地接受。大野耐一是丰田生产方式之父。但是他却把一切成功都归结为丰田两位元老的思想：丰田喜一郎当年提出了"只生产必要的东西"，丰田喜一郎的父亲丰田佐吉由纺织机想到了"一有问题就停止生产"。

1. JIT 哲理

JIT 哲理主要有 3 点：第一，消除浪费，简化生产；第二，员工参与；第三，持续改进。

浪费是指没有为产品/服务增加价值的活动。丰田公司率先提出了 7 种类型的浪费：

- 过量生产的浪费；
- 等待时间的浪费；
- 运输的浪费；
- 库存的浪费；
- 工艺过程中的浪费；
- 运动中的浪费；
- 产品缺陷造成的浪费。

通过减少上述 7 种类型的浪费，可简化生产，具体可采用以下 8 种方法。

① 依靠拉式系统，减少提前期，做到按需生产，即时生产，减少批量，缩短准备时间，减少等待时间，避免浪费。JIT 生产模式的目标是生产零部件的批量为 1，通过尽可能减少生产准备时间来实现。在 JIT 生产模式中，应规划好用料需求，最终装配计划按固定的时间段（如月）安排。在当月中总进度计划平均分配到每一天，且安排小批量，频繁交货。这样就对所有下游工作中心供应商提供稳定的需求。

② 合理设置工厂网络，配送中心，以减少运输浪费，如图 8-2 所示。

③ 利用成组技术，减少运动，改善流程，以避免浪费。在工厂布置中，部门的过分专业化引起物料的不必要移动，如某系列产品的加工要经过锯床—车床—磨床—热处理—车床—冷压工序，流动路线长，通过利用成组技术，重新划分了工作单元，就可改善流程，大大提高了工作效

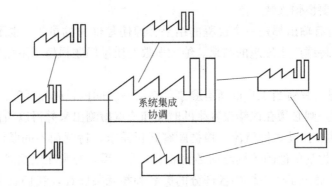

图 8-2 合理的工厂网络

率,减少了浪费。

④ 全面生产维护,强调预先维护,消除由于计划外故障引起的工序波动,减少工艺过程中的浪费。

⑤ 重视质量管理,避免产品缺陷产生的浪费。JIT 生产模式需要完美的或接近完美的质量,因为 JIT 生产模式没有替换缺陷产品的库存。质量问题的出现会导致生产过程的中断,因此质量问题会引起全厂范围的关注,团队成员会集中精力迅速加以解决。

⑥ 平衡工作中心能力,对生产流程重新布局,合理布置,以减少储存空间与工厂空间。

⑦ 准时供应,与供应商建立紧密的关系,要求供应商频繁地(如可能多达每天 4 次)把物料送到生产线上。供应商要像工厂里的工作中心一样,供应商被视作工厂的延伸。为了有效地把供应商和 JIT 生产模式的程序结合起来,通常需要改变运送程序和尽可能接近供应商,还要求供应商交付最佳质量的物料。

⑧ 全员参与,建立尊重人性的 JIT 生产模式作业制度。制定作业标准制度,增加系统柔性,制定管理人员与员工间平等的管理政策,建立有利于员工发展、改善员工生活质量、激发员工创造性的自治的团队运作模式;平衡员工的薪资水平;使工作丰富化,将设备的维护和准备工作纳入操作员的职责范围;实行工作轮换,培养员工的多技能,适应生产迅速的变换和较小批量的生产方式,激发员工的主人翁精神和合作精神。

2. 新乡模式

Shingo Prize,中文名为新乡奖,是为纪念丰田生产方式的创造者新乡重夫(Shigeo Shingo)而设立的生产品质奖。新乡奖被商业周刊(Business Week)誉为"制造业的诺贝尔奖"。基于对新乡重夫博士的工具-系统-本质三层面转变的理解和应用,协助企业获得商业成功。简单的模仿和套用不能带来真正的变革,新乡奖为企业的变革提供了一整套完整的体系以实现真正的变革。新乡模式的十项指导原则:

① 尊重每一个个体,自然包括尊重客户、供应商、社区和整个社会。

② 谦卑式领导,谦卑是一种在学习和改进之前的有利原则。创造出一个让员工感到受人尊敬、精力充沛、自由创造能力的环境。

③ 追求完美。完美是一种不太可能实现的愿望,追求完美是一种不断改进的心态和文化。可能性得以实现是有限的,取决于我们所看到和所理解的现实世界模式。我们应创建长期的解决方案,而不是临时在现场的修修补补。不断去简化工作。

④ 运用科学思维。创新和改进是反复实验、直接观察和学习的结果。对新思想的不懈而系统的探索,包括失败,使我们能够不断完善对现实的理解。遵循结构化的方法去解决问题。鼓励

员工探索新想法，不要惧怕失败。

⑤ 聚焦流程。所有输出都是一个过程的结果。即使是优秀的员工，也不可能在组织内外过程存在缺陷的情况下持续产生理想的结果。绝大多数的质量问题根植于不完美的过程中，而不是在员工本身。

⑥ 确保源头质量。只有当工作的所有要素都在第一时间内正确完成时，才能得到完美质量。如果发生了一个错误，则必须在该错误发生的时间和地点检测出来并得以纠正。

⑦ 价值持续流动、拉动式价值流。根据顾客真正需求，持续而不间断的创建流程时，顾客价值会达到最大化。扰乱价值的持续流动必然带来浪费。需求经常在组织间、组织内部被扭曲。

⑧ 系统化思考。通过了解系统中各部分的关系和相互关联性，我们就能够做出更好的决策和改进。必须消除阻碍思想、信息、决策、产品等流动的任何障碍。确保受此影响的部门准确了解其每天的目标和问题。

⑨ 建立始终如一的目标，坚定组织的使命，组织在哪里，将向哪里去，使管理者能够对行动进行调整，并以更大的信心去创新、适应和冒险。

⑩ 创造顾客价值，价值必须通过客户想要和愿意支付的视角来定义。如果不能实现这一根本目的，组织就不能长期维持下去。

8.4 看板系统

8.4.1 看板的概念和功能

JIT 生产模式中使用了一个简单的部件拉动系统，称为看板系统，即把部件从一个工作中心拉到下一个工作中心。零件放在一些小容器里，并且只提供指定数量的容器。当所有的容器被装满时，关闭机器不再生产另外的零件，直到下一个工作中心提供容器时才恢复生产。

看板在日语中指卡片、面板，用来发出通知或继续生产的指令，看板被称为控制运营系统中不同工序间物料传送的"隐身信使"。最简单的看板是卡片。通过卡片，顾客工序向供应商工序下达补充物料的指令。看板也可采用其他形式，如容器（空容器相当于一个指令）、看板方格（工作地点有标记的方格，"空"是指令）、硬塑料牌等。

看板具有如下主要功能。

(1) 生产及运送的工作指令

看板中记载着生产数量、时间、方法、顺序及运送数量、运送时间、运送目的地、放置场所、搬运工具等信息，从装配工序逐次向前工序追溯，在装配线将所使用的零部件上所带的看板取下，以此再去前工序领取。"后工序领取"及"适时适量生产"就是这样通过看板来实现的。

(2) 防止过量生产和过量运送

看板必须按照既定的运用规则来使用。其中一条规则是："没有看板不能生产，也不能运送。"根据这一规则，看板数量减少，则生产量也相应减少。由于看板所表示的只是必要的数量，因此通过看板的运用能够做到自动防止过量生产及过量运送。

(3) 进行"目视管理"的工具

看板的另一条运用规则是："看板必须在实物上存放"，"前工序按照看板取下的顺序进行生产"。根据这一规则，作业现场的管理人员对生产的优先顺序能够一目了然，易于管理。并且只要一看看板，就可知道后工序的作业进展情况、库存情况等。

（4）改善的工具

在 JIT 生产模式中，通过不断减少看板数量来减少在制品的中间储存。在一般情况下，如果在制品库存较高，即使设备出现故障，不良品数目增加也不会影响到后道工序的生产，所以容易把这些问题掩盖起来。而且即使有人员过剩，也不易察觉。根据看板的运用规则之一——"不能把不良品送往后工序"，后工序所需得不到满足，就会造成全线停工，由此可立即使问题暴露，从而必须立即采取改善措施来解决问题。这样通过改善活动不仅使问题得到了解决，也使生产线的"体质"不断增强，提高了生产率。JIT 生产模式的目标是要最终实现无储存生产系统，而看板提供了一个朝着这个方向迈进的工具。

8.4.2 看板类型

看板的基本原理是看板接收方拿到看板后必须立即开始搬运、生产或供应标准容器规定的零件。看板是移动、生产或供应作业开始进行的唯一依据。根据用途，可以将看板分为多种类型。

① 搬运/传送看板。搬运/传送看板的作用是向前一工序发出信号，通知其将物料从库存中提出，运送到某一指定地点。这种看板一般都注明了物料名称、数量、交货地点等，如图 8-3 所示。

② 生产看板。运作系统向加工工序发布生产指令。这种看板一般注明物料名称、数量、加工工序名称、加工所需物料、加工完后运往地点等。

③ 订货看板。用于外部供应商，通知供应商补充物料至生产工序。

看板的使用有两种不同的模式：单卡看板系统和双卡看板系统。单卡系统只使用搬运看板，需要外部供应商补充物料时也使用订货看板。单卡系统相对简单，使用也最广泛。双卡系统同时使用生产看板和搬运看板。

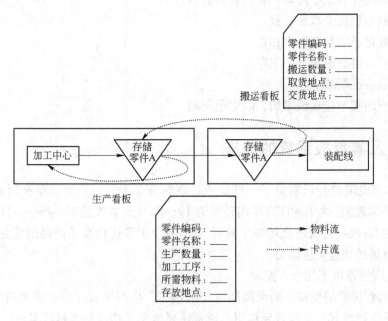

图 8-3　生产看板和搬运看板

8.4.3 看板数量的确定

看板系统是一个有形的可视化的控制系统，包含卡片和容器。建立看板系统需确定所需看板（或容器）的数量。工作中心所需容器数量与容器大小、物料的需求率、补货提前期及安全库存有关，可表示为

$$k = \frac{\text{提前期间的期望需求量} + \text{安全库存量}}{\text{容器大小}} = \frac{dL(1+S)}{C}$$

其中，k——看板数量；
　　　d——某时段内所需产品的平均数量（即需求率）；
　　　L——补充订货的提前期（与需求率中的时间单位相同）；
　　　S——以提前期内需求量的百分比表示的安全库存；
　　　C——容器大小，表示最小生产批量大小。

容器数量决定着系统中在制品库存数。精确估计生产一满容器的提前期是确定看板数量的关键。

【例 8-1】 开关装配批量 4 套，以容器方式向下游运营仪表板装配传送；装配一容器需 2 小时。仪表板区每小时需 5 套开关。安全库存设为所需库存的 10%。计算所需容器数量。

解 所需的容器数量为

$$k = \frac{dL(1+S)}{C} = \frac{5 \times 2 \times 1.1}{4} = 2.75 \approx 3$$

一般来看，看板系统应遵循如下原则。

① 每一个容器内有一个看板卡片，应标明物料编码、名称、数量、使用者及生产者存放位置等。

② 物料始终由顾客工序拉动，收到看板卡后行动。

③ 生产数量与看板卡数量一致。

④ 容器内数量必须与额定值相符。

⑤ 不能将不合格品送至下一工序。

⑥ 看板数量应逐渐减少。

⑦ 传送看板的频率应逐渐增加，以缩短周期。

8.4.4 JIT 及其看板系统的实施

JIT 在日本与美国的公司取得了一些成果。在汽车工业，JIT 使得库存周转率提高到每年 50～100 次，而传统方法之下的库存年周转率为 10～20 次。在摩托车生产中，JIT 使库存周转率提高到每年大约 20 次，传统的公司每年只有 3～5 次。JIT 还提高了产品的质量，减少了成本，提高了企业对市场的快速反应能力。

实施 JIT，应注意以下几个方面。

① 获得最高管理层的授权。确保高层清楚采用 JIT 生产模式时公司需要进行的变革，并且高层在推动 JIT 生产模式时应起领导作用。通常还要为交叉功能小组制订实施计划。

② 获得员工的合作。为了开展 JIT 生产，需要加强车间领导，保证稳定的雇员，做好培训

工作，并鼓励工人积极参与。

③ 从最终装配线开始，平衡生产，设计看板系统使用的标准物料容器，且易到达装配线。

④ 从最终装配线开始，从后往前，减少各工作中心的生产准备时间和生产批量，使其和最终装配线的批量规模相匹配。按照看板系统，将库存从仓库里搬出来，放到车间现场。

⑤ 运用装配线平衡技术。

⑥ 把 JIT 生产模式扩展到供应商。首先，平衡供应商的配送进度安排，然后要求他们频繁地配送，消除长期和安全库存。帮助供应商改善生产过程并保证质量，以符合产品规格要求，与供应商签订长期合同。

JIT 生产模式是面向重复性工业生产的最佳方法。JIT 生产模式对产业界的影响是深远的，可把它看作生产管理的伟大创新，可以同福特公司的移动装配线和泰勒的科学管理系统相提并论。

8.5 JIT Ⅱ 供应

JIT 供应是从准时制生产发展而来的，要进行准时制生产必须有准时的供应，因此准时制供应是准时制生产模式的必然要求。

明基逐鹿供应链专家团顾问董荣新先生认为，采购过程中存在很大的浪费，如果仔细审视整个采购过程，可以发现绝大多数流程存在浪费。建立货源和定价不是浪费，因为它们产生了必需的资源。供应商生产也不是浪费，因为其实现了产品的价值增值。但是其他的流程，如创建采购订单、传送采购订单、供应商确认采购订单、运输、装卸、买方质检、废品、入库、返工、移动、存储、盘点、重新包装、发票、逆向物流等，都是浪费。拥有库存，不管是安全库存、安全时间（提早发货），还是最小批量，并不实现增值。若供应商没有生产能力限制，建立多货源也是浪费，因为它违背了 JIT 思想的最少资源原则。多货源基于买卖双方的竞争关系，供应商得一分利，买方就少一分利。单货源关注的是买卖双方的竞合关系，双方通过建立长期的合作关系同时获利。可见，单一货源拥有如下的优势：有能力关注重要的质量因素；运输成本减少；供应商得到的需求是稳定的、可预测的，供应商可以更好地计划产能，减少采购周期；更多的机会实现持续改善。

通过买卖双方的持续改善，可以减少、消除浪费。正式的采购订单传送可以用电子看板或电子采购订单来替代，供应商确认、对账、开发票、出货控制等可以通过 SRM（供应商关系管理）系统完成。SRM 系统可以为双方建立一个协同电子平台，双方在电子平台上进行协同、无纸化作业，从而使双方都可受益。改善运输环节也是重要的一环，即在小批量、多频次的交货状况下，如何维持甚至降低运输成本？比较有效的方法是建立一个固定的、有规律的运输线路，可以依靠第三方物流来负责运输，一次运输多个供应商的货物。运输过来的货物可以不经企业内部质检后入材料仓储，而是直接进入生产线的使用点，这样还可以节省额外的存储和移动。当然，这个前提就是保证货源的质量。用事后质检来控制质量肯定会被过程控制和预防控制所取代，因为后者是在第一时间防止产品出现缺陷，而缺陷发现的越早，纠正缺陷付出的成本就越小。这个相对漫长的改善过程往往会有两个阶段，先是供应商通过持续改进将废品、重工、返回等浪费消灭，然后是买方对卖方建立起信心，消除质检、安全库存、安全时间、控制系统、额外货源等其他的浪费。

过程控制和事先控制要求买方不只关注供应商的直通率、产品的质量认证，还要重点关注有无保证持续合格产品的系统和机制。比如，是否通过 ISO 认证、是否建立了完备的质量过程控制系统、是否有持续改进的计划模式等。

供应商合作的意愿决定了双方能否形成长期的战略合作伙伴关系。供应商需要提供自身的成本结构清单、完善的质量协议和客户服务，与客户建立长期的合作期限。只有双方密切合作，才能发挥整合的供应链优势，可以帮助供应商提高生产制造能力（产能、设备、工艺、员工）、研发能力等。

JIT 供应可扩展至供应链范围的运作。JIT 不同于传统的库存驱动，而是订单驱动，即客户订单驱动生产厂家进行 JIT 生产，JIT 生产又直接驱动 JIT 采购。对企业来说，成品、在制品（WIP）、原材料都处于零库存状态。对于供应商，也可以通过 JIT 运作来减少自身的库存。这样，沿供应链逆流而上，一直到最上游，实现整个供应链的瘦身运动。JIT 运作效果取决于群聚效应，比较典型的有丰田、大宇等日韩汽车企业，以及珠江三角洲、长江三角洲的 IT 企业。

JIT 一般是根据订单来制定 DPS（日生产排程），再根据 DPS 形成原材料的运输计划，供应商根据排程开具送货单，货物直接运送到生产线。当有订单变更或有急单需生产时，DPS 需要变更，从而引起运输计划的变动。对于有些行业，JIT 供应同时也由预测驱动，在预测变动频繁的环境下，DPS 也随着频繁变动。而 JIT 一般都是每天送货，多者一天可以有十几次送货，因此如何管理、协调 DPS 的需求波动与供应商的多频次供货是企业面临的问题。目前业界最有效的方法之一是客户与供应商建立一个电子协同供应平台，该平台将日生产排程、运输计划与供应商确认、ASN 等流程集成在一起。通过这个平台，客户可以与供应商快速协同，共同应对需求的变化。

JIT 供应有如下特点：合理选择供应商，并与之建立战略合作伙伴关系，要求供应商进入制造商的生产过程；小批量采购；实现零库存或少库存；交货准时；信息共享；重视教育与培训；严格的质量控制，产品经国际认证。

企业实施 JIT 供应，可以达到以下目的。

① 大幅度地减少原材料等物资的库存。生产企业库存的降低有利于减少流动资金的占用，加速流动资金的周转，降低库存成本。

② 提高采购物料的质量。

③ 降低原材料等物资的采购价格。

④ 节约采购过程所需的资源（包括人力、资金、设备等），提高企业的劳动生产率，增强企业的适应能力。

8.6 服务业 JIT 运用

8.6.1 服务业 JIT 理念

准时制生产是一组活动的集合，其目的是实现在原材料、在制品及产成品保持最小库存的情况下进行大批量生产。尽管制造业和服务业有很大差异，但从运营本质来看却是大体相同的，都是将投入要素转换为最终的有形产品或无形的服务的产出，从而实现增值的过程。目前 JIT 技术已经成功地应用于服务行业。跟制造业一样，每种技术及相应的工作步骤的适应性取决于行业市场特点、产品设备的技术水平、工艺技能和企业文化。在这一方面服务行业也不例外。服务行业需要与顾客相互沟通来提供服务。服务行业 JIT 的应用可体现在以下方面。

(1) 建立问题协调小组

霍尼维尔（Honeywell）公司正在促使其质量小组从生产部门向服务部门扩展。其他企业如同达拉斯第一银行、标准肉联公司及米勒酿酒公司也正用同样的方法来提高各自的服务质量。英国航空公司把质量小组作为其实施新服务战略基础的一部分。

(2) 提高质量

提高生产过程能力，可降低成本，提高产品质量。生产过程质量是源头质量——它在第一时间保证了产品和服务的一致性和统一性。麦当劳由于将质量融入服务传送工艺而著称于世。该公司实现了服务传送系统的适当"工业化"，从而使世界上任何地方的麦当劳的员工（即使是临时工人或兼职工人）都能提供同样的饮食标准服务。

(3) 清晰的流程

在 JIT 理念下，清晰的物流可以显著地提高工作绩效。例如，联邦快递公司将原来始点-终点的空运方式改为始点-汇总分发站的方式，在汇总分发站里将不同的邮件转移到飞往相应目的地的飞机上，这种方式导致了空运方式的革命。再如，一家制造企业，其订单处理部门一改以往按照职能划分部门的方式，变为以顾客为中心的工作小组。由此，将订单处理的提前期由 8 天降为 2 天。超级仆人公司派出的房屋清理人员不是一个，而是一组，每人负责一项特定的工作，他们同时进行清扫，从而能迅速完成清理房屋的工作。流程的改变可以改变服务行业的绩效。

(4) 保持部门和流程的可视化，改进工作环境

在生产产品和提供服务的过程中，所有作业及涉及这项作业的全部工作人员都是可视的，而且顾客也可看到服务的整个过程。保持良好的工作环境，工作区除必需的物品之外别无他物，但同时必须备有工作所需的所有物品，并且每件物品都干干净净，保持在随时可以使用的状态，实现服务现场的可视化。

(5) 均衡工作负荷

服务行业中生产与需求具有同步性。很多服务企业已经建立了独特的方法来均衡需求，以避免让顾客久等。例如，网通公司在夜间时段提供的电话话费更低，麦当劳在早上提供更便宜的汉堡，邮局对于要求第二天寄送的邮件收费较高。

(6) 取消不必要的活动

不能带来价值增值的步骤取消，能带来价值增值的活动也需要改进，以提高工作的连续性，减少活动周期时间。例如，一家医院发现，在手术开始时如果有尚未准备好的仪器，那么会花费很长的等待时间。因此，该医院为每类手术所需设备与仪器建立一个清单，由医疗设备专业配送公司负责安排与配送，以减少手术的等待时间。速度润滑油公司取消了服务过程中的某些步骤，但也增加了一些虽然不能改善润滑工艺，但能让顾客对所做的工作感到更有保证的步骤。

(7) 设施布置的优化重置

工作区域的布局在实施 JIT 期间通常都要重新布置。一般来讲，制造商通常采用的方法是建立小型加工单元以实现小批量生产，保持与需求同步。这些单元可看作是企业内部的"微型工厂"（厂中厂）。大多数服务企业在该领域都远远落后于制造企业。然而，在服务领域也存在这种例子。例如某些医院根据问题类型组成相应的工作小组，最常见的是专门处理外伤的小组，还有

一些治疗慢性疾病的工作小组，每个小组都相当于医院内部的"微型治疗部门"。

(8) 信息流和工作流的平衡性

服务业一般提供的是无形的服务，因此更应该保持顾客需求和服务能力间的平衡。引入需求拉动计划，根据服务行业的生产和消费特点建立需求拉动（顾客驱动）计划，对于一家服务企业的运营是十分必要的。许多服务企业将其经营业务分为"后台业务"和"前台（与顾客接触）业务"两部分，这种方法又需要协调各部门的服务计划。温迪餐厅的布置能够让厨师看到进入停车场的汽车，这样他们就可以为每辆车在烤炉上放上与现已确定了数目的汉堡肉饼。该拉动系统的设计甚至能在顾客下订单之前就将新鲜的汉堡肉饼放在烤炉上。

(9) 建立供应商网络

在JIT环境下，供应商网络指的是供应商和企业为了长期互利而建立的协作关系。有的服务企业不重视原料的供应网络，因为在这类企业中，服务成本中最主要的部分通常是劳动力成本。例如，一家服务企业认识到，企业临时员工及正式员工都需要建立协调的工作关系，该企业正在酝酿发动一场运动，与一家提供临时工人的服务机构及一所贸易学校之间建立JIT型的伙伴关系，使他们成为提供受过正规训练的装配工人的可靠来源。当然有的服务企业也重视原料的供应网络，如麦当劳，它就是世界上最大的食品采购商之一。

(10) 尊重员工，人性化管理

JIT理念中对待员工也更科学、更理智，更富有人情味。它不仅仅把员工当成生产主导要素，而是认为员工具有巨大潜力和创造力，企业应该创造机会，提供环境使他们的才干得以发挥和增长。只有留住人才，才使企业具有长久发展的竞争力。服务业尤其如此，大部分员工工作任务是面对顾客提供差别化服务，企业如何对待员工影响着员工怎样对待顾客。在服务业最常用的一句话是要微笑服务，但管理者们是否想过，如果员工每天面对的是管理者的指责和训斥，顾客会得到微笑吗？因此在服务业尊重员工、依靠一线员工更为重要。

8.6.2 JIT配送

传统的物流供应体制存在诸多弊端，不适应敏捷化供应链管理高效运作的要求。建立基于JIT的物流配送制，整合优化物流资源，降低物流总成本，最终形成以信息网络平台为依托，以物料配送为主体，以现代仓储为配套，以多种运输方式为手段的"四位一体"无缝运作模式，可从以下几方面着手。

① 以租赁、合资、自建和内部仓库改建等形式建立辐射能力强、拥有较先进齐全的物流设备、设施及先进管理手段的物流配送服务中心，使其成为物流配送的信息中枢和物流中枢，有助于需求信息快速准确的传递。

② 以租赁、托管、改建、自建、联合等形式建立覆盖面广、配送方式灵活、物流设施和设备适宜、管理水平较高的中转仓库。

③ 以自建、长期租赁、临时雇佣等筹建能够满足配送体系运作要求的运输力量，建立配送中心同各中转仓库及配送体系同顾客之间的低成本运输通道。

④ 以配送中心、中转仓库为基础结构，形成覆盖全区域的呈放射状态的多级配送、仓储等服务的物流服务体系。

⑤ 建立越库配送系统。仓库充当库存的协调点而不是库存的储存点，物料从供应商到达仓库，然后转移到服务于顾客的车辆上，进而尽可能快地运送给顾客。物料在仓库中停留的时间很

短,通常不超过12个小时。越库配送将极大地提升物流管理水平,提升供应链的整体运作效率与竞争力。

基于JIT的物流配送制是一种新的配送体系,企业可以向客户提供额外的服务。基于JIT的物流配送制将提高企业对业务的可视度,并使销售商更加依赖企业,这将改善企业与销售商之间的关系。更重要的是,销售商仓库的需求信息能够给企业提供客观的数据,使企业能够改善计划,提高预测水平。

基于JIT的物流配送制需要进行信息系统投资,与传统的配送模式有很大的差异,它需要进行人员的培训和合作模式的探索,同时也存在较大的实施风险。

8.7 全面生产维护

1. 全面生产维护的目标

全面生产维护(total productive maintenance,TPM)起源于20世纪60年代末的日本半导体行业。当时由于半导体行业竞争激烈,产品改进、改型加快,随着设备精密程度的提高,设备的复杂程度增加,设备故障率也大大增加了,由此造成设备停工待修时间增加,设备维修人员增加,生产的成本增加。由于设备投资大,企业偿债负担加重,同时由于设备故障率增加,这样引起设备运行成本增加,迫使企业管理人员寻求对策,减少设备故障,提高设备运行效率。他们将以依靠专职设备维护人员保养设备为主的方式转变为以专职维护人员与企业全体员工共同维护设备,以达到提高设备使用率的目的。

全面生产维护活动一般以5~10人为基本单位展开,进行提高设备运转效率、提高产品质量、培训设备维修保养人员、加强设备维修保养和个别改善等方面的工作;组织形式一般是一个部长和几个科长为一个活动单位,一个科长和几个工段长,一个工段长和几个班长,一个班长和班里的员工为一个活动单位,从上至下、环环相扣构成一条全面生产维护小团体链条。在这个链条中,专门设立一个全面生产维护活动推进事务局,负责总协调工作。每个小团体链条在设备专职维护人员的协助下,解决设备突发故障,对设备进行一般性调整及清洁保养,减少停机。

在全面生产维护活动中,每个全面生产维护小团体活动的程序都是严格标准化的。除对设备进行清扫外,其他任何全面生产维护活动都需经过现状调查、选题、确定对策、确立目标、任务分解与分配、实施、结果确认及再确立新目标的过程。每进行一步都要有方案、有计划,在得到事务局及主要领导的批准后,方可实施。在全面生产维护活动推进事务局的推动下,经过PDCA循环,设备始终在良好的状态下运转。

日本富士重工在开展全面生产维护活动中,将不同层次的全面生产维护活动内容都设计成了标准化的表格,管理人员只要根据生产情况用不同颜色的笔把数值填写在全面生产维护表格上就可以了。通过这些简明扼要的图表,清楚地把每个科、工段、班及员工参加全面生产维护活动的信息表示出来,并将这些表格挂在墙报上,通过墙报能看到车间设备的故障率不断降低、生产成本不断降低、劳动生产率不断提高,能够看到每一步骤的效果有多大,距离预定目标还有多远。

全面生产维护在日本已有20年的历史了。通过长期的实践积累,已形成了一整套标准化的管理程序。有专门研究全面生产维护活动的组织,编写了不少这方面的图书,并将很多新管理方法引入到全面生产维护活动中。例如富士重工每年定期召开全社全面生产维护表彰会,推广好的、新的全面生产维护经验。

在以生产为中心的全面生产维护活动中,车间管理也出现了新变化。车间实行直线制集权管理,不同于中国车间的直线职能制管理方式。生产计划、人员配置及调控都由一把手负责,一把手指挥生产的依据主要靠生产部下达的生产计划。在人员的调配及使用上,人事科只做总量控制,车间三分之二的工人按生产需要分别由工段长、科长调配,人员基本上是流动的。工厂对于日常惯例工作进行了标准化设计,科长、工段长、班长每天只需按标准化表格中的工作内容做工作,之后加以确认即可,日本人称之为点检工作、日日管理。在车间里,工段、班组处处模拟商店经营,核算成本,并将核算结果标在全面生产维护活动版上。

全面生产维护在日本很流行,日本人称其为面向 21 世纪的管理技术。全面生产维护活动不仅局限在设备管理方面,其应用范围已经完全扩展至其他领域的管理。全面生产维护是企业生产五要素"人、机器、物料、方法、环境"最完美的结合。

全面生产维护的特征如下。

① 以达到设备综合效益最高为目的。
② 以设备一生为对象的全系统 PM(生产维修)。
③ 涉及设备的计划部门、运行部门、维修部门等所有部门。
④ 全员参与。
⑤ 操作者自主维修。
⑥ 通过小组活动来推动。
⑦ 不是短期行为,需要长期坚持。

2. 全面生产维护的活动

下面简单介绍全面生产维护的 9 大活动。

(1) 全面生产维护的基石——5S 活动

5S 活动是一项基本活动,是现场一切活动的基础,是推行全面生产维护活动前必需的准备工作和前提,是全面生产维护其他各支柱活动的基石。

(2) 培训支柱——"始于教育、终于教育"的教育训练

对于企业来讲,推进全面生产维护或任何新生事物都没有经验,必须通过教育和摸索获得,而且没有教育和训练作为基础,全面生产维护肯定推进不下去。可以这么认为,教育训练和 5S 活动是全面生产维护并列的基础支柱。

(3) 生产支柱——生产部门的自主管理活动

全面生产维护活动的最大成功在于能发动全员参与,如果占据企业总人数约 80% 的生产部门员工能在现场进行彻底的自主管理和改善,必然可以提高自主积极性和创造性,减少管理层级和管理人员,特别是普通员工通过这样的活动可以参与企业管理,而且能够提高自身的实力。所以自主管理活动是全面生产维护的中流砥柱。

(4) 效率支柱——所有部门主题改善活动和项目活动

全员参与的自主管理活动主要是要消灭影响企业的微缺陷及不合理现象,起到防微杜渐的作用,但对于个别突出的问题,就不得不采用传统的手段,开展课题活动。在全面生产维护小组活动里按主题活动的方式进行,需要跨部门的可以组成项目小组进行活动。

(5) 设备支柱——设备部门的专业维护活动

做好设备的管理是提高生产效率的根本途径,提高人员的技能和素质也是为了更好地操作和

控制设备,因此设备管理是非常重要的,是企业必须面对的核心课题之一。将设备管理的职能进行细分是必要的,设备的日常管理内容移交给生产部门来推进设备的自主管理,而专门的设备维修部门则投入精力进行预防维护和计划维护,并通过诊断技术来提高对设备状态的预知力,这就是专业维护活动。

(6)事务支柱——管理间接部门的事务革新活动

全面生产维护是全员参与的持久的集体活动,没有管理间接部门的支持,活动是不能持续下去的。其他部门的强力支援和支持是提高生产部门全面生产维护活动成果的可靠保障。

(7)技术支柱——开发技术部门的信息管理活动

没有缺点的产品和设备的设计是技术部门的目标,要实现这一目标就要掌握产品设计和设备设计必要的信息,要获取必要的信息就离不开生产现场和维护及品质部门的支持,因此这种活动就是信息管理活动,设备安装到交付正常运行前的初期流动管理活动也属于此类活动的范畴。

(8)安全支柱——安全部门的安全管理活动

安全是万事之本,任何活动的前提都是要确保安全。安全活动定在第 7 大支柱,并不是安全活动第七重要,事实上安全活动从 5S 活动开始就始终贯穿其中,任何活动如果安全出现问题,一切等于 0。

(9)质量支柱——质量部门的质量维护活动

传统质量活动的重点总是放在结果上,不能保证优良的质量,更不会生产出没有缺陷的产品。这种事后管理活动与那些抓住源头的事前管理的质量活动是不同的。质量维护活动放在最后一个支柱来叙述,是因为提高质量是生产的根本目的,相对来说也是最难的一项工程。

8.8 5S 活 动

5S 从日文演绎而来,指 SEIRI(整理)、SEITON(整顿)、SEISO(清扫)、SEIKETSU(清洁)、SHITSUKE(修养)。开展 5S 活动可以为全面生产维护打下坚实的基础。

整理就是区分必需品和非必需品,现场不放置非必需品。整顿就是能在 30 s 内找到要找的东西,将寻找必需品的时间减少为零。清扫就是将岗位保持在无垃圾、无灰尘、干净整洁的状态,清扫的对象包括地板、天花板、墙壁、工具架、橱柜、机器、工具、测量用具等。清洁就是将整理、整顿、清扫进行到底,并且制度化,管理公开化、透明化。修养就是对于规定了的事,大家都要认真地遵守执行。

5S 活动不仅能改善生产环境,还可以提高生产效率,提升产品的品质、服务水准,贯彻整理、整顿、清扫方针,并且给予制度化,这些都可以减少浪费,提高工作效率,也是其他管理活动有效展开的基础。

通过整理,可以使现场无杂物,行道通畅,增大作业空间,提高工作效率,而且会减少碰撞,保障生产安全,提高产品质量,消除混料差错,有利于减少库存,节约资金,使员工心情舒畅,工作热情高涨。通过整顿,可以提高工作效率,将寻找时间减少为零,异常情况(如丢失、损坏等)能马上发现,其他人员也能明白要求和做法,不同的人去做,结果是一样的。通过清扫,可使取出的物品完好可用(经过整理、整顿后的必需品处于立即能取到的状态)。清洁可起到维持和改善的作用。推行修养,可形成好的习惯。

在没有推行 5S 活动的工厂，每个岗位都有可能会出现各种各样不规范或不整洁的现象，如垃圾、油漆、铁锈等满地都是，零件、纸箱胡乱放在地板上，人员、车辆都在狭窄的过道上穿插而行。轻则找不到自己要找的东西，浪费大量的时间；重则导致设备破损。如不进行有效的管理，即使是最先进的设备，也会很快地加入不良设备的行列而等待维修或报废。

5S 活动的目标是通过消除组织的浪费现象和推行持续改善，使得公司管理维持在一个理想的水平。表 8-1 是 5S 活动推行的目的与活动例表。

表 8-1 5S 活动推行的目的与活动例表

	概 要	目 的	活 动 例
整理	发生源对策；层级管理	① 没有无用品、多余的物品；② 尽可能地减少半成品的库存数量；③ 减少架子、箱子、盒子等	① 清除无用品，采取发生源对策；② 明确原则，果断消除无用的物品；③ 防止污染源的发生；④ 推进组织编排系统，确保空间并逐渐扩大
整顿	有效、整齐地保管物品；无寻找时间	① 做到必要时能立即取出需要的物品；② 决定正确的存放布局，以便充分地利用狭窄的场所；③ 在提高工作效率的同时创造安全的工作环境	① 高功能地保管和布局；② 创造整洁的工作环境，创造高功能的（质量、效率、安全）物品存放方法和布局；③ 彻底进行定点存放管理，减少寻找物品的时间
清扫	清扫、点检；环境的近况	① 维护机修设备的精度，减少故障的发生；② 创造清洁的工作场所，尽早发现设备的不完善；③ 及时采取措施的体制	① 通过高标准的要求和清洁化，实现无垃圾、无污垢；② 维持设备的高效率，提高产品质量；③ 强化对发生源的储备对策
清洁	一目了然的管理；标准化的管理	① 创造一个舒适的工作环境；② 持续不断地整理、整顿，以保持或保障安全、卫生	① 强化功用设备的维护和管理；② 努力使异常现象明显并通过观察而进行管理
修养	培养良好的习惯；创造有规律的工作环境	创造能赢得顾客信赖的关系	① 创造距离良好的工作场所；② 培养各种良好的礼节，养成遵守集体决策的习惯

一个企业，要想改善和不断地提高企业形象，就必须推行 5S 活动。一个企业只有全面地推行 5S 活动，才能取得显著的成效，从而提高设备管理水平，并带动其他方面的工作。

8.9 可视化管理

可视化管理是利用形象直观、色彩适宜的各种视觉感知信息来组织现场生产活动，以达到提高劳动生产率目的的一种管理方式。可视化管理是以视觉信号为基本手段，以公开化为基本原则，尽可能地将管理者的要求和意图让大家都看得见，借以推动自主管理、自我控制。可视化管理是一种以公开化和视觉显示为特征的管理方式，通过图表、板报、颜色、放置区域划分线等可视化管理工具，使工作现场中发生的问题、异常、浪费等处于一目了然的状态，以便迅速采取对策，防止错误发生。

可视化管理可在工艺管理、进度管理、作业管理、品质管理、物料管理、设备管理、工具管理、改善目标管理等方面发挥作用。以下项目是可视化管理典型的应用。

(1) 规章制度与工作标准的公开化

为了维护统一的组织和严格的纪律，保持大工业生产所要求的连续性、比例性和节奏性，提高劳动生产率，实现安全生产和文明生产，凡是与现场工人密切相关的规章制度、标准、定额等，都需要公布于众；与岗位工人直接有关的，应分别展示在岗位上，如岗位责任制、操作程序图、工艺卡片等，并要始终保持完整、正确和洁净。

(2) 生产任务与完成情况的图表化

现场是协作劳动的场所，因此凡是需要大家共同完成的任务都应公布于众。计划指标要定期层层分解，落实到车间、班组和个人，并列表张贴在墙上；实际完成情况也要使用进度图按期公布，大家可对各项计划指标完成中出现的问题和发展的趋势一目了然，促使大家按质、按量、按期地完成任务。

(3) 与布置管理相结合，实现视觉显示信息的标准化

在布置管理中，为了消除物品混放和误置，必须有完善而准确的信息显示，包括标志线、标志牌和标志色。采用清晰的、标准化的信息显示符号，各种区域、通道和各种辅助工具（如料架、工具箱、工位器具、生活柜等）均应运用标准颜色，不得任意涂抹。

(4) 生产作业控制手段的形象直观与使用方便化

为了有效地进行生产作业控制，使每个生产环节、每道工序能严格按照标准进行生产，杜绝过量生产、过量储备，要采用与现场工作状况相适应的、简便实用的信息传导信号，以便在后道工序发生故障或由于其他原因停止生产，不需要前道工序供应在制品时，前道工序操作人员能看到信号并及时停止投入。"看板"就是一种能起到这种作用的信息传导手段。

可视化管理采用可以发出视觉信号的仪器、电视、信号灯、标志牌、图表等，形象直观，容易认读和识别，简单方便。在有条件的岗位，充分利用视觉信号显示手段，可以迅速而准确地传递信息，无需管理人员现场指挥即可有效地组织生产。

(5) 质量和成本控制实行可视化管理

在各质量管理控制点，要有质量控制图，以便清楚地显示质量波动情况，及时发现异常并处理。车间要利用板报形式，将"不良品统计日报"公布于众，当天出现的废品要陈列在展示台上，由有关人员会诊分析，确定改进措施，防止再度发生。

(6) 物品的码放和运送的数量标准化

物品码放和运送实行标准化，可以充分发挥目视管理的长处。各类工位器具，包括箱、盒、盘、小车等，均应按规定的标准数量盛装，这样操作、搬运和检验等人员点数时既方便又准确。

在现场管理中采用可视化管理方法，可以取得迅速把握问题点、提高管理者能力、提高员工的问题意识和成本意识、使管理明朗化的效果。可视化管理综合运用管理学、生理学、心理学和社会学等多学科的研究成果，能够比较科学地改善同现场人员视觉感知有关的各种环境因素，使之既符合现代技术要求，又适应人们的生理和心理特点，产生良好的生理和心理效应，调动并保护工人的生产积极性。

5S活动是创建和保持组织化，使工作场地整洁和高效的过程和方法，可以教育、启发和养成良好"人性"习惯，可视化管理可以在瞬间识别正常状态和异常状态，又能快速、正确地传递信息。5S活动和可视化管理是推行精益生产的基础，是企业降低管理成本、提高管理效率、改善现场的最直接、最有效的方法。

案 例

做到极致的 JIT

为了提升企业的供应商管理水平,减少库存,健顶公司一直在做 JIT（just in time,准时制生产）,但采购经理还是认为供应商的 JIT 做得不够。

为此,采购经理制定了一个文件,下发给所有的供应商。要求供应商送货必须做到 JIT,正负误差不小于 20 分钟,超出部分以 20 分钟为单位罚款。按照 JIT 的要求,不迟也不早,不多也不少,方案得到了公司管理层的赞许。实施半年以来,公司的供货状况确实得到了极大的改善,同时对供应商的大量罚款的收入,直接降低了采购的成本。而且,到货准时率的指标是实实在在的,谁也做不了假,采购部将这一指标放到对供应商的 KPI 考核之中,在原来罚款的基础上还扣 KPI 分数,迟到 20 分钟,扣 1 分。公司进一步提出要求,对于小于 70 分的供应商必须限期整改,而小于 60 分的,按规定视为不合格供应商,不能供货。供应商的 KPI 满分为 100 分,除了到货准时率之外,还有来料合格率,出现一次不合格扣 1 分。

公司的要求严格了,但供应商的表现却没有提升。如果是供应商自己的车队还好,供应商为了避免被扣分,会要求送货司机早一些到,在健顶公司的仓库前等候,到了时间再进去。但还有许多公司是委托第三方物流运输的,物流公司的司机大多数是承包性质的,与公司按里程和送货次数结算,时间就是金钱,所以早到是不会等候的,卸了货,赶紧拉下一趟。司机不会有意迟到,但路况不好时,晚了也是无奈。但客户的不准时罚款和司机是没有关系的,司机也不同意接受这种罚款。无论如何,没有一家物流公司会和客户签一个早到晚到都要扣款的合同。送货的司机更不会按是否准时考核,有客户要求物流公司承诺准时到货,但遭到拒绝。一位物流公司管理者声称,就是火车、飞机也不敢签这样的合同呀。

情况也有不好的时候,绝大多数自备车的供应商为了准时会提前到,在健顶公司的仓库前等候,等到了时间再进去。但这样的车多了,将门口的马路堵上了,不仅影响了其他供应商的正常送货,还妨碍了交通,招来了警察。为此,警察多次对公司开出罚单。

更有供应商和健顶公司玩起了以牙还牙的游戏,当健顶公司要求供应商更改交付时间,特别是提前交付时,这些供应商特别强调 JIT,坚持按照原计划日期交付。可客户并不总是遵守游戏规则,或者说客户根本没有游戏规则,紧急的订单特别多,计划的更改也极其频繁。供应商不配合,很难满足客户需求,采购经理向供应商提出要求,健顶公司的紧急订单也是需要 JIT 的,不满足者,也要扣分、罚款。

采购经理的工作还是得到了上级的鼓励,要求他将经验总结成文档,在公司其他事业部宣传和推广,为此他还得到了晋升和嘉奖。一些推广丰田生产模式的咨询公司也闻风而动,带着一些学习丰田经验的实践者到公司学习,还有些公司请他去做报告。

但时间久了,许多供应商的绩效考核分数都给扣完了,更糟糕的是,许多供应商和健顶公司合作多年,过去关系不错,现在都拉入了整改对象,关系也变得极不信任,而一些过去质量不错的供应商,距公司的路程远一些,现在都被清理出"合格供应商名录",需要重新找新的供应商。罚款的数额同时在节节攀升,供应商们联合起来抗议,要求提高价格,并拒绝紧急订单和临时的计划变更,不然就不供货了。

一年之后,由于各种原因,采购经理黯然离开了健顶公司,而不久的几年之后,健顶公司也从行业老大的位置落入衰败的境地。显然,不能断言,公司的下坡路和这位采购经理有关,也不能由此肯定,丰田的 JIT 是不合理的,因为还有许多成功的企业正在成功地实践着 JIT。

讨论题:
1. 对该公司实施 JIT 给出你的评论。公司实施 JIT 需要先决条件吗?
2. 你认为该公司应如何实施 JIT?

习题及思考题

1. JIT 生产模式与传统运营模式有何不同？
2. 简述 JIT 理念的主要内容。
3. 简述 JIT 生产模式使用的主要技术。
4. JIT 生产模式如何用于计划与控制活动？
5. 简述 JIT 生产模式的原则。
6. 简述精益生产的理念。
7. 简述看板系统的设计原则与 JIT 生产模式实施方法。
8. 你认为哪些企业需要 JIT？为什么需要？为什么不需要？如果需要，该如何实施？
9. 举例说明成功实施 JIT 生产模式的案例。
10. 企业应如何建立全面生产维护的管理体系？
11. 在企业现场管理中如何实施 5S 活动？
12. 结合具体企业现场，说明如何建立和保持现场良性循环系统。

参 考 文 献

[1] SLACK N, CHAMBERS S, JOHNSTON R. Operations management. 李志宏,译. 昆明:云南大学出版社,2002.
[2] SCHROEDER R G. Operations management: contempemporary concepts and cases. 张耀平,译. 北京:清华大学出版社,2003.
[3] 杨建华,王为人. 供应链物流管理教程. 北京:清华大学出版社,2016.
[4] NICHOLAS J M. Competitive manufacturing management: continuous Improvement, lean production, and customer-focused quality. 北京:机械工业出版社,1998.
[5] STEVENSON W J. Production operations management. 张群,译. 6th ed. 北京:机械工业出版社,2000.
[6] CHASE R B, AQUILANO N J, JACOBS F R. Production and operations management: manufacturing and services. 8th ed. 北京:机械工业出版社,1999.
[7] CHASE R B, AQUILANO N J, JACOBS F R. Operations management for competitive advantage. 任建标,译. 4th ed. 北京:机械工业出版社,2015.
[8] ROLSTADAS A, ANDERSEN B. Enterprise modeling improving global industrial competitiveness. The Netherlands: Kluwer Academic Publishers, 2000.